Karin Rebmann / Walter Tenfelde / Tobias Schlömer

Berufs- und Wirtschaftspädagogik

Karin Rebmann / Walter Tenfelde /
Tobias Schlömer

Berufs- und Wirtschaftspädagogik

Eine Einführung in Strukturbegriffe

4., überarbeitete
und erweiterte Auflage

Bibliografische Information der Deutschen Nationalbibliothek
Die Deutsche Nationalbibliothek verzeichnet diese Publikation in der
Deutschen Nationalbibliografie; detaillierte bibliografische Daten sind im Internet über
<http://dnb.d-nb.de> abrufbar.

Prof. Dr. Karin Rebmann lehrt am Institut für Betriebswirtschaftslehre und Wirtschaftspädagogik der Universität Oldenburg.

Prof. (em.) Dr. Walter Tenfelde lehrte am Institut für Berufs- und Wirtschaftspädagogik der Universität Hamburg.

Dr. Tobias Schlömer ist Akademischer Rat a. Z. am Institut für Betriebswirtschaftslehre und Wirtschaftspädagogik der Universität Oldenburg.

1. Auflage 1998
2. Auflage 2003
3. Auflage 2005
4. Auflage 2011

Alle Rechte vorbehalten
© Gabler Verlag | Springer Fachmedien Wiesbaden GmbH 2011

Lektorat: Susanne Kramer | Renate Schilling

Gabler Verlag ist eine Marke von Springer Fachmedien.
Springer Fachmedien ist Teil der Fachverlagsgruppe Springer Science+Business Media.
www.gabler.de

Das Werk einschließlich aller seiner Teile ist urheberrechtlich geschützt. Jede Verwertung außerhalb der engen Grenzen des Urheberrechtsgesetzes ist ohne Zustimmung des Verlags unzulässig und strafbar. Das gilt insbesondere für Vervielfältigungen, Übersetzungen, Mikroverfilmungen und die Einspeicherung und Verarbeitung in elektronischen Systemen.

Die Wiedergabe von Gebrauchsnamen, Handelsnamen, Warenbezeichnungen usw. in diesem Werk berechtigt auch ohne besondere Kennzeichnung nicht zu der Annahme, dass solche Namen im Sinne der Warenzeichen- und Markenschutz-Gesetzgebung als frei zu betrachten wären und daher von jedermann benutzt werden dürften.

Umschlaggestaltung: KünkelLopka Medienentwicklung, Heidelberg
Gedruckt auf säurefreiem und chlorfrei gebleichtem Papier
Printed in Germany

ISBN 978-3-8349-1855-0

Vorwort

Für Erstsemester ist es erfahrungsgemäß eine große Hilfe, wenn ihnen Teilgebiete ihres Studiums in knapper, leicht verständlicher und systematischer Form dargeboten werden. Gleichzeitig müssen sie aber auch sicher sein können, dass alle relevanten Studieninhalte auch tatsächlich in die ihnen angebotene Systematik eingearbeitet wurden. Unter diesen beiden Aspekten sollte die Qualität von Studienbüchern für Studienanfänger/innen beurteilt werden.

Die Vorarbeiten zum vorliegenden Studienbuch reichen bis in die 1980er Jahre zurück. Nachdem die Gewerbe- und Handelslehrer/innen-Ausbildung an der Universität Hamburg im Jahre 1982 über eine Prüfungsordnung im Studiengang „Lehramt Oberstufe – Berufliche Schulen" zusammengeführt worden war, mussten auf diesen Studiengang abgestimmte Lehrveranstaltungen entwickelt werden. Eine Schlüsselstellung im Lehrangebot sollte eine gemeinsame Einführungsvorlesung einnehmen, in der auch zwei bisher getrennte wissenschaftliche Disziplinen mit unterschiedlichen Selbstverständnissen, Erkenntnisinteressen, Zielsetzungen und pragmatischen Ansprüchen zusammenzuführen waren. Insofern konnte nur auf Vorleistungen der Berufspädagogik zurückgegriffen werden, als sich diese mit den Fragen auseinandersetzte:

1. Welche spezifischen Probleme, aber auch Chancen ergeben sich durch den Einfluss des Berufs auf die Erziehung?
2. Wie ist auf den Beruf hin mit dem Ziel der beruflichen Tüchtigkeit zu erziehen bzw. auszubilden?

Allerdings sind unter berufspädagogischen Systematikern nicht diejenigen einzureihen, mit denen die Reflexion über Berufserziehung begann. Die von Georg Kerschensteiner begonnene und von Eduard Spranger, Aloys Fischer, Theodor Litt u. a. fortgeführte so genannte klassische Berufsbildungstheorie konnte nicht unter einem systematischen Anspruch entwickelt werden. Sie ging stattdessen von der Teilfrage aus, wie der Beruf bildend auf den Menschen wirkt oder wirken kann.

Es war wohl das Verdienst von Friedrich Schlieper, eine Systematisierung des Gegenstandsbereichs mit seiner Veröffentlichung „Allgemeine Berufspädagogik" (1963) vorgelegt zu haben. Dies blieb längere Zeit der einzige Versuch. Denn erst in den 1970er Jahren erschienen in kurzen Abständen Einführungsschriften mit teilweise sehr unterschiedlich akzentuierten Sichtweisen auf Berufs- oder Wirtschaftspädagogik. Sie konnten die jeweiligen Disziplinen zwar voranbringen, haben sie aber auch voneinander abgegrenzt.

Die Entwicklung einführender Vorlesungen für Berufs- und Wirtschaftspädagog(inn)en an der Universität Hamburg war deshalb auf den Versuch einer Neustrukturierung der Berufs- und Wirtschaftpädagogik angewiesen. Diesen Versuch unternahmen zunächst die beiden Seniorautoren Walter Tenfelde und Ernst Uhe mit Vorlesungen zur Einführung in die Berufs- und Wirtschaftspädagogik, die bezeichnenderweise unter dem Titel „Strukturbegriffe der Berufs- und Wirtschaftspädagogik" angeboten wurden. Daraus wurde dann das Strukturmodell der Berufs- und Wirtschaftspädagogik, das auch der vorliegenden Buchveröffentlichung zugrunde liegt. Entscheidend für die Veröffentlichung der Einführungsschrift auf der Basis von Strukturbegriffen war jedoch die Unterstützung des Vorhabens durch Karin Rebmann, die Strukturbegriffe bearbeitete, die Entwicklung des Strukturmodells voranbrachte und die einzelnen Themen in ihrer Einführungsvorlesung auf den Prüfstand einer Vermittlung an Erstsemester stellte.

Mit der vierten Auflage hat sich eine Veränderung ergeben: Ernst Uhe hat sich mit seiner Pensionierung aus dem Autorenkreis verabschiedet. Verstärkt wird das Team nunmehr durch Tobias Schlömer, der jetzt als Ko-Autor an den weiteren Auflagen mitarbeiten wird.

Obwohl die vorliegende Einführung in die Berufs- und Wirtschaftspädagogik bereits in der vierten Auflage erscheint, bedarf sie der weiteren Systematisierung und Bearbeitung einzelner Aussagenbereiche. Dieser Herausforderung werden sich Autorin und Autoren gerne stellen, wenn vor allem Studierende der Berufs- und Wirtschaftspädagogik wie bisher die Strukturbegriffe der Berufs- und Wirtschaftspädagogik mit ihren kritischen Rückmeldungen nachhaltig beeinflussen.

Inhaltsverzeichnis

Vorwort V

Abbildungsverzeichnis XI

Einleitung 1

Rahmenbedingungen (R) 7
1 Rechtlich-institutionelle Grundlagen.. 7
2 Finanzierung 16
3 Kosten und Nutzen 23
4 Berufliche Weiterbildung 31
5 Internationalisierung 38
Literatur... *50*

Berufsbildungspolitik (B) 55
1 Institutionen, Organisationen und Konfliktlinien...................................... 55
2 Abstimmung und Koordination 61
3 Berufsbildungsforschung... 64
4 Entwicklungslinien 70
Literatur... *80*

Beruf, Wirtschaft, Pädagogik (BWP) 85
1 Systemzusammenhänge 85
2 Beruf: Zwischen Individualisierung und sozialer Integration 92
3 Wirtschaft: Ökonomie und Politik beruflicher Bildung 100
4 Pädagogik: Bildung und Beruf 109
Literatur... *114*

Zielsetzungen (Z) **117**
1 Problematik wissenschaftlicher Zielsetzungen 117
2 Vergesellschaftung und soziale Integration 120
3 Funktionalität und berufliche Tüchtigkeit 123
4 Subjektivität und Persönlichkeitsentwicklung 126
5 Berufliche Handlungskompetenz 129
Literatur..*135*

Lernort Schule (LS) **137**
1 Berufliches Schulwesen 137
2 Berufsschule 143
3 Konzepte schulischen Lernens 152
4 Teilautonomisierung und Qualitätsentwicklung 160
Literatur..*165*

Lernort Betrieb (LB) **169**
1 Betriebliche Lernorte 169
2 Lernort „Betriebe der Wirtschaft" 173
3 Arbeiten und Lernen 177
4 Konzepte betrieblichen Lernens 184
5 Lernförderlichkeit im Betrieb 192
Literatur..*194*

Didaktik beruflichen Lernens und Lehrens (D) **197**
1 Didaktik – Didaktik beruflicher Bildung – Fachdidaktik 197
2 Große didaktische Positionen 203
3 Leitideen und Ansätze 206
4 Lernfelder 214
5 Berufspädagogische Hilfen für Lernschwache, Benachteiligte und Begabte.................217
Literatur..*224*

Ausbildung der Lehrer/innen und der Ausbilder/innen (LA) 227
1 Lehrer: Fachmann und Pädagoge 227
2 Professionalisierung der Lehrer/innen-Ausbildung 230
3 Theorie-Praxis-Problem 237
4 Betriebliches Ausbildungspersonal 242
5 Professionalisierung des Aus- und Weiterbildungspersonals 247
Literatur 251

Abbildungsverzeichnis

Abbildung 1: Verknüpfungsmöglichkeiten der Strukturbegriffe 4
Abbildung 2: Institutioneller Rahmen der Berufsausbildung (vgl. Arbeitsgruppe Bildungsbericht 2003, S. 527) 9
Abbildung 3: Weiterbildungsrelevante Bundesgesetze (vgl. Nuissl & Brandt 2009, S. 23) 20
Abbildung 4: Kosten- und Leistungsrechnungen 24
Abbildung 5: Kostenarten der betrieblichen Berufsausbildung (vgl. Beicht, Walden & Herget 2004, S. 22) 25
Abbildung 6: Nutzen betrieblicher Aus- und Weiterbildung im Überblick 28
Abbildung 7: Wichtigkeit von Gründen für die eigene Ausbildung (vgl. Wenzelmann et al. 2009, S. 10) 30
Abbildung 8: Entwicklungsschritte zum Europäischen Qualifikationsrahmen (vgl. Markowitsch & Luomi-Messerer 2007) 43
Abbildung 9: Auszug aus dem Europäischen Qualifikationsrahmen (vgl. Europäische Kommission 2008) 45
Abbildung 10: Auszug aus Entwurf eines Deutschen Qualifikationsrahmens (vgl. Arbeitskreis Deutscher Qualifikationsrahmen 2009) 47
Abbildung 11: Aufgaben des Bundesinstituts für Berufsbildung nach § 90 Berufsbildungsgesetz 57
Abbildung 12: Konfliktmöglichkeiten im Bereich der beruflichen Bildung (vgl. Dauenhauer 1997, S. 105) 58
Abbildung 13: Verfahren zur Erarbeitung und Abstimmung von Ausbildungsordnungen und Rahmenlehrplänen (vgl. Benner 1982, S. 67) 62
Abbildung 14: Berufs- und Wirtschaftspädagogik im Überschneidungsbereich sozialer Bereiche systemischer Kommunikation und Handlung („Gegenstandsbereiche") 87
Abbildung 15: Ausbildungsberuf – Erwerbsberuf 95
Abbildung 16: Strategische Ziele und operative Aufgaben im Wissensmanagement (vgl. Schüle 2002, S. 43) 106
Abbildung 17: Zielsetzungen in der Berufs- und Wirtschaftspädagogik 129
Abbildung 18: Kompetenzmodell 133

Abbildung 19: Lernorte der Berufsbildung gemäß § 2 (1) Berufsbildungsgesetz 170

Abbildung 20: Trennung des Lernorts Betrieb von der (teil)autonomisierten
Produktion 174

Abbildung 21: Aktuelle betriebswirtschaftliche Anforderungen am Lernort Betrieb 175

Abbildung 22: Beispiele für Wertschöpfungsketten verschiedener Unternehmensmodelle
(vgl. Voigt 2008, S. 89) 178

Abbildung 23: Beispiel für ein Wertschöpfungskettendiagramm
(vgl. Gadatsch 2001, S. 127) 179

Abbildung 24: Modellierung einer ereignisgesteuerten Prozesskette am Beispiel des
Kreditantrags in einer Bank (vgl. Nüttgens & Rump 2002, S. 66) 180

Abbildung 25: Checkliste zur kompetenzförderlichen Re-Modellierung von Arbeits-
und Geschäftsprozessen 181

Abbildung 26: Re-modellierter lernförderlicher Arbeits- und Geschäftsprozess „Verteilung
von Gebäudekosten innerhalb der Kostenstellenrechnung" (Auszug) 183

Abbildung 27: Leittextmethode 187

Abbildung 28: Zusammenhänge zwischen Fachdidaktik, Fachwissenschaft und
Erziehungswissenschaft (vgl. Kuhlmeier & Uhe 1992, S. 129 f.) 199

Abbildung 29: Kategorien und Leitideen für handlungsorientierte Innovationen 207

Abbildung 30: Zehn Thesen zur Bachelor- und Masterstruktur (vgl. Sekretariat der
Ständigen Konferenz der Kultusminister der Länder 2003) 233

Abbildung 31: Spannungsfeld von Theorie und Praxis in Lehrer/innen-Ausbildung
und -Tätigkeit 237

Abbildung 32: Fachliche Eignung von Ausbilder(inne)n nach § 30
Berufsbildungsgesetz 243

Einleitung

Das Erscheinen neuer Bücher und Neuauflagen dieser Bücher wird zumeist damit begründet, dass Entwicklungen in bestimmten Bereichen vorangeschritten sind und es nunmehr höchste Zeit wird, diese Entwicklungen beschreibend, analysierend und reflektierend einzuholen. Sicherlich trifft dies auch für die Berufs- und Wirtschaftspädagogik zu. Eine Begründung der Neuauflage des vorliegenden Buches wäre deshalb auch unter diesem Aspekt sinnvoll und möglich.

Die vorliegende Einführung in die Berufs- und Wirtschaftspädagogik verfolgt jedoch noch ein weiteres Ziel: die Entwicklung einer Berufs- und Wirtschaftspädagogik, in der beide Teildisziplinen stärker als bisher aufeinander bezogen werden können. Dies könnte einerseits neue wissenschaftliche Fragestellungen befördern helfen, scheint aber andererseits auch notwendig, um die Praxis mitgestalten zu können. Beispielhaft seien genannt die Annäherung und Verschränkung gewerblich-technischer mit kaufmännisch-verwaltender Ausbildung in Handwerk und Industrie. Neue wissenschaftliche Fragestellungen ergeben sich auch mit der Annäherung der Lernorte über gemeinsam verfolgte Ziele, Konzepte und Programmatiken, die gegenseitiges Orientieren auf gemeinsames Handeln im Feld der beruflichen Bildung erleichtern.

Schließlich sollte auch die Institutionalisierung der beiden Disziplinen Berufspädagogik und Wirtschaftspädagogik an Universitäten mit der Verpflichtung auf eine gemeinsame Lehrer/innen-Ausbildung und mit den Optionen für die Erschließung auch außerschulischer Tätigkeitsfelder erwähnt werden.

Diese Einführung in die Berufs- und Wirtschaftspädagogik richtet sich an Leser/innen, die sich erstmals mit der Berufs- und Wirtschaftspädagogik befassen und dafür einen Überblick bekommen wollen. Das Buch richtet sich aber auch an diejenigen, die Erfahrungen im Feld der beruflichen Bildung haben, sich schon mit einzelnen Gebieten, Fragen und Problemstellungen der Berufs- und Wirtschaftspädagogik auseinandergesetzt haben und diese mit anderen zu einer Systematik zusammenführen möchten. Unsere Adressat(inn)en sind also Studierende der Berufs- und Wirtschaftspädagogik, Lehrende an beruflichen Schulen, Aus- und Weiterbildende in Betrieben, Fach- und Seminarleiter/innen in Studienseminaren, aber auch Dozent(inn)en.

Das Buch ist sprachlich einfach gestaltet worden. Es soll auch denen Mut machen, sich mit Berufs- und Wirtschaftspädagogik zu beschäftigen, die mit ihren bisherigen Annäherungen an den wissenschaftlichen Diskurs stecken geblieben sind. Auf Formalisierungen wurde deshalb ganz, auf die Präsentation von Datenmaterial in Form von Statistiken großenteils verzichtet. Stattdessen sollen Beispiele und Abbildungen den Zugang zu berufs- und wirtschaftspädagogischen Sichtweisen, Analysen und Erkenntnissen erleichtern.

Dem Buch liegt die Idee zugrunde, diese Annäherung durch Strukturbegriffe zu erleichtern. Strukturbegriffe vermitteln einen Überblick über ausgewählte Teilgebiete der Berufs- und Wirtschaftspädagogik, die jedoch den Gegenstandsbereich weitgehend abdecken. Die Strukturbegriffe sind zwei Ebenen zuzuordnen: Auf der ersten Ebene befinden sich Begriffe, die sich auf „Objekte" der Berufs- und Wirtschaftspädagogik beziehen, auf der zweiten Ebene befindet sich das „wissenschaftliche Selbstverständnis", mit dem Fragen einer Theorie der Wissenschaft sowie Methodenfragen aufgegriffen werden. Letztere haben wir jedoch aus didaktischen Überlegungen in die „Objektbegriffe" eingearbeitet. Nur gelegentlich werden sie deshalb hervorgehoben und besonders erläutert.

Die Strukturbegriffe werden zu einem Strukturmodell verknüpft. Auffällig ist, dass acht Strukturbegriffe in ein Netzwerk eingewoben sind. Zwei Gründe seien hierfür angeführt:

- Wenn wir die Berufspädagogik und die Wirtschaftspädagogik als wissenschaftliche Disziplinen einander annähern wollen, benötigen wir eine Perspektive, die für beide Disziplinen annehmbar ist und über die beide Disziplinen sowohl unterschieden als auch aufeinander bezogen werden können. In der systemischen Sichtweise finden wir diese Perspektive.

- Systemisches Denken wird notwendig, um eine komplexer werdende Umwelt überhaupt erkennen, beschreiben und gestalten zu können. Wer aber systemisches Denken und Handeln als Lehrer/in, Ausbilder/in oder Weiterbildner/in bei Schüler(inne)n, Auszubildenden und anderen Erwachsenen befördern will, muss es möglichst selbst gelernt haben. Deshalb wurde für dieses Buch eine systemische Sichtweise und in Ansätzen auch eine systemische Sprache gewählt.

Diese beiden Thesen werden nun erläutert, zunächst als Perspektiven eines Strukturmodells Berufs- und Wirtschaftspädagogik für die Forschung und sodann für die Lehre.

Die Berufspädagogik und die Wirtschaftspädagogik sind – geschichtlich betrachtet – ziemlich unterschiedliche Disziplinen. Sie wurden zunächst institutionalisiert in verschiedenen Einrichtungen: den wissenschaftlichen Handelshochschulen und den nichtwissenschaftlichen berufspädagogischen Instituten. Sie haben verschiedene Bezugsdisziplinen, einerseits die Wirtschaftswissenschaften, andererseits die Ingenieurwissenschaften. Sie bilden aus in unterschiedlichen beruflichen Fachrichtungen, nur locker verklammert über Pädagogik und Didaktik. Berufspädagogik bezieht sich auf Erziehung und Bildung im Medium des Berufes, Wirtschaftspädagogik auf Erziehung und Bildung im Medium wirtschaftlichen Handelns. Wir verstehen deshalb Berufs- und Wirtschaftspädagogik als unterscheidbare Aussagensysteme. Diese Systeme stehen zunächst nebeneinander. Damit jedoch Berufs- und Wirtschaftspädagog(inn)en aufeinander bezogen diskutieren und handeln können, haben wir ein „offenes" Strukturmodell entworfen. Mit Hilfe der Strukturbegriffe können nun aus berufs- und aus wirtschaftspädagogischer Sicht Fragen diskutiert, Probleme erörtert und Konzepte entwickelt werden bei gegenseitiger Orientierung auf gemeinsames Handeln. Dabei muss es sich erst erweisen, was der Berufspädagogik und der Wirtschaftspädagogik gemeinsam ist oder was sie trennt, ob sie sich ergänzen, wo Schwerpunkte gelegt werden und was randständig ist.

Mit diesem Buch wollen wir den Weg beschreiten, Berufs- und Wirtschaftspädagogik zu integrieren – besser: anzunähern – aus einer disziplinübergreifenden Sicht. Dies ist unsere systemische Sichtweise. Deshalb haben wir ein offenes Strukturmodell entworfen. Darin werden zwar Strukturbegriffe festgelegt, die weitere Bearbeitung dieser Strukturbegriffe und deren Verknüpfung sind jedoch der Forschung überlassen, an der sich Berufspädagog(inn)en und Wirtschaftspädagog(inn)en gleichermaßen beteiligen sollten.

Unser Ziel ist es, über Strukturbegriffe ausgewählte Sachverhalte der Berufs- und Wirtschaftspädagogik anzusprechen. Die Texte geben einen Überblick, die darin enthaltenen Literaturhinweise erlauben eine Vertiefung. Über Querverweise sind freie Verknüpfungen mit anderen Strukturbegriffen möglich. Das könnte dann ausschnitthaft folgendermaßen aussehen (vgl. Abbildung 1).

Wie soll dieses Buch nun gelesen werden? Sicherlich kann es wie ein Buch von Anfang bis zum Ende auf einer „Einbahnstraße" gelesen werden. Es lässt sich aber auch im freien Navigieren über die Strukturbegriffe und deren Module lesen. Für dieses freie Navigieren über „Kreuzungen mit Ringverkehr" wurden in die Texte zahlreiche Hinweise für Verknüpfungsmöglichkeiten eingearbeitet. Diese machen einzelne Wiederholungen unumgänglich. Es wurde jedoch darauf geachtet, dass Sachverhalte nur einmal vertiefend behandelt und an anderen Stellen im Überblick und komprimiert vorgestellt werden.

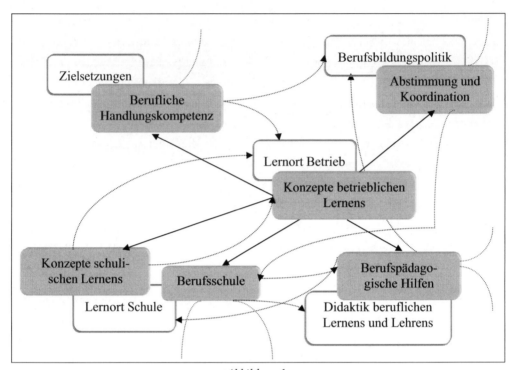

Abbildung 1:
Verknüpfungsmöglichkeiten der Strukturbegriffe

Wer sich beispielsweise einen Überblick über die Lernorte der beruflichen Bildung verschaffen will, wird auf die Strukturbegriffe „Lernort Betrieb" und „Lernort Schule" verwiesen. Ein analoger Aufbau der Gliederung dieser Strukturbegriffe erleichtert den Vergleich. Danach können dann weitere Strukturbegriffe zur Vertiefung herangezogen werden, beispielsweise „Didaktik beruflichen Lernens und Lehrens" und/oder „Rahmenbedingungen".

Eine Verknüpfung ist aber auch auf der zweiten Ebene der Module möglich. Wer mit einer spezifischen Fragestellung beginnt, z. B. mit Konfliktfeldern in der beruflichen Bildung, sucht die Module „Wirtschaft: Ökonomie und Politik beruflicher Bildung" und „Beruf: Zwischen Individualisierung und soziale Integration" auf und erhält über das Modul „Systemzusammenhänge" eine theoriegeleitete Interpretation. In diesen Modulen werden die Leser/innen wiederholt auf den Strukturbegriff „Zielsetzungen" verwiesen. Sofern das Interesse geweckt wird, mehr über mögliche Annäherungen von Zielvorstellungen in den Konfliktfeldern zu erfahren, können weitere Module herangezogen werden.

Autorin und Autoren des Buches können solche Verknüpfungen durch Hinweise jedoch nur anregen. In jedem Fall stellen sie einen sehr persönlichen kreativen Akt der Lernenden dar, in dem diese ihr Wissen in einem eigenen operativen Schema entwickelt. Dieses im vernetzten Denken erworbene Wissen zu befördern und selbst organisiertes Lernen in der sinngebenden Verknüpfung von Informationsangeboten zu wagen, ist der Verfasserin und den Verfassern des Buches ein besonderes Anliegen. Ob uns dieses gelungen ist, können wir nicht allein beurteilen. Über kritische (aber auch ermunternde) Rückmeldungen würden wir uns deshalb freuen.

Strukturbegriff: Rahmenbedingungen

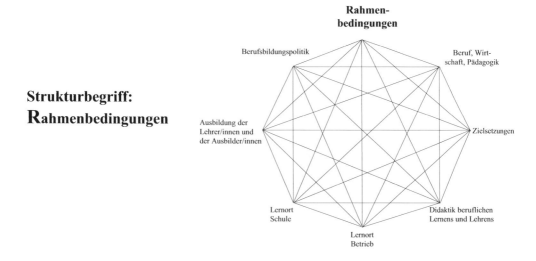

1 Rechtlich-institutionelle Grundlagen

Berufliche Bildung umfasst nach § 1 Berufsbildungsgesetz die Berufsausbildungsvorbereitung, die Berufsausbildung, die berufliche Fortbildung und die berufliche Umschulung. Hierbei lassen sich die berufliche Umschulung und auch die berufliche Fortbildung der beruflichen Weiterbildung zurechnen.

Für den Bereich der beruflichen Erstausbildung gelten andere Rahmenbedingungen als für die berufliche Weiterbildung. Diese Unterscheidung ist begründet im föderativen System der Bundesrepublik Deutschland und der im Grundgesetz festgeschriebenen Kompetenzverteilung.

Die **Berufsausbildungsvorbereitung** richtet sich an lernbeeinträchtigte oder sozial benachteiligte Personen mit dem Ziel, diese noch nicht ausbildungsreifen Jugendlichen (→ B, Entwicklungslinien) auf eine anschließende Berufsausbildung vorzubereiten. Sie soll die Jugendlichen für die Aufnahme einer Berufsausbildung motivieren. Sie soll ihnen solche Kompetenzen und Qualifikationen vermitteln, die ihnen helfen, einen Ausbildungsplatz zu finden und eine Ausbildung erfolgreich zu absolvieren. Den Jugendlichen sollen Grundlagen für den Erwerb der beruflichen Handlungsfähigkeit (→ Z, Berufliche Handlungskompetenz) vermittelt werden. Dies kann nach § 69 (1) Berufsbildungsgesetz durch inhaltlich und zeitlich abgegrenzte Lerneinheiten (Qualifizierungsbausteine) erfolgen, die aus den Inhalten anerkannter Ausbildungsberufe entwickelt werden (→ B, Entwicklungslinien).

Damit wird die bisherige Berufsvorbereitung stärker auf eine nachfolgende Berufsausbildung ausgerichtet. Um diese Ausrichtung abzusichern, wird die Berufsausbildungsvorbereitung zukünftig nicht nur von Bildungsträgern, sondern auch von und in Betrieben durchgeführt (vgl. Seyfried 2003).

Berufliche **Erstausbildung** findet in Deutschland überwiegend im dualen System statt und bedeutet die Ausbildung in einem anerkannten Ausbildungsberuf sowohl im Betrieb als auch in der Berufsschule. Waren es noch 1992 mehr als drei Viertel der Schulabgänger/innen, die einen Ausbildungsplatz im dualen System annahmen, sank die Einmündungsquote nach der Jahrtausendwende auf unter 60 %. Mittlerweile stabilisiert sie sich bei zwei Drittel.

Jugendliche auf der Suche nach einem Ausbildungsplatz im dualen System müssen zunächst einen Betrieb finden, mit dem sie einen Ausbildungsvertrag nach Privatrecht abschließen, bevor sie eine Ausbildung beginnen können. Für sie gilt zudem die Berufsschulpflicht, die 1938 mit dem Reichsschulpflichtgesetz für ganz Deutschland eingeführt wurde (→ LS, Berufsschule). Mit Blick auf Europa lassen sich aber auch andere Ausbildungsmodelle erkennen, zum Beispiel das Schulmodell und das Marktmodell. Schulmodelle finden sich meist in Staaten mit starker Zentralverwaltung, wie z. B. in Frankreich. Der Staat hat hier ein Bildungsmonopol auch im Bereich der Berufsausbildung. Die Ausbildung wird durch staatliche Richtlinien und Anweisungen gestaltet. Im Marktmodell ist die berufliche Bildung weitgehend dem öffentlichen Einfluss entzogen. Sie erfolgt zumeist im Zusammenhang mit den Arbeitsprozessen in der Produktion und der Dienstleistung. Im Marktmodell spielt der Staat nur eine randständige Rolle. Ein Ausgleich von Ausbildungsangebot und Ausbildungsnachfrage erfolgt über den Marktmechanismus auf dem Ausbildungsstellenmarkt.

Die rechtlich-institutionellen Rahmenbedingungen legen unterschiedliche Zuständigkeiten für die Ausbildung im Betrieb und in der Berufsschule fest. So verteilen sich die Kompetenzen auf Bund, Länder, Unternehmen und deren Selbstverwaltungsorgane sowie die Organisationen von Arbeitgeber(inne)n (Arbeitgeberverbände) und Arbeitnehmer(inne)n (Gewerkschaften) (vgl. Abbildung 2).

Die **Länder** haben gemäß Artikel 7 Grundgesetz die Kulturhoheit, d. h. gesetzgebende und administrative Kompetenz für alle Fragen der Kulturpolitik und -verwaltung und damit auch für alle Fragen, die das öffentliche Schul- und Bildungswesen betreffen. Die Schulaufsicht wird von den Kultusministerien bzw. den Schulämtern ausgeübt. Die Finanzierung der Schulen erfolgt in aller Regel aus Steuereinnahmen der Länder und Gemeinden.

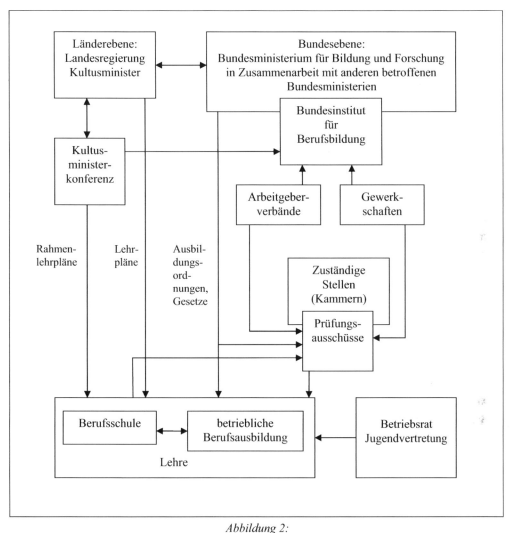

Abbildung 2:
Institutioneller Rahmen der Berufsausbildung (vgl. Arbeitsgruppe Bildungsbericht 2003, S. 527)

Die Schulgesetze bzw. Schulpflichtgesetze der einzelnen Länder regeln die berufliche Ausbildung in den Schulen. Schulgesetze legen im Wesentlichen die Schulformen und Bildungsgänge eines Landes sowie die Bildungspläne fest und stellen die Stundentafeln auf. Stundentafeln legen für jede Jahrgangsstufe das Gesamtaufkommen des wöchentlichen Unterrichtes fest, bestimmen den Fächerkanon sowie die Verteilung der Wochenstunden auf die Lerninhalte (vgl. Arbeitsgruppe Bildungsbericht 2003, S. 181). Auf diesen Stundentafeln bauen die Lehrpläne auf, die mit den Ausbildungsordnungen abgestimmt werden müssen (→ B, Abstimmung und Koordination). Lehrpläne sind die curricularen und didaktischen Grundlagen für den Unterricht. In der Berufsschule sind sie in der Regel nach Lernfeldern strukturiert (→ D, Lernfelder). Sie enthalten in ihrem Kern einen Stoffverteilungsplan, der das inhaltliche Grundgerüst für den Unterricht festlegt. Darüber hinaus finden sich Hinweise auf die Zulassung von Schulbüchern und Empfehlungen für die methodische Umsetzung des Lerninhaltes (→ LS, Konzepte schulischen Lernens).

Neben den Stundentafeln und den Lehrplänen erlassen die Länder noch Rechtsverordnungen und Verwaltungsvorschriften. Sie betreffen Fragen der Schullaufbahn der Schüler/innen. Hierzu zählen unter anderem Vorschriften über Klassenarbeiten, Notengebung, Versetzung und Prüfungen. Davon abzugrenzen sind solche Vorschriften der Länder, die sich hauptsächlich mit Fragen der Unterrichtsorganisation beschäftigen, zum Beispiel mit Angaben zu Klassenfrequenzen.

Die Länder sind ferner zuständig für alle Fragen der Ausbildung und Tätigkeit des Lehrpersonals an beruflichen Schulen. Zum Lehrpersonal an beruflichen Schulen zählen u. a. Gewerbelehrer/innen, Handelslehrer/innen, Gesundheitslehrer/innen, Pflegelehrer/innen, Soziallehrer/innen sowie Lehrer/innen für Fachpraxis (wie z. B. Meister/innen, Techniker/innen, Werkstattleiter/innen) (→ LA, Professionalisierung der Lehrer/innen-Ausbildung). Letztere gibt es aber nicht in allen Bundesländern. Daneben unterrichten noch nebenberufliche Lehrer/innen, z. B. an Schulen des Gesundheitswesens (→ LS, Berufliches Schulwesen).

Folgende Institutionen der Länder sind für die berufsbildenden Schulen bedeutsam: die Kultusministerkonferenz (KMK) und die Landesausschüsse für Berufsbildung. Das wichtigste Gremium ist die Ständige Konferenz der Kultusminister der Länder. Sie dient der Koordination der Kulturpolitik der Länder. Die KMK will durch Konsens das notwendige Maß an Gemeinsamkeit und Vergleichbarkeit im Bildungswesen gewährleisten, um berufliche wie private Mobilität zwischen den Bundesländern zu ermöglichen. Sie erarbeitet die Rahmenlehrpläne für den berufsbezogenen Unterricht in der Berufsschule und stimmt diese mit den Ausbildungsordnungen des Bundes ab. In jedem Land besteht ein Landesausschuss für Berufsbildung. Dieser Landesausschuss setzt sich zusammen aus Arbeitgeber- und Arbeitnehmervertreter(inne)n sowie aus Beauftragten der obersten Landesbehörden (→ B, Institutionen, Organisationen und Konfliktlinien). Er nimmt die Koordinierungs- und Abstimmungsaufgaben wahr und berät die Landesregierung in Fragen der Berufsbildung.

Der **Bund** ist gemäß Artikel 12 Grundgesetz für die betriebliche Berufsausbildung zuständig (vgl. Abbildung 2). Wichtige rechtliche Regelungen für die betriebliche Ausbildung sind: Ausbilder-Eignungsverordnung (AEVO), Berufsbildungsgesetz (BBiG), Berufsbildungsförderungsgesetz (BerBiFG), Betriebsverfassungsgesetz (BVG), Handwerksordnung (HwO), Jugendarbeitsschutzgesetz (JArbSchG) und Sozialgesetzbuch, Teil III (SGB III).

Das **Berufsbildungsgesetz** ist eines der wichtigsten Gesetze für die Berufsbildung. Mit diesem Gesetz wurde 1969 eine bundeseinheitliche Regelung für den betrieblichen Teil der Berufsausbildung geschaffen. Damit wurde die Berufsausbildung zugleich in die staatliche Verantwortung gestellt. Heute gilt das Berufsbildungsgesetz für alle Bundesländer in Verbindung mit dem Einigungsvertrag vom 31.08.1990. Eine Novellierung erfolgte durch den Bundesrat am 18.02.2005 und gilt seit 01.04.2005. Mit der Novellierung des Berufsbildungsgesetzes ist erstmalig eine deutliche Aufwertung der Berufsschule (→ LS, Berufsschule) in der Partnerschaft mit dem Lernort Betrieb gelungen. Die Aufwertung betrifft die Zulassung von Absolvent(inn)en von Bildungsgängen berufsbildender Schulen zur Kammerprüfung, das Einbringen der in der Berufsschule erbrachten Leistungen in das Kammerzeugnis, das Stimmrecht von Lehrkräften in den Berufsbildungsausschüssen und vor allem die Anrechnung von Zeiten schulischer beruflicher Ausbildung auf eine duale Ausbildung.

Eine Pflicht zur Anrechnung von in beruflichen Schulen erworbenen Leistungen auf ein Ausbildungsverhältnis im dualen System war immer umstritten. Aus der Sicht der Schüler/innen ist eine Anrechnung ihrer in beruflichen Schulen erbrachten Leistungen jedoch zu wünschen, weil sie deren Ausbildungszeit verkürzen hilft. Betriebe und Wirtschaftsverbände sehen in dieser Pflicht allerdings ein Problem der Übernahme von Verantwortung für schulisch erbrachte Lernleistungen, auf die sie keinen Einfluss haben. Im Gegensatz zum Berufsbildungsgesetz von 1969 wird im neuen Gesetz durch § 7 (1) die Entscheidung, ob eine Berufsausbildung in einer berufsbildenden Schule oder einer sonstigen Berufsbildungseinrichtung auf eine Berufsausbildung im dualen System angerechnet wird, auf die Länder übertragen. Diese können darüber nunmehr durch Rechtsverordnungen entscheiden.

Das novellierte Berufsbildungsgesetz regelt auch die Öffnung der Kammerprüfung für so genannte „Externe". § 43 (2) sieht nunmehr vor, dass sich auch Schüler/innen einer berufsbildenden Schule oder einer sonstigen Berufsbildungseinrichtung zur Kammerprüfung anmelden können. Auch hier können Landesregierungen durch Rechtsverordnungen darüber entscheiden, welche Bildungsgänge generell einer Ausbildung nach dem Berufsbildungsgesetz entsprechen (vgl. Sondermann 2005, S. 8). Musste nach dem alten Gesetz die schulische Ausbildung der Berufsausbildung einem anerkannten Ausbildungsberuf entsprechen, also gleichartig sein, genügt es nunmehr, wenn sie hinsichtlich Inhalt, Anforderungen und zeitlichem Umfang gleichwertig ist (vgl. Lorenz, Ebert & Sabelhaus 2007, S. 28). Die Länder können die Voraussetzungen für die Anerkennung von „Gleichwertigkeit" in Rechtsverordnungen genauer definieren und auf dem Verordnungswege darüber entscheiden, welche Schulen und sonstige Einrichtungen der Berufsbildung die Voraussetzungen erfüllen, dem Berufsbildungsgesetz entsprechende Bildungsgänge anzubieten. Damit erhalten die Länder auch die Chance, vollzeitschulische Ausbildungsgänge nach den Strukturen und Inhalten einer Ausbildung nach Berufsbildungsgesetz zu entwickeln und eine Kammerabschlussprüfung durchzuführen. Allerdings ist die Öffnung der Kammerprüfung für Berufsfachschüler/innen mit dem Blick auf die Entwicklung der Ausbildungsplatzsuchenden zunächst auf das Jahr 2011 befristet worden.

Bisher waren auf Bundesebene Kammern und Wirtschaft allenfalls bereit, in der Berufsschule erbrachte Leistungen nachrichtlich in das Kammerzeugnis aufzunehmen. Im novellierten Berufsbildungsgesetz wurde nun im § 39 (2) festgelegt, dass zur Bewertung Einzelner, nicht mündlich zu erbringender Prüfungsleistungen gutachterliche Stellungnahmen Dritter, insbesondere berufsbildender Schulen, eingeholt werden können. Damit können nun die berufsschulischen Leistungen der Auszubildenden in die Bewertung einfließen und Schule und Betrieb gemeinsam schriftliche Prüfungen durchführen, wie es in Baden-Württemberg schon seit mehr als dreißig Jahren der Fall ist. Rechtlich bindend sind diese Stellungnahmen Dritter jedoch nicht.

Zu den am heftigsten umstrittenen Fragen gehörte auch die, ob Lehrkräfte im Berufsbildungsausschuss ein Stimmrecht haben sollen. Diese Frage wurde in § 79 (6) der Gesetzesnovelle dahingehend entschieden, dass Lehrkräfte ein volles Stimmrecht haben bei Beschlüssen zu Angelegenheiten der Berufsausbildungsvorbereitung und Berufsausbildung und zu Rechtsvorschriften für die Durchführung der Berufsausbildung, soweit sich die Beschlüsse unmittelbar auf die Organisation der schulischen Berufsausbildung auswirken.

Grundlage für eine geordnete und einheitliche Berufsausbildung sind die **Ausbildungsordnungen** gemäß § 4 Berufsbildungsgesetz. Die Ausbildungsordnungen werden durch das Bundesinstitut für Berufsbildung (→ B, Institutionen, Organisationen und Konfliktlinien) vorbereitet und dann schließlich als Rechtsverordnungen nach einem Abstimmungsprozess zwischen Bund und Ländern vom Bundesministerium für Wirtschaft und Technologie oder das sonst zuständige Fachministerium im Einvernehmen mit dem Bundesministerium für Bildung und Forschung durch Veröffentlichung im Bundesgesetzblatt erlassen (→ B, Abstimmung und Koordination). Die Ausbildungsordnungen bilden die Grundlage für Inhalt und Ablauf der betrieblichen Ausbildung in jedem Ausbildungsberuf. Derzeit gibt es 349 staatlich anerkannte Ausbildungsberufe (Stand: 01.08.2009).

Ausbildungsordnungen sollen ein einheitliches Ausbildungsniveau befördern und Mindeststandards der beruflichen Ausbildung in staatlich anerkannten Ausbildungsberufen sichern. Ausbildungsordnungen enthalten gemäß § 5 (1) Berufsbildungsgesetz folgende Angaben:

- Bezeichnung des anerkannten Ausbildungsberufs.
- Ausbildungsdauer, die nicht mehr als drei und nicht weniger als zwei Jahre betragen soll.
- Ausbildungsberufsbild als Beschreibung der Gesamtheit der zu erwerbenden Kenntnisse und Fertigkeiten, die *mindestens* Gegenstand der Berufsausbildung sind.
- Ausbildungsrahmenplan als zeitliche und sachliche Gliederung der zu vermittelnden Kenntnisse, Fertigkeiten und Fähigkeiten sowie
- Prüfungsanforderungen.

Die Ausbildungsordnung kann außerdem u. a. vorsehen, dass

- die Berufsausbildung in sachlich und zeitlich gegliederten, aufeinander aufbauenden Stufen erfolgt (Stufenausbildung).
- die Abschlussprüfung in zwei Teilen durchgeführt wird (gestreckte Abschlussprüfung).
- eine andere einschlägige Berufsausbildung auf die aktuell durchgeführte Berufsausbildung angerechnet werden kann.
- über die Mindestanforderungen an die Berufsausbildung zusätzliche berufliche Fertigkeiten, Kenntnisse und Fähigkeiten vermittelt werden können.
- Teile der Berufsausbildung durch überbetriebliche Ausbildungsstätten übernommen werden können.

Das Berufsbildungsgesetz und die Ausbildungsordnungen sind auch die Rechtsgrundlage für **Prüfungen**. So werden die Zwischen- und Abschlussprüfungen bundeseinheitlich geregelt. Die Durchführung der bundeseinheitlichen Prüfungen obliegt den Zuständigen Stellen (→ B, Institutionen, Organisationen und Konfliktlinien). Sie erlassen die Prüfungsordnungen, setzen die Prüfungsausschüsse zusammen und stellen bei erfolgreich bestandener Prüfung die Facharbeiter-, Gesellen- und Gehilfenbriefe aus. Dem Prüfungsausschuss müssen

Beauftragte der Arbeitnehmer/innen und der Arbeitgeber/innen in gleicher Zahl sowie mindestens eine Lehrkraft einer berufsbildenden Schule angehören.

An den Prüfungen wirken auch die Ausbilder/innen in den Betrieben mit. Sie üben ihre Aufgabe als haupt- oder meist als nebenberufliche Kräfte aus. Seit 1972 müssen sie in einer speziellen Prüfung berufs- und arbeitspädagogische Kenntnisse nachweisen (→ LA, Betriebliches Ausbildungspersonal). Diese Prüfung nach der Ausbilder-Eignungsverordnung (AEVO) wurde im Mai 2003 für fünf Jahre ausgesetzt in der Hoffnung, damit die Ausbildungskosten senken und die Ausbildungsbereitschaft der Betriebe steigern zu können.

Folgende Institutionen des Bundes sind für die betriebliche Berufsausbildung bedeutsam: das Bundesministerium für Bildung und Forschung (BMBF), die jeweils betroffenen Fachministerien, das Bundesinstitut für Berufsbildung (→ B, Berufsbildungsforschung) sowie die Zuständigen Stellen (Kammern). Das Bundesministerium für Bildung und Forschung ist z. B. federführend für das Berufsbildungsgesetz, für bildungspolitische Grundsatzfragen und die Veröffentlichung des Berufsbildungsberichts zuständig und übt die Rechtsaufsicht über das Bundesinstitut für Berufsbildung aus. Das Bundesministerium für Wirtschaft und Technologie ist der wichtigste Verordnungsgeber für die Neuordnung von Ausbildungsberufen und zuständig für den Bereich der gewerblichen Wirtschaft und damit für ca. 90 % aller staatlich anerkannten Ausbildungsberufe.

Wesentliches Merkmal der Berufsbildung in Deutschland ist das Konsensprinzip, d. h. wichtige strukturelle und inhaltliche Festlegungen werden nur im Zusammenwirken von Bund und Ländern, Arbeitgeber(inne)n und Arbeitnehmer(inne)n getroffen. Die hierfür notwendigen Abstimmungen erfolgen u. a. im Bundesrat, in der Gemeinsamen Wissenschaftskonferenz (GWK) sowie im Wissenschaftsrat.

Die unterschiedlichen Zuständigkeiten für die Berufsausbildung in Betrieb und Berufsschule machen ebenso eine Abstimmung notwendig. Diese Abstimmung zwischen Betrieb und Schule erfolgt rechtlich-institutionell abgesichert seit 1974 durch den Koordinierungsausschuss des Bundes und der Länder. Hier werden grundsätzliche Fragen zur Koordination betrieblicher und schulischer Berufsausbildung in den staatlich anerkannten Ausbildungsberufen zwischen Bund und Ländern geklärt und es wird über die Ausbildungsordnungen und Rahmenlehrpläne abgestimmt. Darüber hinaus gibt es keine weitere institutionalisierte Abstimmung. Auf regionaler Ebene existiert beispielsweise keine Regelung hinsichtlich einer Lernortkooperation, der Zusammenarbeit von Ausbilder(inne)n im Betrieb und Lehrer(inne)n in der Berufsschule (→ B, Abstimmung und Koordination; → LA, Betriebliches

Ausbildungspersonal). Gleichwohl wurde im Vorfeld der Novellierung des Berufsbildungsgesetzes intensiv über die Einrichtung von regionalen Berufsbildungskonferenzen diskutiert. Gedacht war daran, dass diese regionalen Konferenzen vor Ort planen sollten, wie Angebot und Nachfrage auf dem regionalen Ausbildungsstellenmarkt in Einklang gebracht werden können.

2 Finanzierung

In der mittelalterlichen Lehre erfolgte die Berufsausbildung „im ganzen Haus". Das bedeutete für den Lehrling, dass er im Handwerksbetrieb des Meisters mitarbeitete und im Haushalt des Lehrherrn lebte. Daraus erwuchs dem Lehrherrn kein Problem einer Finanzierung der Berufsausbildung. Indem der Lehrling handwerklich mitarbeitete, erbrachte er produktive Arbeitsleistungen, die den Großteil der Kosten für den Lebensunterhalt des Lehrlings abdeckten. Außerdem hatten die Eltern von Lehrlingen in solchen Lehrverhältnissen, in denen produktive Leistungen erst nach einer längeren Ausbildungszeit zu erwarten waren, wie beispielsweise im Kunsthandwerk und in feinmechanischen Ausbildungsberufen, Lehrgeld zu entrichten.

Die Situation änderte sich jedoch mit Beginn der Industrialisierung und dem Niedergang des Zunftwesens. Ausbildungsbegleitend traten in zunehmendem Maße Schulen auf. Sie konnten über öffentliche Einnahmen ihrer Träger finanziert werden. Des Weiteren waren sie auch privatwirtschaftlich als Ausbildungsbetriebe tätig, die Ausbildungsleistungen anboten und als Gegenleistung Schulgeld und Arbeitsleistung der Lehrlinge einforderten. Eine bis heute gültige Regelung ergab sich mit der Einführung der Schulpflicht durch das Reichsschulpflichtgesetz von 1938, das einen Besuch einer Berufsschule für drei Jahre regelhaft für alle Auszubildenden vorsah (→ LS, Berufsschule). Fortan musste der schulische Teil der Berufsausbildung aus öffentlichen Einnahmen bestritten werden. Der betriebliche Teil der Berufsausbildung hingegen wurde weiterhin durch den Ausbildungsbetrieb finanziert. Das 1969 verabschiedete Berufsbildungsgesetz hatte ohnehin keine Finanzierungsregelung vorgeschlagen, weil es keine belastbaren Daten gab, die über Kosten, Nutzen und Erträge der Berufsausbildung sowie über die Wirkung alternativer Finanzierungsmodelle auf Ausbildungsplatzangebot und Ausbildungsqualität hätten informieren können (vgl. Timmermann 2010, S. 13). Das praktizierte Finanzierungsmodell erschien außerdem solange unproblematisch, wie die Finanzierung durch die öffentliche Hand gewährleistet war und die Ausbildungsbereitschaft der Betriebe eine ausreichende Versorgung mit Ausbildungsplätzen sichern konnte.

In der Reformphase der Berufsausbildung in den 1970er Jahren lebte die Diskussion über die Finanzierung der Berufsausbildung mit den bildungspolitischen Anstrengungen wieder auf, über eine Ausbildungsplatzabgabe der Betriebe (→ B, Entwicklungslinien) ein Steuerungsinstrument für die Sicherung des Ausbildungsplatzangebotes zu erlangen. Geplant war eine Umlagefinanzierung, die so genannte Berufsausbildungsabgabe, die bei einem gravierenden Unterangebot an Ausbildungsplätzen von jedem Unternehmen erhoben werden und den tatsächlich ausbildenden Betrieben wieder zufließen sollte. Diese Berufsausbildungsabgabe wurde als Kernstück in das Ausbildungsplatzförderungsgesetz von 1976 eingeschrieben, das jedoch 1981 nach einer Klage des Freistaates Bayern vor dem Bundesverfassungsgericht wieder aufgehoben wurde. Im Nachfolgegesetz, dem Berufsausbildungsförderungsgesetz, fehlten dann jedoch entsprechende Regelungen zur Umlagefinanzierung. Als Begründung hierfür wurde die mittlerweile verbesserte Versorgungslage auf dem Lehrstellenmarkt angegeben.

Damit war die Diskussion über die Finanzierung der Berufsausbildung aber keineswegs abgeschlossen. Im Gegenteil: Mit dem stagnierenden Wirtschaftswachstum bei kontinuierlichem Abbau von Personalbeständen und Personalkosten verschärfte sich das Finanzierungsproblem der Berufsausbildung. Dauerhafte Lösungen dieses Problems einer finanziellen Absicherung der Berufsausbildung wurden energischer eingefordert. Mit diesen Forderungen wurde dann auch erneut eine gesetzliche Ausbildungsplatzabgabe in die Diskussion eingebracht. Im Jahr 2004 ist es erneut zu einer Finanzierungsregelung im Rahmen des Berufsausbildungssicherungsgesetzes gekommen. Das Gesetz sieht vor, dass eine Ausbildungsplatzabgabe dann erhoben werden kann, wenn die bei der Bundesagentur für Arbeit registrierte Zahl der offenen Stellen nicht mindestens 15 % über der Zahl der unvermittelten Bewerber/innen liegt. Das Inkrafttreten des Gesetzes wurde jedoch immer wieder verschoben, weil zunächst mit der Wirtschaft eine Erhöhung der Ausbildungskapazitäten auf freiwilliger Basis erreicht werden sollte. Im Gesetz wurde also die Option einer Umlagefinanzierung der beruflichen Bildung davon abhängig gemacht, dass es den Unternehmen gelingt, mit vereinten Anstrengungen doch noch genügend Ausbildungsplätze zur Verfügung zu stellen. Hierfür wurde deshalb 2004 der „Nationale Pakt für Ausbildung und Fachkräftenachwuchs in Deutschland" zwischen den zuständigen Bundesministerien, Kammern und Wirtschaftsverbänden geschlossen und nach dessen Auslaufen im März 2007 verlängert (vgl. Lorenz, Ebert & Sabelhaus 2007, S. 26 f.). Obwohl das Inkrafttreten des Gesetzes nach wie vor von gewerkschaftlicher Seite gefordert wird, ist damit jedoch angesichts der unterschiedlichen bildungspolitischen Grundpositionen von CDU/FDP und von SPD/Grünen nicht zu rechnen (vgl. Stender 2006, S. 123 f.).

Soweit die Diskussion fortgesetzt wird, stehen grundsätzlich drei Modelle der Finanzierung betrieblicher Erstausbildung zur Debatte (vgl. Kell 1995, S. 391 f.). Ein erster Vorschlag benennt das **Zentralfondsmodell**, mit dem berufliche Erstausbildung über eine Arbeitgeberumlage finanziert werden soll. Ein zweiter Vorschlag greift das Konzept des Arbeitsplatzförderungsgesetzes bzw. des Berufsausbildungssicherungsgesetzes, die **Umlagefinanzierung** bei gravierender Unterdeckung von Ausbildungsplätzen einzuführen, auf. Ein dritter Vorschlag sieht tarifvertragliche Regelungen der Finanzierung durch **Branchenfonds** vor, wie sie bereits für das Baugewerbe gelten. Mit dem Blick auf andere europäische Länder, z. B. auf die Pro-Kopf-Abgabe pro Mitarbeiter/in von allen Unternehmen in Dänemark und einer Lehrlingsabgabe in Abhängigkeit von der Lohn- und Gehaltssumme eines Unternehmens in Frankreich sowie der Erfahrung, dass deren Finanzierungsregelungen von Arbeitnehmer(inne)n und Arbeitgeber(inne)n nachdrücklich befürwortet werden, könnte das Modell einer fondsfinanzierten beruflichen Bildung auch in Deutschland zukunftsfähig sein (vgl. Stender 2006, S. 127 f.).

Im Zuge der Harmonisierung europäischer Bildungssysteme wird die Frage der Finanzierung der beruflichen Erstausbildung auf der Folie alternativer Organisationsformen beruflicher Bildung grundsätzlicher beleuchtet. In der Diskussion stehen das Marktmodell als Konzept der Steuerung von Ausbildungsangebot und -nachfrage über einen Ausbildungsmarkt. Ferner wird das Schulmodell erörtert mit der starken Stellung beruflicher Schulen in öffentlicher Verantwortung. Ein drittes Modell ist die Mischform öffentlicher und privater Finanzierung, wie sie im Rahmen des dualen Systems bereits vorliegt (vgl. Greinert 1993). Bei diesen Modellen handelt es sich um idealtypische, in der Praxis so jedoch nicht vorfindliche Formen der Ausbildungsorganisation.

Im Marktmodell finanzieren die Betriebe als Abnehmer die Berufsausbildung. Ausbildung wird nach bildungsökonomischen Gesichtspunkten bewertet. Im Lichte bildungsökonomischer Analysen betrachtet ist Berufsausbildung dann eine Investition in Humanvermögen. Sie wird strengen Kosten-Nutzenanalysen unterzogen. Auf dem Bildungsmarkt stehen die Berufsschulen in freier Konkurrenz mit privaten Anbietern. Sie müssen sich dort um Auszubildende und um Finanzierungsmittel bewerben. Die Lehrenden an staatlichen Berufsschulen sind Angestellte und werden leistungsbezogen entlohnt, sie werden von den Schulen eingestellt und sind auch kündbar. Der Staat, der seinen Bürger(inne)n ein Bildungsrecht garantiert, verteilt „Bildungsgutscheine", die von den Auszubildenden bei Ausbildungsbetrieben eingelöst werden können (→ BWP, Wirtschaft).

Im Schulmodell erfolgt die Finanzierung der beruflichen Bildung dagegen ausschließlich über öffentliche Haushalte. Deren finanzielle Begrenztheit erlaubt in der Regel keine flächendeckenden Ausbildungsmodelle zur beruflichen Qualifizierung. Lehrer/innen sind staatliche Angestellte oder Beamte bzw. Beamtinnen. Die Ausbildungsleistung wird nach

Maßgabe staatlicher Richtlinien und Anweisungen erbracht. Eine Bewertung der erbrachten Ausbildungsleistungen erfolgt durch staatliche Schulaufsichtsbeamte bzw. -beamtinnen.

Im Modell der Mischform, die dem deutschen dualen System der Erstausbildung vergleichbar ist, erfolgt die Finanzierung durch die Betriebe und durch öffentliche Hände. Die Kosten der betrieblichen Ausbildung werden von den einzelnen Betrieben getragen. Die Finanzierung der durch das öffentliche Schulwesen entstehenden Kosten verteilt sich auf die Länder und die Schulträger (Städte und Gemeinden sowie Kreise und kreisfreie Städte). Die Länder tragen die Personalkosten des Lehrpersonals. Die Schulträger kommen für die Sachkosten der Schulen auf, für die im Zusammenhang mit Organisation und Verwaltung stehenden Aufwendungen und für die Kosten des nicht lehrenden Personals und des Verwaltungspersonals. Zum Ausgleich der Schulkosten erhalten die Schulträger aus dem jeweiligen Landeshaushalt Erstattungen für bestimmte Aufwendungen und einmalige Beihilfen.

Daneben gibt es die Fondsfinanzierung von Ausbildung in überbetrieblichen Ausbildungsstätten für kleinere und mittlere Betriebe (→ B, Entwicklungslinien). Überbetriebliche Ausbildungsstätten werden von Innungen, Verbänden und Kammern betrieben, die auch für die laufenden Kosten (z. B. Lehrpersonal) aufkommen. Dabei erfolgt die Finanzierung z. B. über die Innungsbeiträge, über Gebühren oder Bundeszuschüsse. Die Bewertung der Ausbildungsleistungen wird in Kooperation von Betrieben und staatlicher Schulaufsicht durchgeführt.

Die gegenwärtig prekäre Lage der Staatsfinanzen führt auch zu Überlegungen, wie die staatliche Finanzierung der schulischen beruflichen Bildung möglichst effektiv zu leisten ist. Mit dem Blick auf amerikanische Untersuchungen bestehen nämlich erhebliche Zweifel an der Vermutung, dass sich der Erfolg der schulischen Berufsausbildung durch zusätzliche Finanzmittel beträchtlich steigern lässt. Ab einer gewissen Budgethöhe bringen zusätzliche Mittel nämlich keine Qualitätsverbesserung mehr. Es wird vermutet, dass „viele Schulen in Deutschland und in der Schweiz diesen kritischen Punkt erreicht haben" – auch wenn in Lehrer/innen-Kreisen diese Befunde heftig kritisiert werden (Dubs 2002, S. 322).

Die Finanzierung der beruflichen Weiterbildung ist dagegen kaum geregelt. Gründe hierfür liegen in der Verfassung der Bundesrepublik Deutschland, in der Erwachsenenbildung nicht geregelt ist. Dennoch bestehen Gesetze und gesetzesähnliche Regelungen, die auch für die Finanzierung von Weiterbildung von Bedeutung sind (vgl. Abbildung 3). Europäisches Recht ist für die deutsche Weiterbildung nicht direkt bedeutsam. Die Zuständigkeit für die Gestaltung des Bildungssystems liegt allein bei den Mitgliedstaaten.

Gesetze auf Bundesebene	Zuständigkeit und Beispiele für Regelungsbereiche
Sozialgesetzbuch – Drittes Buch (SGB III)	Bundesagentur für Arbeit; Arbeitsförderung: Vermeidung von Arbeitslosigkeit und Verkürzung von Arbeitslosigkeit
Berufsbildungsgesetz (BBiG)	Bundesinstitut für Berufsbildung; berufliche Fortbildung und Umschulung: Fortbildungsverordnungen auf Bundesebene z. B. Industriemeister/in, Sozialberater/in, Versicherungs- und Finanzfachwirt/in, Bilanzbuchhalter/in
Bundesausbildungsförderungsgesetz (BAföG)	Bundesministerium für Bildung und Forschung; Rechtsgrundlage zur Ausbildungsförderung und Weiterbildung durch Nachholen des Abiturs über den zweiten Bildungsweg nach Berufsausbildung
Aufstiegsfortbildungsförderungsgesetz (AFBG) (sog. „Meister-BAföG")	Bundesministerium für Bildung und Forschung; Rechtsgrundlage zur finanziellen Unterstützung und Förderung von Fachkräften durch Aufstiegsfortbildungen bzw. Meisterkurse
Gesetz zum Schutz der Teilnehmer am Fernunterricht (Fern-USG)	Bundesgesetz, das durch Staatsverträge der Länder ergänzt wird; Staatliche Zentralstelle für Fernunterricht; regelt Rechte und Pflichten von Veranstaltern und Teilnehmer(inne)n; staatliche Zulassung von Fernlehrgängen

Abbildung 3:
Weiterbildungsrelevante Bundesgesetze (vgl. Nuissl & Brandt 2009, S. 23)

Allerdings haben viele Länder in ihre Landesverfassungen die Verpflichtung zur Förderung der Weiterbildung aufgenommen. Kommunen und Länder finanzieren deshalb die Weiterbildung über Erwachsenenbildungs- und Weiterbildungsgesetze (vgl. Nuissl & Brandt 2009, S. 22; Weiß 2010). Darin ist die Finanzierung dem Grunde nach geregelt, jedoch nicht hinsichtlich der Höhe. Außerdem bestehen Schwierigkeiten in der Zurechnung des Nutzens als Ertrag von Weiterbildung für die Weiterbildungsnutzer/innen. Berufliche Weiterbildung ist nämlich regelmäßig auch mit externen Effekten verbunden. Externe Effekte entstehen, wenn außer den unmittelbaren Nutzer(inne)n auch Dritte einen Nutzen aus der Weiterbildung ziehen, ohne sich dafür finanziell zu engagieren (vgl. Weiß 2010, S. 370 f.). Über die Bedeutung, die diesen externen Effekten für die Finanzierung zukommt, wird jedoch gestritten: Vertreter/innen einer Bildungspolitik staatlicher Interventionen auch im Weiterbildungssektor betonen die große Bedeutung von externen Erträgen. Vertreter/innen einer liberalen Wirtschafts- und Bildungspolitik schätzen die Relevanz externer Erträge für das Entscheidungsverhalten aber eher gering ein (vgl. Weiß 2010).

Die finanziellen Mittel zur Durchführung der Weiterbildung können aus vier Hauptquellen stammen (vgl. Dikau 1995, S. 433 ff.). Eine erste Quelle ist die private Wirtschaft als Hauptträger der Weiterbildung. Eine zweite Quelle ist die Bundesagentur für Arbeit, die Drittmittel über das Sozialgesetzbuch, Teil III vergibt. Eine dritte Quelle sind die Teilnehmer/innen. Sie finanzieren die von ihnen besuchten Weiterbildungsveranstaltungen durch Zahlung von Gebühren bzw. durch die Preisgabe arbeitsfreier Zeit. Eine vierte Quelle stellt die öffentliche Hand (Bund, Länder und Gemeinden) dar mit ihren Sonderprogrammen, wie z. B. Frauenförderprogramme, Maßnahmen zur beruflichen Umweltbildung, Lehrer/innen-Fortbildung und Förderung der Volkshochschulen.

Bei staatlicher Bildungsfinanzierung werden vier Typen unterschieden (vgl. Weiß 2010, S. 371 f.):

- Staatliche Bildungsfinanzierung ohne Beteiligung privater Nachfrager/innen: Weiterbildung ist dann ein öffentliches Gut und wird beispielsweise über Fachschulen angeboten und über Landeshaushalte finanziert.

- Staatliche Bildungsfinanzierung mit Kostenbeteiligung der Nachfrager/innen. Hierbei übernehmen Länder und Kommunen die Finanzierung, beteiligen aber die Nutzer/innen an den Kosten, beispielsweise durch Kursgebühren für Volkshochschulkurse.

- Wenn der Staat bestimmte Programme oder Maßnahmen, die im politischen oder gesellschaftlichen Interesse liegen, finanziell fördert, erfolgt die staatliche Bildungsfinanzierung angebotsorientiert. Dies ist beispielsweise bei der Förderung mittelständischer Unternehmen oder der politischen Bildung der Fall.

- Staatliche Bildungsfinanzierung kann aber auch nachfrageorientiert ansetzen. Dann werden z. B. durch Gewährung von Steuervorteilen beim Bildungssparen oder durch Gewährung günstiger Bildungskredite die Zugänge der Bildungsnachfrager/innen zum Bildungsmarkt erleichtert.

Das gesamte Finanzierungsvolumen ist nicht bekannt, weil die hierfür benötigten Statistiken nicht zur Verfügung stehen. Die Expertenkommission „Lebenslanges Lernen" kommt im Jahr 2002 zu einer Schätzung des Volumens von insgesamt 32 Mrd. € (vgl. Dohmen 2008, S. 16). Schätzungen für 2006 gehen aber davon aus, dass 24 Mrd. € als direkte Kosten (Teilnahmegebühren, Lernmittelkosten, Fahrtkosten) für Weiterbildung angefallen sind. Werden noch die indirekten Kosten (Lohnfortzahlungen, Zusatzkosten für Überstunden, Einkommensausfälle, bewerteter Freizeitverzicht u. a.) eingerechnet, verdoppelt sich das Finanzierungsvolumen auf 48 Mrd. € (vgl. Nuissl & Brandt 2009, S. 35). Den Großteil davon finanzieren mit 88 % die Individuen und die Betriebe, wobei der Anteil der individuellen Finanzierung von Weiterbildung konstant angewachsen ist. Im Verhältnis zu den Anteilen von Betrieben und Individuen und der Ausgaben für andere Bildungsbereiche ist die öffentliche Finanzierung der Weiterbildung also eher gering. Es sind allerdings die in den Etats anderer Ressorts „versteckten" Ausgaben für Erwachsenenbildung noch einzurechnen.

3 Kosten und Nutzen

Die Frage nach Kosten und Nutzen der beruflichen Bildung ist nicht neu. Bereits in den 1960er Jahren entwickelte sich in Deutschland eine Diskussion über die Anwendbarkeit betriebswirtschaftlicher Überlegungen auf Bildungsinstitutionen und Bildungsprozesse im Schnittfeld von Wirtschaftswissenschaften und Erziehungswissenschaft. Wesentlich älter sind sogar bildungsökonomische Fragestellungen zur Analyse und Gestaltung von Bildungsgesamtsystemen. Sie gewinnen bereits im 17. und 18. Jahrhundert an Bedeutung (→ BWP, Wirtschaft). Aktuell bedeutsam sind Kosten-Nutzenanalysen vor allem im Zusammenhang mit der Bewältigung von Problemen des zurückgehenden Ausbildungsplatzangebotes, sinkender Ausbildungsplatznachfrage und der desolaten Finanzlage in den öffentlichen Haushalten. Des Weiteren können Kosten-Nutzenanalysen herangezogen werden zur Steuerung von Reformen beruflicher Bildung mit den Instrumenten des Bildungscontrolling, zum Outsourcing von Bildung und Bildungsabteilungen aus dem Betrieb und auch zur Begründung von Teilautonomisierung von Schulen (→ LS, Teilautonomisierung und Qualitätsentwicklung).

Kosten-Nutzenanalysen sind grundsätzlich auf zwei Wegen möglich. Zum einen können Ausbildungsaufwendungen als eine Investition in Humanvermögen betrachtet werden. Werden Investitionen in Humanvermögen getätigt, wird Kapital umgewandelt. Investitionen in das Humanvermögen erhöhen das Leistungspotential der Arbeitskräfte durch verbesserte Fertigkeiten, Fähigkeiten und Kenntnisse. Zum anderen können Kosten der Aus- und Weiterbildung auch ins Verhältnis zu Leistungen gesetzt werden. Kosten entstehen beispielsweise als Personal-, Anlage- und Sachkosten. Erträge entstehen durch bewertete Leistungen, beispielsweise in Form von Einnahmen des Betriebes aus bewerteten Leistungen des Auszubildenden oder in der Form einer monetär bewerteten, aber eingesparten Fachkraft. Betriebswirtschaftliche Überlegungen zu Kosten und Nutzen der beruflichen Bildung orientieren sich zumeist am Konzept einer Kosten- und Leistungsrechnung, während sich volkswirtschaftliche Betrachtungen vorzugsweise am Vermögens- bzw. Kapitalbegriff (Humanvermögen) ausrichten (→ BWP, Wirtschaft).

Konzeptionen zur Erfassung von Kosten und Leistungen werden grundsätzlich in zwei Schritten erstellt. In einem ersten Schritt gilt es, die Ausbildung als Kostenfaktor zu erkennen und die auf die Ausbildung entfallenden Kosten zu ermitteln. Wie diese Kosten ermittelt werden, hängt vom Zweck ab, der mit der Kosten- und Leistungsrechnung verfolgt wird (vgl. Abbildung 4).

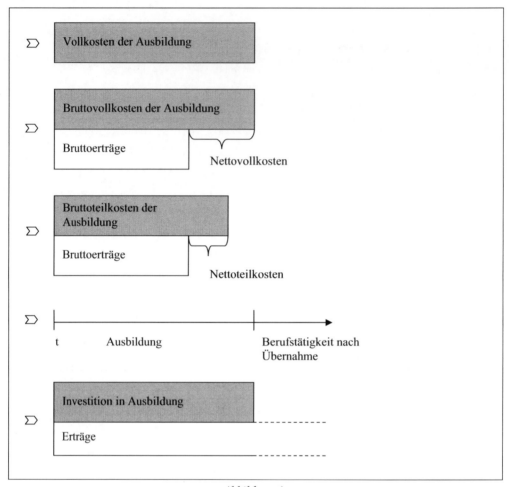

Abbildung 4:
Kosten- und Leistungsrechnungen

So wird eine Vollkostenrechnung dann gewählt werden, wenn alle Kosten, die durch Ausbildung verursacht werden, erfasst werden sollen. In eine Teilkostenrechnung hingegen gehen nur solche Kosten ein, die unmittelbar durch die Ausbildung verursacht werden. Kosten der Ausbildung, die im Prozess des Lernens durch Mitarbeit anfallen, werden deshalb nicht als Ausbildungskosten ausgewiesen, sondern den Produktionskosten zugerechnet. In der nachfolgenden Abbildung 5 wird deshalb unterschieden zwischen durch die Ausbildung verursachten *zusätzlichen* Kosten und Kosten, die der Betrieb auch ohne Ausbildung zu tragen hätte.

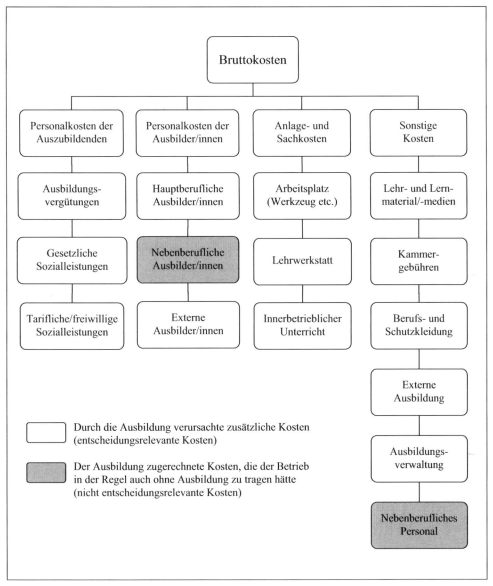

Abbildung 5:
Kostenarten der betrieblichen Berufsausbildung (vgl. Beicht, Walden & Herget 2004, S. 22)

In einem zweiten Schritt werden schließlich die Leistungen ermittelt. Dies geschieht üblicherweise, indem die Erträge bewertet werden. Hierzu zählen beispielsweise die verrechenbaren Leistungen eines Auszubildenden, der selbstständig einen Kundenauftrag ausführt, oder die eingesparten Akquisitionskosten, wenn der Auszubildende nach abgeschlossener Ausbildung im Betrieb verbleibt. Werden nun die so ermittelten Kosten (Bruttokosten) und die bewerteten Erträge miteinander verrechnet, entstehen entweder Nettokosten oder Nettoerträge.

Sowohl für die Weiterbildung als auch für die Berufsausbildung wurden Kosten-Nutzen-Studien durchgeführt. Hervorzuheben sind die Studien des Bundesinstituts für Berufsbildung, bei der die Teilnehmer/innen an beruflicher Weiterbildung befragt wurden (vgl. Beicht, Krekel & Walden 2006; Grünewald & Moraal 2003; Hartmann 2008) sowie die im Auftrag des Bundesinstituts für Berufsbildung von einer Expert(inn)en-Kommission durchgeführte Studie über die *Nicht*teilnahme an beruflicher Weiterbildung (vgl. Expertenkommission Finanzierung Lebenslangen Lernens 2004).

Hierzu ein Beispiel aus der Befragung des Bundesinstituts zu Kosten und Nutzen der betrieblichen Berufsausbildung für das Berichtsjahr 2007 (vgl. Wenzelmann et al. 2009): Es wurden 2.986 Ausbildungsbetriebe in ganz Deutschland befragt und Durchschnittswerte für 10.751 Auszubildende berechnet. Berechnet wurden für das Berichtsjahr die Bruttokosten aus den Personalkosten der Auszubildenden und des Ausbildungspersonals, den Anlage- und sonstigen Kosten sowie die Nettokosten als Differenz von Bruttokosten und Erträgen aus den produktiven Leistungen der Auszubildenden. Untersucht wurden die am stärksten besetzten 51 Ausbildungsberufe aus den Ausbildungsbereichen Industrie und Handel, Handwerk, Öffentlicher Dienst, Landwirtschaft und Freie Berufe.

Die Studie ergab, dass den Betrieben in Deutschland im Jahr 2007 durchschnittlich 15.288 € Bruttokosten entstanden. Diesen Kosten stehen durchschnittliche Erträge aus produktiven Leistungen von 11.692 € für das Berichtsjahr gegenüber. Als Differenz lassen sich also Nettokosten in Höhe von durchschnittlich 3.596 € pro Auszubildendem und Jahr errechnen. Die Personalkosten der Auszubildenden machen mit 9.490 € durchschnittlich 61 % der Bruttokosten aus. Die Personalkosten der Ausbilder/innen betragen pro Auszubildenden durchschnittlich 3.292 € und machen 22 % der Personalkosten aus. An Anlage und Sachkosten entstehen pro Auszubildenden 691 €. Dies entspricht 5 % der Personalkosten. Sonstige Kosten fallen durchschnittlich in der Höhe von 1.814 € bzw. von 12 % der Personalkosten an.

Eine Betrachtung allein dieser Durchschnittswerte verdeckt beträchtliche Unterschiede zwischen den Betrieben und den Ausbildungsbereichen. So tragen Betriebe mit mehr als 500 Beschäftigten mit 7.165 € Nettokosten die höchsten und Kleinbetriebe mit 1–9 Beschäftigten mit 2.468 € die niedrigsten Nettokosten pro Auszubildenden und Ausbildungsjahr. Industrie und Handel weisen mit 4.607 € die höchsten Nettokosten auf, während in der Landwirtschaft und bei den freien Berufen 962 € bzw. 268 € pro Auszubildenden und Ausbildungsjahr anfallen. Diese Befunde bestätigen die Erwartungen: Im Handwerk, in der Landwirtschaft und in den freien Berufen wird kostengünstiger ausgebildet als in Industrie und Handel sowie im öffentlichen Dienst.

Die Erträge aus den produktiven Leistungen werden als Kosten ermittelt, die entstehen würden, wenn die Aufgaben der Auszubildenden von regulären Mitarbeiter(inne)n ausgeführt würden. Mit dieser Berechnungsmethode lässt sich nachweisen, dass etwa ein Drittel der Auszubildenden bereits während der Ausbildung Netto*erträge* für den Ausbildungsbetrieb erwirtschaftet. Dabei wurde bei den anspruchsvollen Tätigkeiten, die den Einsatz einer Fachkraft erfordert, ein Leistungsgrad erfragt und bei der Berechnung der Erträge entsprechend berücksichtigt. Außer diesen Erträgen während der Ausbildungszeit entstehen weitere Erträge, wenn der Betrieb die Auszubildenden nach der Ausbildung als Fachkraft übernimmt: Für die Rekrutierung einer neuen Fachkraft wenden Betriebe durchschnittlich 4.214 € auf, die sie mit der Übernahme von Auszubildenden sparen können. Dabei sind die Kosten für die Rekrutierung externer Fachkräfte in Industrie und Handel mit 5.370 € am höchsten und mit 2.311 € in der Landwirtschaft am niedrigsten.

Neben der Einsparung von Personalgewinnungskosten gibt es noch weitere Vorteile für den Betrieb bei Übernahme von Auszubildenden, die sich aber nur schwer in Geldeinheiten ausdrücken lassen. Abbildung 6 stellt weitere Vorteile einer Berufsausbildung im größeren Zusammenhang dar.

Mit den gesparten Kosten für die Personalgewinnung können Betriebe einen beträchtlichen Nutzen der Ausbildung realisieren und zudem mit einer hervorragenden Ausbildungsleistung ihr Ansehen auf dem Arbeitsmarkt und in der Region verbessern. Dies hat günstige Auswirkungen auf die Anwerbung besonders motivierter Auszubildender und leistungsfähiger Fachkräfte. Für Auszubildende und Betriebe gleichermaßen vorteilhaft ist auch die Chance, berufliche Erstausbildung und betriebliche Weiterbildung miteinander verknüpfen zu können. Damit können berufliche Karrierewege längerfristig beobachtet und geplant sowie die Qualität der betrieblichen Produktion und Dienstleistung systematisch gesteigert werden.

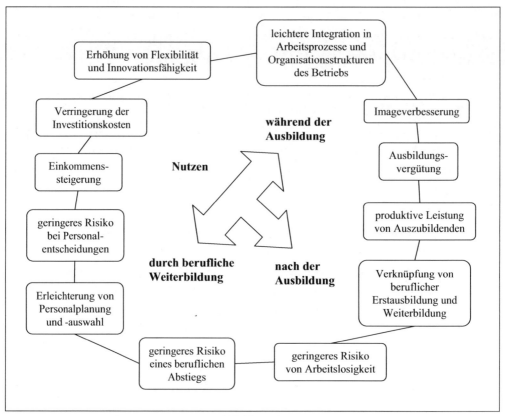

Abbildung 6:
Nutzen betrieblicher Aus- und Weiterbildung im Überblick

Der Nutzen einer betrieblichen Ausbildung tritt außerdem nach der Ausbildung und besonders in der Verbindung mit betrieblicher Weiterbildung ein. Wie empirische Untersuchungen wiederholt aufzeigen konnten, tragen Arbeitnehmer/innen mit einer Berufsausbildung ein geringeres Risiko arbeitslos zu werden als Arbeitnehmer/innen ohne qualifizierte Berufsausbildung. Nehmen Arbeitnehmer/innen mit Berufsausbildung zudem noch an qualifikations- und aufstiegsorientierten Maßnahmen betrieblicher Weiterbildung teil, schützen sie sich nicht nur weiter gegen Arbeitslosigkeit und den beruflichen Abstieg, sondern steigern zudem ihr Einkommen; wofür die Teilnahme an eben diesen Maßnahmen Voraussetzung war: „Insbesondere wenn die Weiterbildungsteilnahme erfolgreich abgeschlossen wurde, konnten die männlichen Weiterbildungsteilnehmer eher zusätzliche Einkommen erzielen als die Männer ohne eine Weiterbildungsteilnahme" (Becker 1999, S. 214).

Der Nutzen betrieblicher Ausbildung ist schließlich in einer Steigerung der Wettbewerbsfähigkeit von Ausbildungsbetrieben zu erkennen. Über eine eigene Berufsausbildung kann der Betrieb diejenigen Auszubildenden gewinnen und qualifizieren, die auch tatsächlich mit den im Betrieb erworbenen Qualifikationen gebraucht werden. Damit werden zudem Personalplanung und Personalauswahl beträchtlich erleichtert.

Im Betrieb ausgebildete Arbeitnehmer/innen haben häufig bessere Kenntnisse von den Arbeitsabläufen und Organisationsstrukturen des Betriebes. Sie können sich leichter mit den Unternehmenszielen identifizieren und sich dementsprechend loyal verhalten. Außerdem sind sie aufgrund ihrer längeren Betriebszugehörigkeit leichter in soziale Strukturen von betrieblicher Kooperation, Kommunikation und Arbeitsteilung einzubinden. Durch ihre Kenntnis der Abteilungen, die sie während der Ausbildung durchlaufen haben, können sie leichter mit Mitarbeiter(inne)n anderer Abteilungen Kontakt aufnehmen und kommunizieren, ein Vorteil, der sich besonders dann erweist, wenn abteilungsübergreifende Innovationen und Reorganisationen zu bewältigen sind.

Und schließlich stellt eine betriebliche Ausbildung aus der Sicht von Unternehmen eine Investition dar. Ob sich diese Investition in Humanvermögen rentiert, hängt neben der Höhe der Investition auch entscheidend vom Investitionsrisiko ab. Gegenüber einem Betrieb, der nicht ausbildet, hat ein Ausbildungsbetrieb geringere Kosten für die Personalsuche, Einarbeitung und betriebsspezifische Qualifizierung zu tragen. Dies mindert die Investitionskosten. Zudem gehen Betriebe, die sich für Ausbildungsabsolvent(inn)en entscheiden, ein geringeres Risiko bei ihren Personalentscheidungen ein. In der Regel kennen sie die Leistungsbereitschaft und Leistungsfähigkeit der Absolvent(inn)en, wissen um ihre Zuverlässigkeit und um die zu erwartende geringere Personalfluktuation. Das Risiko, eine personelle Fehlentscheidung zu treffen, kann also deutlich gesenkt werden durch eigene Ausbildung und Übernahme von Ausbildungsabsolvent(inn)en in eine Beschäftigung. Darüber hinaus lässt sich der Nutzen von betrieblicher Aus- und Weiterbildung noch steigern, wenn die zuvor beschriebenen Handlungsfelder konsequent genutzt werden (vgl. Zedler 1998, S. 11).

Abbildung 7 aus der Studie des Bundesinstituts für Berufsbildung über Kosten und Nutzen der betrieblichen Berufsausbildung in Deutschland enthält weitere Hinweise darauf, dass die Ausbildung dem Ausbildungsbetrieb einen beträchtlichen Nutzen stiftet. Folgende Prozentzahlen geben die Einschätzung von Betrieben zu einer Reihe von Aussagen mit „sehr wichtig/wichtig" wieder.

Der Betrieb bildet aus, ...	
um den betrieblichen Anforderungen entsprechende Nachwuchskräfte zu qualifizieren.	84 %
um bei der Übernahme der Auszubildenden „die Besten" auszuwählen.	70 %
um das Risiko von Fehleinschätzungen zu vermeiden.	60 %
da Ausbildung eine Gemeinschaftsaufgabe der Wirtschaft ist.	59 %
um eine hohe Fluktuation des Personals zu vermeiden.	58 %
um den Fachkräftenachwuchs in Branche und Region zu sichern.	56 %
um Auszubildende bereits während der Ausbildung als Arbeitskräfte einzusetzen.	55 %
da Ausbildung schon immer zur Firmentradition gehört.	48 %
um die Kosten der Einarbeitung neuer Fachkräfte zu sparen.	34 %
um die Kosten der Suche nach neuem Personal zu sparen.	27 %
um Ausgebildete bei der Einarbeitung neu eingestellter Arbeitskräfte einzusetzen.	22 %

Abbildung 7:
Wichtigkeit von Gründen für die eigene Ausbildung (vgl. Wenzelmann et al. 2009, S. 10)

4 Berufliche Weiterbildung

Die historischen Wurzeln der Weiterbildung können bis in die Aufklärung des 18. Jahrhunderts zurückverfolgt werden. Sozialgeschichtlich betrachtet ist Weiterbildung jedoch im Kampf des Bürgertums gegen den Feudalismus und im Kampf des Proletariats gegen das Bürgertum entstanden (vgl. Nuissl & Brandt 2009, S. 15). Mit Beginn des 19. Jahrhunderts bildeten sich erste Handwerker- und Arbeiterbildungsvereine mit dem Ziel des wirtschaftlichen und sozialen Aufstiegs ihrer Mitglieder (→ BWP, Beruf). Auch die Kirchen trugen zum Weiterbildungsangebot bei (z. B. Kolpingvereine). Trotzdem bedeutete berufliche Bildung noch bis in die 1970er Jahre hinein in der Regel berufliche Erstausbildung von Jugendlichen.

Erst mit der so genannten „realistischen Wende" in den 1960er Jahren, die eine stärkere politische und ökonomische Ausrichtung der Erwachsenenbildung brachte, verbreitete sich die Bezeichnung „Weiterbildung" (vgl. Nuissl & Brandt 2009, S. 19). Deren gesellschaftliche Bedeutung wurde dann auch mit dem Strukturplan des Deutschen Bildungsrates von 1970 (→ B, Institutionen, Organisationen und Konfliktlinien) als berufliche Weiterbildung und als eigenständiger Bereich innerhalb der beruflichen Bildung besonders herausgestellt. Es folgten Weiterbildungsgesetze der Bundesländer, in denen die Stellung der Erwachsenen- bzw. Weiterbildung zur allgemeinen und beruflichen Bildung definiert, in die Diskussion über gesellschaftliche Qualifikation und Arbeitsmarktpolitik eingestellt und in ihrer Bedeutung für gesellschaftliche Entwicklungen anerkannt wurde. Es kam jedoch nicht zu einer systematischen Regelung der Erwachsenenbildung durch Rechtsnormen in der Verfassung der Bundesrepublik Deutschland (vgl. Nuissl & Brandt 2009, S. 18). Nach wie vor war deshalb Weiterbildung in Westdeutschland privatisiert. Sie musste deshalb auch nicht staatlich anerkannt werden.

In der DDR dagegen war die Weiterbildung in der Bezeichnung „Erwachsenenbildung" schon früher von großer Bedeutung. So war bereits 1965 per Gesetzbeschluss der Bereich der Weiterbildung in das staatliche Bildungswesen integriert und diente insbesondere der Ausbildung der Un- und Angelernten zu Facharbeiter(inne)n sowie zur Aufstiegsqualifizierung der Facharbeiter/innen zu Meister(inne)n. Aber auch Hochschul- und Fachschulabsolvent(inn)en wurden in die Weiterbildungsaktivitäten eingeschlossen. Einerseits wurde so die Gelegenheit des beruflichen und sozialen Aufstiegs angeboten, andererseits konnten die Betriebe bedarfsgerecht (weiter)qualifizieren. Die Finanzierung der beruflichen Weiterbildung erfolgte denn auch durch die Betriebe. Die Trägerschaft lag dementsprechend bei den

Betriebsakademien, aber auch bei Berufsverbänden, Innungen des Handwerks und Kammern der Technik.

Verschiedene Formen der Weiterbildung können unterschieden werden. Ein wichtiges Merkmal für die Unterscheidung ist, ob Weiterbildungsveranstaltungen mit oder ohne Abschluss in der Form von Prüfungen, Zeugnissen, Zertifikaten u. a. angeboten werden. Abschlussbezogene Weiterbildungsmaßnahmen sind beispielsweise staatliche Angebote zum Nachholen von Abschlüssen der allgemeinen und beruflichen Bildung, weiterbildungsspezifische Abschlüsse in spezifischen Domänen wie Informatik und Sprachen sowie organisationsspezifische Qualifikationen mit Abschlüssen, die in den jeweiligen Organisationen wie Kirchen, Gewerkschaften u. a. benötigt und anerkannt werden (vgl. Nuissl & Brandt 2009, S. 42). Eine marktgängige Verwertung dieser Maßnahmen wird also möglich durch Zertifizierung z. B. in der Meisterausbildung.

Bei nicht abschlussbezogenen Weiterbildungsmaßnahmen, die in Deutschland besonders bedeutsam sind und zumeist betrieblich organisiert sind, sind die Betriebe sowohl Nachfrager als auch Anbieter entsprechender Qualifizierungsmaßnahmen. Je nach Aufgabe der beruflichen Weiterbildung lassen sich folgende Arten kennzeichnen: Berufsbezogene Grundbildung und Orientierung, die auch in den Angeboten der Volkshochschulen vorkommen, Anpassungsfortbildung, die bereits erworbene berufliche Qualifikationen auf den neuesten Stand bringt, Aufstiegsfortbildung, die bereits erworbene Qualifikationen weiterentwickelt, berufliche Umschulung, die eine aktuell angeforderte neue Qualifikation vermittelt, und berufliche Reaktivierung, die nach längerer Unterbrechung den Wiedereintritt ins Erwerbsleben vorbereitet. Den größten Anteil an der beruflichen Weiterbildung macht die Fortbildung aus. Fachschulen, Berufsverbände, Kammern, Fortbildungswerke der Wirtschaftsverbände und Gewerkschaften sowie die Wirtschaftsbetriebe sind ihre Träger.

Eine vergleichbare Gliederung der beruflichen Weiterbildung nach Funktionsbereichen ergibt sich durch die Orientierung auf die bedeutendsten Finanzierungsquellen (vgl. Dobischat 2001, S. 78). Da ist zunächst die nach dem Sozialgesetzbuch, Teil III geförderte berufliche Weiterbildung. Sie umschließt die berufliche Fortbildung, Umschulung und Einarbeitung. Daneben steht die betriebliche Weiterbildung. Sie zielt vornehmlich auf Qualifizierung nach betrieblichen Belangen und stellt – nach Kosten und Teilnehmer/innen-Zahlen betrachtet – den größten Bereich der beruflichen Weiterbildung dar. Als dritter Bereich ist die individuell motivierte Weiterbildung zu nennen. Sie wird im Kontext des notwendigen lebenslangen Lernens zunehmend bedeutsamer, was sich auch an den direkten Ausgaben für individuenfinanzierte Weiterbildung ablesen lässt: Sie stieg seit 1996 von 8,7 Mrd. € kontinuierlich auf 11,4 Mrd. € im Jahr 2006 an (vgl. Nuissl & Brandt 2009, S. 36).

Ein weiterer bedeutender Bereich der beruflichen Weiterbildung ist auch die berufliche Rehabilitation für die Wiedereingliederung Erwachsener, deren berufliche Qualifikationen oder Arbeitsfähigkeit durch Unfall oder Krankheit teilweise oder vollständig verloren gegangen sind (→ LB, Betriebliche Lernorte). Im Normalfall zielt die Wiedereingliederung Erwachsener auf eine berufliche Bildung am Lernort Betrieb und nicht in separaten Einrichtungen der Rehabilitation ab. Verhindert werden soll damit auch, dass die beruflich Rehabilitierten für den Sonderarbeitsmarkt für Behinderte qualifiziert werden (vgl. Biermann 2004, S. 23). Der Vollständigkeit halber seien noch die folgenden Formen genannt: berufliche Resozialisation für Straffällige, berufliche Einarbeitung sowie der Sonderfall der beruflichen Erstausbildung Erwachsener (vgl. Dikau 1995; Münch 1994).

Bereits die aufgeführten unterscheidbaren Formen von Weiterbildungsmaßnahmen deuten an, wie vielfältig und zum Teil auch intransparent sich das Weiterbildungssystem darstellt. Ein Grund für diese Intransparenz liegt sicherlich in der unzureichenden Zertifizierung von Ergebnissen der beruflichen Weiterbildung. Ein Großteil der gegenwärtig durchgeführten Weiterbildungsmaßnahmen schließt nicht mit einer Prüfung der erworbenen Qualifikationen ab. Dementsprechend wird auch kein aussagekräftiges Zertifikat vergeben. Dieses Problem tritt besonders in der betrieblichen Weiterbildung auf. Trotz zunehmender Anstrengungen zur Qualitätssicherung auch in der beruflichen Weiterbildung sind deren Qualitätsstandards häufig immer noch undurchsichtig oder auch ungenügend, ihre Zertifikate nicht vergleichbar und sehr unterschiedlich zu verwerten (vgl. Dobischat 2001, S. 78).

Neue Impulse für die Zertifizierung von Lernleistungen in der beruflichen Bildung sind durch Anstrengungen zur Förderung der Durchlässigkeit zwischen beruflicher und hochschulischer Bildung zu erwarten. Hauptsächlich geht es dabei um die Anerkennung von Qualifikationen und Kompetenzen, die durch berufliche Weiterbildung erworben wurden und gegebenenfalls angerechnet werden können auf ein Hochschulstudium. Hierbei geht es um die Entwicklung eines qualitativen Leistungspunktesystems. Dies ist ein konkreter Schritt, dem Ziel der Gleichwertigkeit von beruflicher und allgemeiner Bildung und der Durchlässigkeit zwischen den Bildungsbereichen näher zu kommen (vgl. Mucke & Grunwald 2005). Solche Punkte- bzw. Kreditsysteme werden international bereits angewendet. In Großbritannien leistet dies das System der NVQ (*National Vocational Qualification*) und in Frankreich die *bilans de compétences*. Deshalb orientieren sich besonders die vom Bundesministerium für Bildung und Forschung angeregten Entwicklungen an eine Adaptation des ECTS (*European Credit Transfer System*) an die Möglichkeiten der Zertifizierung von Leistungen in der beruflichen Weiterbildung.

Leistungen in der beruflichen Bildung werden nicht nur durch formalisierte Weiterbildung erbracht. Auch non-formell und informell erworbene Kompetenzen können ermittelt, bewertet und zertifiziert werden. Hierfür werden in Deutschland verschiedene Verfahren und Methoden erprobt (vgl. Straka 2003).

Zum wichtigsten Träger der beruflichen Weiterbildung gemessen an der Zahl der Teilnehmer/innen und den Weiterbildungskosten zählen die Betriebe, gefolgt von den privaten Institutionen, den Kammern und Fachschulen sowie den Berufsverbänden und Gewerkschaften. Bemerkenswert ist, dass die Hochschulen statistisch betrachtet kein nennenswertes Angebot im Bereich der Weiterbildung machen, obgleich sie bereits mit dem 1976 verabschiedeten Hochschulrahmengesetz auch die (berufliche) Weiterbildung in ihr Aufgabenspektrum aufgenommen haben. Die geringe Rolle der Hochschulen im Bereich der beruflichen Weiterbildung lässt sich übrigens auch für die Europäische Union bestätigen (vgl. Europäische Kommission 1996, S. 88).

Trotz steigender Bedeutung der beruflichen Weiterbildung steht sie nicht auf einer einheitlichen Rechtsgrundlage: Der Bund ist für die außerschulische berufliche Weiterbildung zuständig. Seine Kompetenzen leitet er aus dem Berufsbildungsgesetz, der Handwerksordnung und dem Sozialgesetzbuch, Teil III ab. Für die schulische berufliche Weiterbildung sind die Länder zuständig. Ihre Zuständigkeit gründet in den Schul- und Fachschulgesetzen, den Weiterbildungs- bzw. Erwachsenenbildungsgesetzen und den Bildungsurlaubsgesetzen. Daneben greifen noch weitere gesetzliche Regelungen wie das Gewerbe-, Verwaltungs- und Tarifrecht. Gerade das Tarifrecht wird verstärkt für Weiterbildungsvereinbarungen der Tarifpartner im Rahmen von Tarifverträgen und Betriebsvereinbarungen herangezogen.

Wie in der betrieblichen Erstausbildung so steht auch die betriebliche Weiterbildung unter dem Diktat von Wirtschaftlichkeitsüberlegungen. Nahezu alle Unternehmen leiden unter einem gestiegenen Kostendruck als Folge der Globalisierung. Dies zeichnet sich im Finanzierungsvolumen für Weiterbildung der Betriebe ab, das zwischen 1998 und 2004 von 11,60 Mrd. € auf 9,10 Mrd. € fiel, und spiegelt sich auch in den Zahlen für die Teilnahme an Weiterbildung wider, die zwischen 1997 und 2003 eine sinkende Quote aller 19- bis 64-Jährigen von 48 % auf 41 % aufweist (vgl. Nuissl & Brandt 2009, S. 36, S. 51). Insgesamt ergab jedoch eine Hochrechnung der gesamten (direkten und indirekten) Kosten der betrieblichen Weiterbildung durch das Bundesinstitut für Berufsbildung für das Jahr 1999 ein Volumen von 16,69 Mrd. €. Privatpersonen gaben im Jahr 2002 insgesamt 13,90 Mrd. € aus. Und die Bundesagentur für Arbeit stellte für die öffentliche Förderung der beruflichen Bildung im Jahr 2001 4,78 Mrd. € zur Verfügung (vgl. Moraal 2006, S. 70 f.).

Empirischen Befunden ist auch zu entnehmen, dass *learning by doing* und das selbst gesteuerte Lernen (→ LB, Konzepte betrieblichen Lernens) in fast allen Betrieben gängige Praxis ist. Zwar wird das neue Wissen mit Hilfe von Büchern und Fachzeitschriften einstudiert, es wird jedoch zunehmend auf elektronische Medien zurückgegriffen. Neun von zehn Betrieben bieten ihren Mitarbeiter(inne)n neue Techniken oder aktuelle Software an. 42 % der Betriebe setzen auf CBT offline am PC mit Lernprogrammen und auf das Lernen via Internet oder Intranet (vgl. Institut der deutschen Wirtschaft Köln 2002).

Aufschlüsse über die wirtschaftliche Bedeutung der betrieblichen Weiterbildung ergeben sich vielleicht auch aus den Themen. Im Jahre 2001 wurden gut ein Drittel aller Trainingsmaßnahmen mit gewerblichen, naturwissenschaftlich-technischen oder gestalterischen Themen durchgeführt. Gefragt waren auch Neuentwicklungen aus dem kaufmännischen Bereich, die ein weiteres knappes Drittel der Schulungen ausmachten. Die anderen Themen verteilten sich auf den Bereich der Informationstechnik und auf fachübergreifende Inhalte (vgl. Institut der deutschen Wirtschaft Köln 2002). Die fachübergreifenden Inhalte bezogen sich auf Verhaltenstraining, Mitarbeiterführung, Zeitmanagement und Fremdsprachen.

Professionalisierte Mitarbeiter/innen für Weiterbildung (→ LA, Professionalisierung des Aus- und Weiterbildungspersonals) werden in der Regel erst in Betrieben mit mehr als 1.000 Mitarbeiter(inne)n beschäftigt. In kleineren Betrieben besteht das Personal in der Weiterbildung meist aus nebenberuflichen, zum Teil auch ehrenamtlichen, seltener aus hauptberuflichen Weiterbildner(inne)n. Einen Überblick über das Verhältnis von hauptamtlichem, nebenberuflichem und ehrenamtlichem Personal geben Statistiken des Deutschen Instituts für Erwachsenenbildung, die einen Teil der öffentlich geförderten Weiterbildung abbilden. Danach ist die Anzahl der frei- oder nebenberuflich sowie ehrenamtlich Tätigen mehr als zwanzigmal so hoch wie die Zahl fester Stellen. Außerdem werden die Beschäftigungsverhältnisse für hauptberufliches Personal in den Jahren 2002 bis 2006 als kontinuierlich rückläufig ausgewiesen, während die Zahlen für frei-, nebenberufliches und ehrenamtliches Personal auf hohem Niveau eher gleich geblieben sind (vgl. Nuissl & Brandt 2009, S. 57).

In dieser ungünstigen Personalstruktur zeichnet sich ein Professionalisierungsproblem in der Weiterbildung ab (→ LA, Professionalisierung des Aus- und Weiterbildungspersonal). Insgesamt scheint dabei die fachliche, kommunikative und methodische Kompetenz des Weiterbildungspersonals das Problemfeld zu sein (vgl. Dikau 1995, S. 438; Kremer 2008, S. 10 ff.; Münch 1994, S. 73), weshalb auch häufig der Vorteil eigener Praxiserfahrungen im zu lehrenden Bereich nicht umgesetzt und genutzt wird. Solche Kompetenzdefizite des Weiterbildungspersonals sind vor allem deshalb gravierend, weil genau diese Kompetenzen immer stärker in den Fokus der über Weiterbildung zu vermittelnden Inhalte geraten. Wie einer Erhebung des Bundesinstituts für Berufsbildung zu Beginn des Jahres 2008 zu entnehmen ist, kam es zwischen 1999 und 2005 zu einer deutlichen Verschiebung der Inhalte der Lehrveranstaltungen: Der Anteil an den Teilnahmestunden der bis dahin favorisierten fachlichen Kompetenzen in den Bereichen EDV, Informationstechnik, Computerbedienung sank von 21 % auf 14 %, während sich der Anteil der so genannten *soft skills* wie Methodenkompetenz, Sozialkompetenz und personale Kompetenz von 9 % in 1999 auf 16 % in 2005 vergrößerte (vgl. Moraal et al. 2009, S. 5 ff.).

Aus der Bildungsperspektive betrachtet könnte auch das Teilnehmer/innen- und Teilnahmeverhalten an beruflicher Weiterbildung als problematisch erscheinen. Hier zeigt sich nämlich eine soziale Ungleichheit beim Zugang zur Weiterbildung als Problem der Selektivität von Weiterbildungschancen. An- und ungelernte Arbeiter/innen sowie Facharbeiter/innen stellen den weitaus geringeren Anteil an Weiterbildungsteilnehmer(inne)n als Angestellte und Führungskräfte. Dadurch werden bereits vorhandene Ungleichgewichte in Bildung und Ausbildung durch die Weiterbildung noch verstärkt. Gerade die erste Gruppe erhält in der Regel kurzfristige Einweisungen, die nach dem Schema des *learning by doing* ablaufen und eigentlich nicht zu den Weiterbildungsmaßnahmen im engeren Sinne gerechnet werden. Doch nicht nur die berufliche Position stellt ein Differenzierungskriterium der Teilnahme an beruflichen Weiterbildungsmaßnahmen dar, sondern auch Branche, Betriebsgröße, Geschlecht und Alter. Es konnte aber gezeigt werden, dass die Bereitschaft, an Weiterbildung teilzunehmen, insgesamt befördert werden kann, wenn besonders den bisher Weiterbildungsabstinenten angemessene inner- oder außerbetriebliche Angebote gemacht werden, sie gezielt durch Kolleg(inn)en angesprochen werden, die Unterweisung praxisnah und anschaulich erfolgt und eine befriedigende finanzielle Regelung getroffen wird (vgl. Kuwan 1996, S. 82 f.). Förderlich haben sich auch die Transparenz der Angebote und Zugangsmöglichkeiten, eine angemessene zeitliche Organisation und Erreichbarkeit der Bildungsstätten erwiesen.

Die klassische Form der Lernorganisation ist immer noch die der Kurse und Lehrgänge. Die Weiterbildungsangebote jenseits der klassischen Formen zeichnen sich durch eine Verbindung von Lernen und Arbeiten aus, z. B. als Qualifizierung im Rahmen von so genannten On-the-job-Maßnahmen (→ LB, Arbeiten und Lernen). Zu diesen Maßnahmen gehören beispielhaft Lernstatt, Qualitätszirkel, Job-Rotation und selbst gesteuertes Lernen z. B. im Intranet und auf elektronischen Lernplattformen (→ LB, Konzepte betrieblichen Lernens). Bei einer Bewertung des Erfolgs betrieblicher Bildungsmaßnahmen steht die Bewertung der Kosten meist noch im Vordergrund. Die Bewertung des Erfolgs bzw. der Effizienz der durchgeführten Bildungsmaßnahmen stellt insgesamt nach wie vor eine Schwachstelle dar.

5 Internationalisierung

Mit der zunehmenden Globalisierung der Märkte, der Fundierung des wirtschaftlichen Wachstums durch Wissen und Innovation und den damit einhergehenden arbeitsmarkt- und beschäftigungspolitischen Perspektiven stehen Berufsbildung und Qualifikation vor großen Herausforderungen (vgl. Baethge 2005, S. 132 f.):

- Anhebung des durchschnittlichen Qualifikationsniveaus und Erhöhung des Anteils hochqualifizierter Arbeitskräfte an der Gesamtheit der Beschäftigten bei zeitgleicher Vertiefung sozialstruktureller Polarisierung und qualifikationsbedingter sozialer Ausgrenzung,

- Lösung des zu erwartenden Konflikts zwischen Unbestimmtheit der fachlichen Anforderungen und einer möglichst passgenauen Qualifizierung, zwischen der schwierigen Kalkulierbarkeit des quantitativen Arbeitskräftebedarfs und der für Bildungsplanung dennoch benötigten Prognosen,

- Heterogenisierung der institutionalisierten Ausbildungsformen bei zunehmenden Schwierigkeiten des Übergangs von Schule in Ausbildung,

- Sicherung des lebenslangen Lernens vor dem Hintergrund einer ständig alternden Erwerbsbevölkerung (→ B, Entwicklungslinien) und des schnellen Veraltens beruflichen Wissens.

Diese Herausforderungen schlagen sich auf europäischer Ebene in den Anstrengungen zur Gestaltung eines europäischen Bildungsraumes und in der zunehmenden Beachtung des Bildungsbereiches innerhalb der Vertragswerke für die Europäische Gemeinschaft nieder.

Wenngleich die Römischen Verträge vom 25.03.1957 Fragen der allgemeinen und beruflichen Bildung noch nicht abdeckten, entstanden ab Mitte der 1970er Jahre erste Kooperationen der Mitgliedstaaten im Bildungsbereich auf der Basis von Erschließungen. So lassen sich z. B. ganz konkrete Aktionen der Europäischen Union hinsichtlich einer gemeinsamen Bildungspolitik aufweisen. Hierunter fällt die Gründung des Beratenden Ausschusses für die Berufsausbildung (1963), des Ausschusses für Bildungsfragen (1974), des Europäischen Hochschulinstituts (1976) sowie des Europäischen Zentrums für die Förderung der Berufsbildung (1975) (→ B, Berufsbildungsforschung) (vgl. Schweitzer & Hummer 1996, S. 497). In die Einheitliche Europäische Akte (1986) ist dann endgültig auch die europäische Frage im Bildungswesen festgeschrieben worden (vgl. Kommission der Europäischen Gemeinschaften 1993, S. 16).

Der Vertrag über die Europäische Union von Maastricht vom 07.02.1992 hat neue Zuständigkeiten der Gemeinschaft im Bildungswesen durch Artikel 126 und 127 geschaffen. Die Verantwortung für Inhalt und Gestaltung der allgemeinen und beruflichen Bildung verbleibt jedoch weiterhin aufgrund des Subsidiaritätsprinzips bei den einzelnen Mitgliedstaaten der Gemeinschaft. Allerdings darf die Gemeinschaft gemäß Artikel 126 IV Fördermaßnahmen im Bereich der Bildung und gemäß Artikel 127 IV Maßnahmen im Bereich der beruflichen Bildung vorschlagen und erlassen, allerdings in erster Linie als Unterstützung und Förderung. Eine Harmonisierung wird gemäß Artikel 127 (1) explizit ausgeschlossen:

„Die Gemeinschaft führt eine Politik der beruflichen Bildung, welche die Maßnahmen der Mitgliedstaaten unter strikter Beachtung der Verantwortung der Mitgliedstaaten für Inhalt und Gestaltung der beruflichen Bildung unterstützt und ergänzt".

Der Vertrag zur Gründung der Europäischen Gemeinschaft wurde mit Inkrafttreten des Lissabon-Vertrags zum 01.12.2009 in „Vertrag über die Arbeitsweise der Europäischen Union" umbenannt und hat eine neue Artikelabfolge erhalten. Der Ausschluss der Harmonisierung findet sich nun unverändert in Artikel 166 (1).

Mit der möglichen Umsetzung von Maßnahmen werden folgende Ziele versucht zu erreichen (Kommission der Europäischen Gemeinschaften 1993, S. 4):

- „Entwicklung der europäischen Dimension im Bildungswesen, insbesondere durch Erlernen und Verbreitung der Sprachen der Mitgliedstaaten;
- Förderung der Mobilität von Lernenden und Lehrenden, auch durch die Förderung der akademischen Anerkennung der Diplome und Studienzeiten;
- Förderung der Zusammenarbeit zwischen den Bildungseinrichtungen;
- Ausbau des Informations- und Erfahrungsaustausches über gemeinsame Probleme im Rahmen der Bildungssysteme der Mitgliedstaaten;
- Förderung des Ausbaus des Jugendaustausches und des Austausches sozialpädagogischer Betreuer;
- Förderung der Entwicklung der Fernlehre."

Stärker auf Berufsbildung abgestellt sind die im Weißbuch „Wachstum, Wettbewerbsfähigkeit, Beschäftigung" der Europäischen Kommission (1993, S. 143 f.) aufgeführten Ziele:

- Ausbildung als Katalysator einer Gesellschaft im Wandel,
- Erlernen des lebenslangen Lernens,
- kürzere und stärker praxisbezogene Ausbildung,
- Ausbau der Berufsausbildung – auch als Alternative zur Universität,

- Entwicklung, allgemeine Verbreitung und systematische Gestaltung der Weiterbildung,
- Einführung flexibler und offener Ausbildungssysteme,
- Entwicklung der Anpassungsfähigkeit des Einzelnen,
- Zusammenarbeit zwischen den Universitäten und der Wirtschaft,
- verbesserte Koordinierung zwischen öffentlichem und privatem Ausbildungsangebot.

Weitere Impulse und Ziele für die berufliche Bildung kommen aus dem Weißbuch „Lehren und Lernen: Auf dem Weg zur kognitiven Gesellschaft" (1996) und der Mitteilung „Für ein Europa des Wissens" (1997) der Europäischen Kommission.

Zur Erreichung dieser Ziele werden seit den 1980er Jahren ganz konkrete Aktionsprogramme der Europäischen Union erarbeitet. Bei diesen konkreten Aktionsprogrammen handelt es sich im Bereich der Berufsbildung um Programme mit dem Schwerpunkt auf der beruflichen Erstausbildung, der Sprachbildung, der beruflichen Bildung in Zusammenarbeit mit Nicht-EU-Ländern, der Höheren Bildung sowie der ständigen Weiterbildung. Zu den Aktionsprogrammen der „ersten Generation" gehören insbesondere COMETT (Hochschulbildung), ERASMUS (Hochschulbildung), PETRA (Berufsausbildung), IRIS (Netzwerk für berufliche Bildung für Frauen), LINGUA (Fremdsprachenkenntnisse), TEMPUS (Hochschulsystementwicklung in den Ländern Mittel- und Osteuropas), EURYDICE (Fernlehre), ARION (Informations- und Erfahrungsaustausch), FORCE (Berufliche Weiterbildung), COMENIUS (Schulbildung), Euroform (Förderung neuer Berufsqualifikationen, Fachkenntnisse und Beschäftigungsmöglichkeiten), YES (Austauschprogramm für junge Arbeitskräfte und Jugendliche), NOW (Chancengleichheit von Frauen in der Beschäftigung und beruflichen Bildung) und EUROTECNET (Innovationen in der beruflichen Bildung). Diese Programme liefen Ende 1994 aus und führten bis dahin zum verstärkten Austausch von Schüler(inne)n, Auszubildenden, Studierenden, Wissenschaftler(inne)n und Lehrenden, halfen bei der Modifikation von Bildungs- und Ausbildungssystemen, unterstützten die sprachliche Fortbildung und förderten den Erwerb von Auslandserfahrungen.

1995 wurden diese Einzelprogramme in zwei großen EU-Bildungsprogrammen zusammengefasst, SOKRATES und LEONARDO, die die Zusammenarbeit im Bereich der allgemeinen und beruflichen Bildung innerhalb der Europäischen Union fördern und gestalten helfen sollten. SOKRATES ersetzt die Programme ERASMUS, COMENIUS, LINGUA, EURYDICE sowie ARION. Damit werden insbesondere Maßnahmen im Hochschulsektor und im Schulbereich gefördert. LEONARDO fasst die Programme COMETT, PETRA,

FORCE und EUROTECNET sowie Teile von LINGUA zusammen und will die Qualität der Berufsbildungspraxis in den Mitgliedstaaten sichern und erhöhen. Gefördert werden Projekte und Maßnahmen u. a. aus dem Bereich der beruflichen Ausbildung. Aber auch der Bereich der beruflichen Weiterbildung wird gefördert. Betrachtet man nämlich die Ausgestaltungen beruflicher Weiterbildung in den Mitgliedstaaten, zeigt sich zwar ein einheitliches, aber unzufriedenstellendes Bild (vgl. Schmidt 1997, S. 168 ff.). So kann die Transparenz des Weiterbildungsangebotes und der erwerbbaren Qualifikationen und Zertifikate als ungenügend eingestuft werden. Hinzukommt, dass bestimmte Arbeitnehmer/innen-Gruppen von Maßnahmen der Weiterbildung ausgeschlossen werden. Mit Hilfe von Maßnahmen, wie z. B. dem Aufbau von Weiterbildungsstatistiken, der Gewährung finanzieller Hilfen für kleine und mittlere Betriebe sowie der Unterstützung betrieblicher Weiterbildungsplanung versucht die Europäische Kommission, den Weiterbildungsbereich zu verbessern.

Beide Aktionsprogramme, SOKRATES und LEONARDO, sind 1999 ausgelaufen und seit Januar 2000 in ihre zweite Phase einer Verlängerung unter dem Programmtitel GRUNDTVIG eingetreten. Bis Ende 2006 haben SOKRATES und LEONARDO weiterhin die Zusammenarbeit im Bereich der allgemeinen Bildung respektive der beruflichen Bildung befördert. LEONARDO unterstützte vor allem den Bereich des lebenslangen Lernens, die Aneignung von Wissen, Fähigkeiten und Kompetenzen in der beruflichen Erstausbildung und die Qualitätsverbesserung in der beruflichen Bildung. Seit 2007 sind LEONARDO und GRUNDTVIG mit den EU-Programmen für die Schul- und Hochschulbildung unter dem gemeinsamen Dach eines „Programms für Lebenslanges Lernen" zusammengeführt. Damit ist ein Querschnittsprogramm entstanden, das auch bereichsübergreifende Kooperationen erlaubt (vgl. Nuissl & Brandt 2009, S. 67).

Der Europäische Rat der Kommission bemüht sich schließlich seit seiner Frühjahrstagung 2000 in Lissabon explizit darum, die nationalen (Berufs-)Bildungssysteme in den Prozess der europäischen Integration einzubeziehen. Bildung und Ausbildung werden als vorrangiger Kernbereich festgelegt, um „die Union zum wettbewerbsfähigsten und dynamischsten wissensbasierten Wirtschaftsraum der Welt zu machen" (Europäischer Rat 2000). Hierzu werden zahlreiche Initiativen ergriffen, wie z. B. E-Learning. Im Jahre 2001 wurde in Stockholm der Bericht des Europäischen Rates „Die konkreten künftigen Ziele der Systeme der allgemeinen und beruflichen Bildung" angenommen. In Barcelona wurde dann in 2002 ein Aktionsprogramm mit den Schwerpunkten Weiterbildung und lebenslanges Lernen beschlossen, mit dem drei strategische Ziele bis 2010 erreicht werden sollen (vgl. Europäischer Rat 2002):

- Erhöhung der Qualität und Wirksamkeit der Systeme der allgemeinen und beruflichen Bildung in der EU,
- leichterer Zugang zur allgemeinen und beruflichen Bildung für alle,
- Öffnung der Systeme der allgemeinen und beruflichen Bildung gegenüber der Welt.

Um diese Öffnung der Berufsbildungssysteme zu befördern und damit Transparenz, Mobilität, Anerkennung und Qualität auf dem Gebiet der beruflichen Bildung zu erreichen, ist z. B. beabsichtigt, ein Übertragungssystem analog zur Anrechnung von Studienleistungen (ECTS) zu entwickeln. Bislang ist der „Europass-Berufsbildung" jedoch das bisher einzige Instrument der Anrechnung von Berufsbildungsabschnitten innerhalb der Europäischen Union. Weiterhin ist der Aufbau eines *Knowledge Management Systems* bezogen auf Berufsbildungsentwicklung geplant. Im November 2002 hat die Europäische Kommission schließlich noch fünf *Benchmarks* für allgemeine und berufliche Bildung vorgeschlagen, die zur Umsetzung der oben genannten strategischen Ziele beitragen sollen. Es handelt sich um Festlegungen der Schulabbrecher/innen-Quote, der Zahl der Hochschulabsolvent(inn)en im mathematisch-naturwissenschaftlich-technischen Bereich, der Beteiligungsquote am lebenslangen Lernen, der Höherqualifizierung und der Leistungssteigerung bei PISA. Die internationale Schulleistungsstudie PISA erhebt im Dreijahreszyklus bei 15-jährigen Schüler(inne)n aus über 30 Ländern die Kompetenzbereiche Lesen, Mathematik und Naturwissenschaften sowie fachunabhängiges Problemlösen. Noch gibt es kein „Berufsbildungs-PISA". Doch die Forderung danach wurde bereits vorgetragen (vgl. Pütz 2002) und auch eine Machbarkeitsstudie wurde bereits angefertigt (vgl. Achtenhagen & Baethge 2005; Baethge et al. 2005).

Von besonderer Bedeutung für die Umsetzung der Ziele von Lissabon ist der Bildungsbereich mit seinem Beitrag, die Aus- und Weiterbildungssysteme in der Europäischen Union auf den Bedarf der Wissensgesellschaft und die Forderungen nach mehr und besserer Bildung abzustimmen. Hierfür wurde die Entwicklung eines Europäischen Qualifikationsrahmens (EQR) beschlossen, der die allgemeine und berufliche Bildung umfassen und Transparenz und Mobilität innerhalb und zwischen den nationalen Bildungs- und Beschäftigungssystemen befördern soll (vgl. Sloane 2008a, S. 21 ff.). Im März 2000 wurde in Lissabon dem Europäischen Rat und der Europäischen Kommission der Auftrag erteilt, einen gemeinsamen Bericht über die konkreten künftigen Ziele der Bildungssysteme vorzulegen. Damit wurde gleichsam das Fundament für den EQR in Auftrag gegeben. Im Anschluss an die Tagung fand im Oktober 2001 ein Treffen der Generaldirektoren für die berufliche Bildung in Brügge statt. Diese so genannte Brügge-Initiative legte fest, dass Transparenz, Anrechnung und Anerkennung von Qualifikationen und Abschlüssen, die Qualitätssicherung der Berufsbildung innerhalb der Europäischen Union, die Förderung der Mobilität sowie die Entwicklung europäischer Qualifikationen im Mittelpunkt der Reformanstrengungen stehen sollen. Auf einer Tagung des Europäischen Rates im März 2002 in Barcelona wurde der Kriterienkatalog der Brügge-Initiative um die Forderung nach Transparenz von Befähigungsnachweisen und einer engeren Zusammenarbeit auf europäischer Ebene ergänzt und zum politischen Programm erhoben. Noch im November 2002 wurden in Kopenhagen Entwicklungsschritte beschlossen: die Entwicklung des Europäischen Qualifikationsrahmens (EQR), des Nationalen Qualifikationsrahmens (NQR) und eines europäischen Leistungspunktesystems zur gegenseitigen Anerkennung von Qualifikationen (ECVET). Wie komplex die Beratungs- und Entscheidungsprozesse dabei sein können, zeigt Abbildung 8.

	Bearbeitungsschritte
Dezember 2004	Beschluss über die Entwicklung eines EQR im Maastricht-Kommuniqué
Juli 2005	Erster Entwurf eines EQR
Juli bis Dezember 2005	Konsultationsprozess u. a. in Glasgow im September 2005
Februar 2006	Präsentation und Diskussion der Konsultationsergebnisse auf der Budapester Konferenz
März bis Mai 2006	Änderung der Deskriptoren durch eine Expertengruppe und Vorlage der revidierten Fassung des EQR als Vorschlag
Mai bis Juni 2006	(Geringfügige) Überarbeitung und Änderung des Vorschlags für einen EQR durch die neu gegründete Technische Arbeitsgruppe
Sommer 2006	Abschließende Überarbeitung der Deskriptoren der Referenzebenen durch die Technische Arbeitsgruppe
Dezember 2006	Bewertung der bisherigen Prozesse und Überprüfung bisheriger Strategien und Prioritäten auf der Helsinki-Konferenz
November 2007	Verabschiedung und Empfehlung des revidierten Entwurfs eines EQR durch die EU-Bildungsminister/innen
April 2008	Europäisches Parlament und Europäischer Rat: offizielle Unterzeichnung der Empfehlungen zur Einrichtung eines EQR und Inkrafttreten

Abbildung 8:
Entwicklungsschritte zum Europäischen Qualifikationsrahmen
(vgl. Markowitsch & Luomi-Messerer 2007)

Der Europäische Qualifikationsrahmen ist ein Instrument, welches die Transparenz der Bildungssysteme der Mitgliedstaaten der Europäischen Union erhöhen soll und die teilweise noch auszuarbeitenden Nationalen Qualifikationsrahmen zueinander in Beziehung bringen soll. Bisher wird die gegenseitige Anerkennung von Abschlüssen und beruflichen Qualifikationen durch bilaterale Abkommen geregelt. Dies hat dazu geführt, dass europäische Bewertungssysteme und Bewertungen von Lernleistungen in der beruflichen Bildung undurchsichtig waren und die Mobilität von Beschäftigten behinderte. Durch den Europäischen Qualifikationsrahmen ist nun ein gemeinsames Bezugssystem entstanden, mit dessen Hilfe Qualifikationen verglichen, in Beziehung gesetzt und übertragen werden können. Mit seiner Hilfe lassen sich zudem Kompetenzen beschreiben und systematisch einordnen, obwohl dies nicht seinem Zweck entspricht (vgl. Sellin 2007, S. 7ff.). Der Europäische Qualifikationsrahmen klassifiziert Lernergebnisse als *outcome*. Dies geschieht unabhängig davon, in welchen Institutionen, in welchen Lernprozessen und Lernkontexten, mit welchem Lernaufwand und welchen Lerninhalten diese generiert wurden. Er eignet sich deshalb auch für die Ermittlung, Klassifizierung und Bewertung von Lernergebnissen, die durch informelles und non-formelles Lernen entstanden sind.

Kernstück des Europäischen Qualifikationsrahmens ist eine Beschreibung von Lernergebnissen in drei Kategorien: Kenntnisse, Fertigkeiten und Kompetenzen. Die Lernergebnisse lassen sich hierarchisch einer bestimmten Anzahl von Niveaustufen zuordnen. In den Europäischen Qualifikationsrahmen wurden acht Niveaustufen eingezogen. Jedes der acht Niveaus wird durch eine Reihe von Deskriptoren definiert (vgl. Markowitsch & Luomi-Messerer 2007, S. 42 ff.). Diese beschreiben damit die Lernergebnisse, die für die Erlangung der Qualifikationen, die diesem Niveau entsprechen, notwendig sind. Formal entsteht damit der Europäische Qualifikationsrahmen in Tabellenform. Am Beispiel des ersten, vierten und achten Niveaus des Europäischen Qualifikationsrahmens soll dies beispielhaft angezeigt werden (vgl. Abbildung 9).

Die Mitgliedstaaten der Europäischen Union wurden aufgefordert, auf der Grundlage des europäischen Referenzrahmens nationale Qualifikationsrahmen zu erstellen.

> „Vom Standpunkt des EQR aus wäre es optimal, wenn jedes Land einen einzigen nationalen Qualifikationsrahmen erstellen und diesen nationalen Qualifikationsrahmen zum EQR in Bezug setzen würde. Angesichts der Vielfalt nationaler Bildungs- und Ausbildungssysteme und deren Entwicklungsstadien sollte jedoch jedes Land wenigstens einen Prozess in Gang setzen, durch den bestehende Qualifikationsstrukturen und -systeme zum EQR in Bezug gesetzt werden können (…)." (Kommission der Europäischen Gemeinschaften 2005, S. 39).

Erforderliche Lernergebnisse für	Kenntnisse	Fertigkeiten	Kompetenzen
Niveau 1	Grundlegendes Allgemeinwissen	Grundlegende Fertigkeiten, die zur Ausführung einfacher Aufgaben erforderlich sind	Arbeiten oder Lernen unter direkter Anleitung in einem vorstrukturierten Kontext
...			
Niveau 4	Breites Spektrum an Theorie- und Faktenwissen in einem Arbeits- oder Lernbereich	Eine Reihe kognitiver und praktischer Fertigkeiten, um Lösungen für spezielle Probleme in einem Arbeits- oder Lernbereich zu finden	Selbstständiges Tätigwerden innerhalb der Handlungsparameter von Arbeits- oder Lernkontexten, die in der Regel bekannt sind, sich jedoch ändern können
			Beaufsichtigung der Routinearbeit anderer Personen, wobei eine gewisse Verantwortung für die Bewertung und Verbesserung der Arbeits- oder Lernaktivitäten übernommen wird
...			
Niveau 8	Spitzenkenntnisse in einem Arbeits- oder Lernbereich und an der Schnittstelle zwischen verschiedenen Bereichen	Die am weitesten entwickelten und spezialisierten Fertigkeiten und Methoden, einschließlich Synthese und Evaluierung, zur Lösung zentraler Fragestellungen in den Bereichen Forschung und/oder Innovation und zur Erweiterung oder Neudefinition vorhandener Kenntnisse oder beruflicher Praxis	Namhafte Autorität, Innovationsfähigkeit, Selbstständigkeit, wissenschaftliche und berufliche Integrität und nachhaltiges Engagement bei der Entwicklung neuer Ideen oder Verfahren in führenden Arbeits- oder Lernkontexten, einschließlich Forschung

Abbildung 9:
Auszug aus dem Europäischer Qualifikationsrahmen (vgl. Europäische Kommission 2008)

Im Januar 2007 haben dann das Bundesministerium für Bildung und Forschung und die Kultusministerkonferenz erklärt, dass sie einen Deutschen Qualifikationsrahmen als neues Steuerungsinstrument für lebenslanges Lernen entwickeln wollen (vgl. Hanf & Rein 2007). Im Kontext des Europäischen Qualifikationsrahmens steht damit ein nationaler Qualifikationsrahmen, der sich bildungsbereichsübergreifend an Kompetenzen und (beruflicher) Handlungsfähigkeit orientiert und nicht Wissensbestände und Bildungsabschlüsse fokussiert. Wie auch beim Europäischen Qualifikationsrahmen sollen im Deutschen Qualifikationsrahmen Lernergebnisse sich Niveaus von Tätigkeitsanforderungen und Kompetenzprofilen zuordnen lassen, ohne dabei auf Bildungsabschlüsse zurückgreifen zu müssen. Auf acht Niveaustufen, die in einer längeren Auseinandersetzung mit Arbeitgeber- und Arbeitnehmervertreter(inne)n festgelegt wurden (vgl. Sloane 2008a, S. 75 ff.), beschreibt der

Deutsche Qualifikationsrahmen fachliche und personale Kompetenzen für die Einordnung von Qualifikationen, die in der allgemeinen, beruflichen und Hochschulbildung erworben werden können.

Den Empfehlungen des Europäischen Parlaments folgend wird der Europäische Qualifikationsrahmen als Referenzrahmen herangezogen und ein nationaler Qualifikationsrahmen im Einklang mit nationalen Gesetzen und Besonderheiten des deutschen Bildungssystems erarbeitet (vgl. Arbeitskreis Deutscher Qualifikationsrahmen 2009, S. 2). Der bisher vorliegende Entwurf orientiert sich dementsprechend an der Leitidee der Handlungskompetenz. Diese bezeichnet „die Fähigkeit und Bereitschaft, Kenntnisse, Fertigkeiten sowie persönliche, soziale und methodische Fähigkeiten in Arbeits- oder Lernsituationen und für die berufliche und persönliche Entwicklung zu nutzen" (Arbeitskreis Deutscher Qualifikationsrahmen 2009, S. 3). Im Entwurf des Deutschen Qualifikationsrahmens werden zwei Kompetenzkategorien unterschieden, bei der ausdrücklich alle formalen Qualifikationen des deutschen Bildungssystems der allgemeinen, der beruflichen und der Hochschulbildung einbezogen wurden:

- Fachkompetenz, unterteilt in Wissen und Fertigkeiten, und
- personale Kompetenzen, unterteilt in Sozialkompetenz und Selbstkompetenz.

Die dadurch entstehende Matrix (vgl. Abbildung 10) soll wiederum am Beispiel der ersten, vierten und achten Niveaustufe beispielhaft angezeigt werden (vgl. Arbeitskreis Deutscher Qualifikationsrahmen 2009, S. 6 ff.).

Der Europäische Qualifikationsrahmen stellt also einen Metarahmen für nationale Qualifikationsrahmen dar. Bis Ende 2010 sollen die Anschlüsse der nationalen Rahmen an den europäischen abgeschlossen sein.

Um die Durchlässigkeit zwischen Berufsbildung und Hochschulbildung zu realisieren, wurden europäische Leistungspunktesysteme zur gegenseitigen Anerkennung von Qualifikationen entwickelt: das *European Credit Transfer System* (ECTS) für den Hochschulbereich und das *European Credit System for Vocational Education and Training* (ECVET) für den berufsbildenden Bereich.

Niveau 1: Über Kompetenzen zur Erfüllung einfacher Anforderungen in einem überschaubaren und stabil strukturierten Lern- oder Arbeitsbereich verfügen. Die Erfüllung der Arbeiten erfolgt unter Anleitung.			
Fachkompetenz		Personale Kompetenz	
Wissen	Fertigkeiten	Sozialkompetenz	Selbstkompetenz
Über elementares allgemeines Wissen verfügen. Einen ersten Einblick in einen Lern- oder Arbeitsbereich haben.	Über kognitive und praktische Fertigkeiten verfügen, um einfache Aufgaben nach vorgegebenen Regeln auszuführen und deren Ergebnisse zu beurteilen. Elementare Zusammenhänge herstellen.	Mit anderen zusammen lernen oder arbeiten, sich mündlich und schriftlich informieren und austauschen.	Unter Anleitung lernen oder arbeiten. Das eigene und das Handeln anderer einschätzen und Lernberatung annehmen.
Niveau 4: Über Kompetenzen zur selbstständigen Planung und Bearbeitung fachlicher Aufgabenstellungen in einem umfassenden, sich verändernden Lernbereich oder beruflichen Tätigkeitsfeld verfügen.			
Fachkompetenz		Personale Kompetenz	
Wissen	Fertigkeiten	Sozialkompetenz	Selbstkompetenz
Über vertieftes allgemeines Wissen in einem Lernbereich oder beruflichen Tätigkeitsfeld verfügen.	Über ein breites Spektrum kognitiver und praktischer Fertigkeiten verfügen, die selbstständige Aufgabenbearbeitung und Problemlösung sowie die Beurteilung von Arbeitsergebnissen und -prozessen unter Einbeziehung von Handlungsalternativen und Wechselwirkungen mit benachbarten Bereichen ermöglichen. Transferleistungen erbringen.	Die Arbeit in einer Gruppe und deren Lern- oder Arbeitsumgebung mitgestalten und kontinuierlich Unterstützung anbieten. Abläufe und Ergebnisse begründen. Über Sachverhalte umfassend kommunizieren.	Sich Lern- und Arbeitsziele setzen, sie reflektieren, bewerten und verantworten.
Niveau 8: Über Kompetenzen zur Gewinnung von Forschungserkenntnissen in einem wissenschaftlichen Fach oder zur Entwicklung innovativer Lösungen und Verfahren in einem beruflichen Tätigkeitsfeld verfügen. Die Anforderungsstruktur ist durch neuartige und unklare Problemlagen gekennzeichnet.			
Fachkompetenz		Personale Kompetenz	
Wissen	Fertigkeiten	Sozialkompetenz	Selbstkompetenz
Über umfassendes, spezialisiertes und systematisches Wissen auf dem neuesten Erkenntnisstand in einem oder mehreren Spezialgebieten eines wissenschaftlichen Faches oder über umfassendes berufliches Wissen in einem strategie- und innovationsorientierten beruflichen Tätigkeitsfeld verfügen. Über entsprechendes Wissen an den Schnittstellen zu angrenzenden Bereichen verfügen.	Über umfassend entwickelte Fertigkeiten zur Identifizierung und Lösung neuartiger Problemstellungen in den Bereichen Forschung, Entwicklung oder Innovation in einem spezialisierten wissenschaftlichen Fach oder in einem beruflichen Tätigkeitsfeld verfügen. Innovative Prozesse auch tätigkeitsfeldübergreifend konzipieren, durchführen, steuern, reflektieren und beurteilen. Neue Ideen und Verfahren beurteilen.	Gruppen oder Organisationen in herausgehobener Verantwortung leiten, dabei ihre Potentiale aktivieren. Die fachliche Entwicklung anderer nachhaltig gezielt fördern. Fachübergreifend Diskussionen führen und in fachspezifischen Diskussionen innovative Beiträge einbringen.	Für neue komplexe anwendungs- oder forschungsorientierte Aufgaben Ziele unter Reflexion der möglichen gesellschaftlichen, wirtschaftlichen und kulturellen Auswirkungen definieren, geeignete Mittel wählen und neue Ideen und Prozessen entwickeln.

Abbildung 10:
Auszug aus Entwurf eines Deutschen Qualifikationsrahmens
(vgl. Arbeitskreis Deutscher Qualifikationsrahmen 2009)

Auch für ECVET gilt die Orientierung an Lernergebnissen (Fähigkeiten, Fertigkeiten, Kompetenzen). Anders als der Europäische Qualifikationsrahmen, der auf Vergleich und Einordnung von Bildungssystemen abzielt, unterstützt das Kreditsystem für die berufliche Aus- und Weiterbildung den Lernenden darin, seinen bisherigen Lernweg zu dokumentieren, die bisher erbrachten Lernleistungen zu beschreiben, zu bewerten, zu akkumulieren und in einen anderen Lernkontext zu übertragen. Für das System grundlegend sind kleinste Qualifikationselemente. Sie bilden die Module (*units*) als zertifizierbare Einheiten und Grundlage für die Zuteilung von Leistungspunkten. Da Module auch dokumentierte Berufserfahrungen enthalten können, erfahren informelles Lernen und beruflich erworbene Kompetenzen eine erhebliche Aufwertung (vgl. Dehnbostel & Meyer 2007, S. 9). Letztlich besteht das Ziel des Kreditsystems darin, die transnationale Mobilität und den Zugang zum lebenslangen Lernen in Berufsausbildung und Beruf zu unterstützen durch Übertragung von Leistungspunkten für Lernergebnisse von einem Lernsystem und einem Lernkontext in jeweils andere Lernsysteme und -kontexte (vgl. Kommission der Europäischen Gemeinschaften 2006, 2009).

Der so genannte Brügge-Kopenhagen-Prozess beförderte eine verstärkte Zusammenarbeit bei der Formulierung konkreter Ziele und der Entwicklung von Instrumenten für die berufliche Bildung. Er setzte einen Aktionsrahmen für die Schaffung eines europäischen Bildungsraumes. In diesem Aktionsrahmen sollen folgende Handlungsfelder bearbeitet werden (vgl. z. B. Fahle & Thiele 2003, S. 10 ff.):

- Förderung der Mobilität, interkultureller Kompetenzen und einer Zusammenarbeit bei der Entwicklung von Lehrplänen und Ausbildungsordnungen.

- Entwicklung eines einzigen Transparenzinstruments, indem die bisherigen Instrumente des europäischen Lebenslaufs, des Diploma Supplements und des Europasses zusammengeführt werden.

- Gegenseitige Anerkennung und Zertifizierung von Kompetenzen und Qualifikationen mit dem Ziel, europäische und nationale Bildungsprozesse sinnvoll miteinander zu verzahnen.

- Qualitätssicherung beruflicher Bildung, besonders im Bereich der weitgehend marktgesteuerten Weiterbildung.

- Qualifikation des Bildungspersonals in einer strategischen Perspektive.

Ob diese Ziele erreicht werden können, hängt auch davon ab, dass sie im Widerstreit der Akteure und Akteurinnen in der beruflichen Bildung akzeptiert und umgesetzt werden können. Dies ist keineswegs sicher, denn strittige Fragen gibt es noch genug. Dazu zählen z. B. die Rückwirkungen, welche die Systeme auf das duale System der Berufsausbildung haben (vgl. Brunner, Esser & Kloas 2006; Ehrke 2006; Küssner & Seng 2006; Severing 2006), ob das in die Systeme eingeschriebene Kompetenzverständnis in deutsche Modelle von Kompetenz und Kompetenzentwicklung übernommen werden kann (vgl. Hanf & Rein 2007; Sloane 2008b), ob sie die empirische Bewährungskontrolle überstehen (vgl. Schiller, Milolaza & Meerten 2008) und wie die offenen Streitpunkte geklärt und möglichst diskursiv einer Auflösung zugeführt werden können (vgl. Bohlinger 2007; Deißinger 2008). Das Problem einer diskursiven Klärung stellt sich besonders dann, wenn – wie zu erwarten ist – die Systeme keinen legislativen Charakter bekommen.

Literatur

Achtenhagen, F. & Baethge, M. (2005). Kompetenzentwicklung unter einer internationalen Perspektive – makro- und mikrostrukturelle Ansätze. In P. Gonon et al. (Hrsg.), *Kompetenz, Kognition und neue Konzepte der beruflichen Bildung* (S. 25–54). Wiesbaden: VS Verlag.

Arbeitsgruppe Bildungsbericht am Max-Planck-Institut für Bildungsforschung (2003). *Das Bildungswesen in der Bundesrepublik Deutschland*. Reinbek: Rowohlt.

Arbeitskreis Deutscher Qualifikationsrahmen (2009). *Diskussionsvorschlag eines Deutschen Qualifikationsrahmens für lebenslanges Lernen*. URL: http://www.deutscher qualifikationsrahmen.de/SITEFORUM?t=/documentManager/sfdoc.file.detail&e=UT F-8&i=1215181395066&l=1&fileID=1238069671761 [10.07.2010].

Baethge, M. (2005). Der europäische Berufsbildungsraum – Herausforderungen für die Berufsbildungsforschung. *SOFI-Mitteilungen*, 33, S. 131–137.

Baethge, M. et al. (2005). *„Wie könnte eine internationale Vergleichsstudie zur beruflichen Bildung aussehen?" Machbarkeitsstudie*. Göttingen: Soziologisches Forschungsinstitut der Universität Göttingen.

Becker, R. (1999). Wirksamkeit und Nutzen von Weiterbildung. *Grundlagen der Weiterbildung*, 5, S. 213–215.

Beicht, U.; Walden, G. & Herget, H. (2004). *Kosten und Nutzen der betrieblichen Berufsausbildung in Deutschland*. Bielefeld: Bertelsmann.

Beicht, U.; Krekel, E. M. & Walden, G. (2006). Berufliche Weiterbildung – Welche Kosten und welchen Nutzen haben die Teilnehmenden? *Berichte zur Beruflichen Bildung*, 274. Bonn: Bundesinstitut für Berufsbildung.

Biermann, H. (2004). Rehabilitation als Aufgabe der Berufsbildung. In A. Busian, G. Drees & M. Lang (Hrsg.), *Mensch – Bildung – Beruf* (S. 23–36). Bochum: projekt.

Bohlinger, S. (2007). Schluss mit dem Mythos. *Weiterbildung*, 8, S. 23–25.

Brunner, S.; Esser, F. H. & Kloas, W. (2006). Der Europäische Qualifikationsrahmen – Bewertung durch die Spitzenverbände der deutschen Wirtschaft. *Berufsbildung in Wissenschaft und Praxis*, 2, S. 14–17.

Dehnbostel, P. & Meyer, R. (2007). Gleichwertigkeit beruflicher Kompetenzen stärken. *Weiterbildung*, 6, S. 8–11.

Deißinger, T. (2008). Spannungsfelder auf dem Weg zum Deutschen Qualifikationsrahmen (DQR). *DIE - Zeitschrift für Erwachsenenbildung*, 4, S. 25–28.

Dikau, J. (1995). Rechtliche und organisatorische Bedingungen der beruflichen Weiterbildung. In R. Arnold & A. Lipsmeier (Hrsg.), *Handbuch der Berufsbildung* (S. 427–440). Opladen: Leske + Budrich.

Dobischat, R. (2001). Berufliche Weiterbildung. In H. May (Hrsg.), *Lexikon der ökonomischen Bildung* (S. 78–80). München: Oldenbourg.

Dohmen, D. (2008). Trends und Perspektiven der Weiterbildungsfinanzierung in Deutschland. *Berufsbildung in Wissenschaft und Praxis*, 1, S. 15–18.

Dubs, R. (2002). Staatliche Finanzpolitik und Bildungspolitik. *Zeitschrift für Berufs- und Wirtschaftspädagogik*, 3, S. 321–329.

Ehrke, M. (2006). Der Europäische Qualifikationsrahmen – eine Herausforderung für die Gewerkschaften. *Berufsbildung in Wissenschaft und Praxis*, 2, S. 18–23.

Europäische Kommission (1993). *Weißbuch „Wachstum, Wettbewerbsfähigkeit, Beschäftigung" – Herausforderungen der Gegenwart und Wege ins 21. Jahrhundert.* Luxemburg.
Europäische Kommission (1996*). Weißbuch zur allgemeinen und beruflichen Bildung.* Luxemburg.
Europäische Kommission (2008). *Empfehlungen des Europäischen Parlaments und des Rates vom 23. April 2008 zur Errichtung eines Europäischen Qualifikationsrahmens für Lebenslanges Lernen.* Brüssel.
Europäischer Rat (2000). *Schlussfolgerungen des Vorsitzes am 23. und 24. März 2000 in Lissabon.* URL: http://www.europarl.europa.eu/summits/lis1_de.htm [10.07.2010].
Europäischer Rat (2002). *Detailliertes Arbeitsprogramm zur Umsetzung der Ziele des Systems der allgemeinen und beruflichen Bildung in Europa* (6365/02 EDUC27).
Expertenkommission Finanzierung Lebenslangen Lernens (Hrsg.) (2004). *Finanzierung Lebenslangen Lernens: Der Weg in die Zukunft.* Bielefeld: Bertelsmann.
Fahle, K. & Thiele, P. (2003). Der Brügge-Kopenhagen-Prozess: Beginn der Umsetzung der Ziele von Lissabon in der beruflichen Bildung. *Berufsbildung in Wissenschaft und Praxis,* 4, S. 9–12.
Greinert, W.-D. (1993). *Das „deutsche System" der Berufsausbildung.* Baden-Baden: Nomos.
Grünewald, U. & Moraal, D. (2003). Kosten der betrieblichen Weiterbildung in Deutschland auf der Basis der CVTS II. *BIBBforschung,* 3, S. 2–3.
Hanf, G. & Rein, V. (2007). Europäischer und Deutscher Qualifikationsrahmen – eine Herausforderung für Berufsbildung und Bildungspolitik. *Berufsbildung in Wissenschaft und Praxis,* 3, S. 7–11.
Hartmann, P. (2008). *Kosten und Nutzen von beruflicher Weiterbildung.* Hamburg: Igel.
Institut der deutschen Wirtschaft Köln (2002). Betriebliche Weiterbildung. *iwd,* 51/52, S. 4–5.
Kell, A. (1995). Organisation, Recht und Finanzierung der Berufsbildung. In R. Arnold & A. Lipsmeier (Hrsg.), *Handbuch der Berufsbildung* (S. 369–397). Opladen: Leske + Budrich.
Kommission der Europäischen Gemeinschaften (1993). *Grünbuch zur europäischen Dimension des Bildungswesens.* Luxemburg.
Kommission der Europäischen Gemeinschaften (2005). *Arbeitsunterlage der Kommissionsdienststellen. Auf dem Weg zu einem Europäischen Qualifikationsrahmen für Lebenslanges Lernen.* Brüssel.
Kommission der Europäischen Gemeinschaften (2006). *Das europäische Leistungspunktesystem für die Berufsbildung (ECVET).* URL: http://ec.europa.eu/education/lifelong-learning-policy/doc/ecvet/work_de.pdf [10.07.2010].
Kommission der Europäischen Gemeinschaften (2009). Empfehlungen des Europäischen Parlaments und des Rates zur Einrichtung eines Europäischen Leistungspunktesystems für die Berufsbildung (ECVET). *Amtsblatt der Europäischen Union,* C155/11. URL: http://eur-lex.europa.eu/LexUriServ/LexUriServ.do?uri=OJ:C:2009:155:0011:0018:DE:PDF [10.07.2010].
Kremer, M. (2008). Kompetenz des Bildungspersonals – Basis für die Qualität der beruflichen Bildung. *Berufsbildung in Wissenschaft und Praxis,* 6, S. 3–4.

Küssner, K. & Seng, E. (2006). Der Europäische Qualifikationsrahmen – eine deutsche Stellungnahme. *Berufsbildung in Wissenschaft und Praxis*, 2, S. 11–13.
Kuwan, H. (1996). Faktoren der Teilnahme an beruflicher Weiterbildung. *Beiheft 12 der Zeitschrift für Berufs- und Wirtschaftspädagogik* (S. 70–83). Stuttgart: Steiner.
Lorenz, K.; Ebert, F. & Sabelhaus, M. (2007). Berufliche Bildung in Deutschland – Nationale und europäische Entwicklungslinien. *Zeitschrift für Bildungsverwaltung*, 1, S. 24–42.
Markowitsch, J. & Luomi-Messerer, K. (2007). Entstehung und Interpretation der Deskriptoren des Europäischen Qualifikationsrahmens. *Europäische Zeitschrift für Berufsbildung*, 42/43, S. 39–67.
Moraal, D. (2006). Kosten und Nutzen der betrieblichen Weiterbildung – Ergebnisse der CVTS2-Haupterhebung und CVTS2-Zusatzerhebung. In Bundesinstitut für Berufsbildung (Hrsg.), *Kosten, Nutzen, Finanzierung beruflicher Weiterbildung* (S. 65–92). Bielefeld: Bertelsmann.
Moraal, D. et al. (2009). Ein Blick hinter die Kulissen der betrieblichen Weiterbildung in Deutschland. *BIBB REPORT,* 7, S. 1–12.
Mucke, K. & Grunwald, S. (2005). *Hochschulkompatible Leistungspunkte in der beruflichen Bildung.* Bielefeld: Bertelsmann.
Münch, J. (1994). *Das Berufsbildungssystem in der Bundesrepublik Deutschland.* Luxemburg: Amt für amtliche Veröffentlichungen der Europäischen Gemeinschaften.
Nuissl, E. & Brandt, P. (2009). *Portrait Weiterbildung Deutschland* (4. Aufl.) Bielefeld: Bertelsmann.
Pütz, H. (2002). „Berufsbildungs-PISA" wäre nützlich. *Berufsbildung in Wissenschaft und Praxis*, 3, S. 3–4.
Schiller, S.; Milolaza, A. & Meerten, E. (2008). Leistungspunktesystem in der beruflichen Bildung. *Berufsbildung in Wissenschaft und Praxis*, 4, S. 50–51.
Schmidt, H. (1997). Europäische Impulse für die deutsche Weiterbildung. In R. Arnold, R. Dobischat & B. Ott (Hrsg.), *Weiterungen der Berufspädagogik* (S. 167–178). Stuttgart: Steiner.
Schweitzer, M. & Hummer, W. (1996). *Europarecht* (5. Aufl.). Neuwied: Luchterhand.
Sellin, B. (2007). Der Vorschlag für einen Europäischen Qualifikationsrahmen. *Europäische Zeitschrift für Berufsbildung*, 42/43, S. 4–21.
Severing, E. (2006). Europäische Zertifizierungsstandards in der Berufsbildung. *Zeitschrift für Berufs- und Wirtschaftspädagogik*, 1, S. 15–29.
Seyfried, B. (2003). Berufsausbildungsvorbereitung und Qualifizierungsbausteine. *Berufsbildung in Wissenschaft und Praxis*, Sonderausgabe, S. 21–23.
Sloane, P. (2008a). *Zu den Grundlagen eines Deutschen Qualifikationsrahmens (DQR): Konzeptionen, Kategorie, Konstruktionsprinzipien.* Bielefeld: Bertelsmann.
Sloane, P. (2008b). Vermessene Bildung – Überlegungen zur Entwicklung des Deutschen Qualifikationsrahmens. *Zeitschrift für Berufs- und Wirtschaftspädagogik*, 4, S. 481–501.
Sondermann, T. (2005). Das Berufsbildungsreformgesetz von 2005: Was ist neu und anders? *Berufsbildung in Wissenschaft und Praxis*, 2, S. 5–8.
Stender, J. (2006). *Berufsbildung in der Bundesrepublik Deutschland 2: Reformansätze in der beruflichen Bildung.* Stuttgart: Hirzel.

Straka, G. (Hrsg.) (2003). *Zertifizierung non-formell und informell erworbener beruflicher Kompetenzen*. Münster: Waxmann.

Timmermann, D. (2010). Kosten und Nutzen der betrieblichen Ausbildung. *Wirtschaft und Berufserziehung*, 2, S. 13–19.

Weiß, R. (2010). Bildungsökonomie und Weiterbildung. In R. Tippelt & A. von Hippel (Hrsg.), *Handbuch Erwachsenenbildung/Weiterbildung* (4. Aufl., S. 367–384). Wiesbaden: VS Verlag.

Wenzelmann, F. et al. (2009). Betriebliche Berufsausbildung: Eine lohnende Investition für die Betriebe. *BIBB REPORT*, 8, S. 1–11.

Zedler, R. (1998). Berufsausbildung – Investition, die sich auszahlt. *Wirtschaft und Berufserziehung*, 9, S. 9–13.

**Strukturbegriff:
Berufsbildungs-
politik**

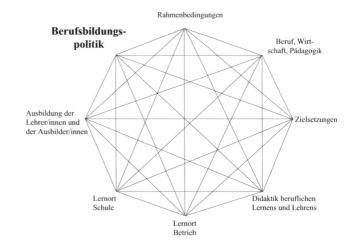

1 Institutionen, Organisationen und Konfliktlinien

Politik wird zugespitzt definiert als Umgang mit Macht. Wenn verschiedene Akteure und Akteurinnen versuchen, durch Macht und Machtausübung auf Entscheidungen und Handlungen anderer Akteure und Akteurinnen Einfluss zu gewinnen, werden sie politisch tätig. Solche politische Betätigung findet zumeist in und durch Institutionen statt und zielt auf eine Mitgestaltung bestimmter Bereiche gesellschaftlichen Handelns ab.

Wenn von *Bildungs*politik die Rede ist, ist eine Politik gemeint, die Bildungsprozesse, die in Schule und Hochschule stattfinden, direkt oder indirekt zu beeinflussen versucht. *Berufsbildungs*politik ist aber komplizierter. Zwar ist einigermaßen klar zu umreißen, dass sich diese Politik auf eine Mitgestaltung der beruflichen Bildung ausrichtet. Jedoch sind die berufsbildungspolitischen Akteure und Institutionen nicht so leicht auszumachen, weil sich Berufsbildungspolitik in vielfältigen gesellschaftlichen Verflechtungen auch mit wirtschaftlichen Interessen an einer Mitgestaltung entwickelt (→ BWP, Systemzusammenhänge).

Warum ist Berufsbildungspolitik so kompliziert? Münch (2006, S. 485 f.) benennt hierfür folgende Gründe:

> ➢ „Der rechtliche Dualismus im Bereich der Berufsausbildung (Bundeskompetenz für die Ausbildung in den Betrieben – Länderkompetenz für die Berufsschule),

> die relative Nähe der Berufsbildungspolitik zur Wirtschaftspolitik und Arbeitsmarktpolitik,
> das unmittelbare und starke Interesse der Arbeitgeberorganisationen an der Berufsausbildung,
> das unmittelbare und starke Interesse der Gewerkschaften an der Berufsbildung,
> die Vielfalt der Gremien und Institutionen, die sich mit Fragen der Berufsbildung befassen."

Berufsbildungspolitik wird betrieben, seit berufliche Bildung institutionalisiert und reglementiert ist (→ BWP, Beruf). Der Begriff „Berufsbildungspolitik" ist aber noch relativ jung. Er wird erst seit etwa fünfzig Jahren benutzt. Vorher sprach man von Berufsbildungsreform, Berufsschulreform usw. und meinte damit mehr die politikbegleitenden Verwaltungsaktivitäten. Erst in den 1960er Jahren ging der Begriff insbesondere im Zusammenhang mit dem Berufsbildungsgesetz und der weiteren Politisierung von Bildung in die wissenschaftliche Diskussion ein (→ R, Rechtlich-institutionelle Grundlagen).

Von den vielen berufsbildungspolitischen Akteuren und Institutionen sollen zumindest einige bedeutende Institutionen und Organisationen vorgestellt werden, um an Beispielen die zwischen ihnen verlaufenden politischen Konfliktlinien analysieren zu können. Im Folgenden werden die wichtigsten nationalen Akteure und Akteurinnen der Berufsbildungspolitik vorgestellt. Auf berufsbildungspolitische Aktivitäten im Rahmen der Europäischen Union wird an anderer Stelle eingegangen (→ R, Internationalisierung).

Auf der **Bundesebene** wird Berufsbildungspolitik im Parlament durch Gesetzgebung und von der Bundesregierung durch Gesetzanwendung praktiziert. Mehrere Ministerien, u. a. das Ministerium für Bildung und Forschung und das Ministerium für Wirtschaft und Technologie, sind daran beteiligt. Von großer Bedeutung sind auch nachgeordnete Behörden, wie z. B. das 1970 gegründete Bundesinstitut für Berufsbildung (BIBB). Alle Aktivitäten des BIBB werden aus den im Berufsbildungsgesetz (§ 90) festgelegten Aufgaben abgeleitet (vgl. Abbildung 11). So betreibt es als nachgeordnete Behörde des Bundesministeriums für Bildung und Forschung u. a. Forschung und Entwicklung auf dem Gebiet der Berufsbildung. Es nimmt auch Dienstleistungs- und Beratungsfunktionen gegenüber der Berufsbildungspraxis und der Bundesregierung wahr. Es entwickelt Grundlagen für die Aus- und Weiterbildung, modernisiert und verbessert Ausbildungskonzepte und Ausbildungsmaßnahmen. Zu seinem Aufgabenbereich gehört auch die Statistik im Bereich der beruflichen Bildung, mit der es an der Vorbereitung des jährlichen Berufsbildungsberichts mitwirkt.

```
┌─────────────────────────────────────────────────────────────┐
│                    ┌─────────────────┐                       │
│                    │   Weisung des   │                       │
│                    │    zuständigen  │                       │
│                    │ Bundesministeriums│                     │
│                    └─────────────────┘                       │
│                                                              │
│   ╭──────────────────────────────────────────────────╮       │
│   │ • Vorbereitung von Ausbildungsordnungen und      │       │
│   │   sonstigen Rechtsverordnungen                   │       │
│   │ • Vorbereitung des Berufsbildungsberichts        │       │
│   │ • Durchführung der Berufsbildungsstatistik       │       │
│   │ • Förderung von Modellversuchen                  │       │
│   │ • Internationale Zusammenarbeit                  │       │
│   │ • Verwaltungsaufgaben                            │       │
│   ╰──────────────────────────────────────────────────╯       │
│                                                              │
│   ╭──────────────────────────────────────────────────╮       │
│   │ • Förderung überbetrieblicher Berufsbildungsstätten│     │
│   │ • Planung, Einrichtung und Weiterentwicklung     │       │
│   │   überbetrieblicher Berufsbildungsstätten        │       │
│   ╰──────────────────────────────────────────────────╯       │
│                                                              │
│   ╭──────────────────────────────────────────────────╮       │
│   │ • Führung und Veröffentlichung des Verzeichnisses│       │
│   │   anerkannter Ausbildungsberufe                  │       │
│   ╰──────────────────────────────────────────────────╯       │
│                                                              │
│   ╭──────────────────────────────────────────────────╮       │
│   │ • Wahrnehmung von Aufgaben im Rahmen des         │       │
│   │   Fernunterrichtsschutzgesetzes                  │       │
│   │ • Förderung der Verbesserung und des Ausbaus     │       │
│   │   des berufsbildenden Fernunterrichts            │       │
│   ╰──────────────────────────────────────────────────╯       │
└─────────────────────────────────────────────────────────────┘
```

Abbildung 11:
Aufgaben des Bundesinstituts für Berufsbildung nach § 90 Berufsbildungsgesetz

Auf Bundesebene wirken aber auch die Tarifparteien und Spitzenorganisationen der Arbeitgeber/innen und die Organisationen der Arbeitnehmer/innen mit. Schließlich ist noch die Konferenz der Kultusminister zu erwähnen, die durch ihre Stellungnahmen und Empfehlungen zur Gestaltung von beruflichen Schulen und Berufsschulunterricht eine berufsbildungspolitisch bedeutende Institution darstellt. Gelegentlich vorgetragene Meinungen, diese Institution sei überholt und sollte besser abgeschafft werden, reflektieren kaum die praktische Bedeutung, die dieser Institution bisher auch für die Berufsbildungspolitik zukam.

Auf der **Länderebene** wird Berufsbildungspolitik durch die Kultusministerien dominiert. Kultusministerien erarbeiten die Lehrpläne für berufliche Schulen. Sie berücksichtigen dabei die Rahmenvereinbarungen der Kultusministerkonferenz. Sie stellen und bezahlen auch die Lehrerschaft und sind in Zusammenarbeit mit den Wissenschaftsressorts und den Universitäten für die Lehrer/innen-Ausbildung zuständig (→ LA, Professionalisierung der Lehrer/innen-Ausbildung).

Zwischen diesen Einrichtungen auf Bundes- und Länderebene (gegebenenfalls auch regionaler Ebene) sind nun politische Beziehungen auszumachen, die als Konfliktlinien bezeichnet werden können (vgl. Dauenhauer 1997). Abbildung 12 zeigt eine Reihe von geradezu vorprogrammierten Konflikten im Bereich der beruflichen Bildung auf.

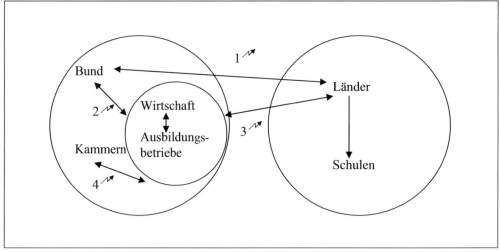

Abbildung 12:
Konfliktmöglichkeiten im Bereich der beruflichen Bildung (vgl. Dauenhauer 1997, S. 105)

Eine wichtige Konfliktlinie zwischen Bund und Ländern entsteht dadurch, dass der Bund versucht, mehr Rechte und damit auch mehr politische Macht im Feld der beruflichen Bildung zu bekommen. Die Länder ihrerseits wachen sehr genau darüber, keine der bisherigen Kompetenzen abgeben zu müssen (→ R, Rechtlich-institutionelle Grundlagen).

Eine andere Konfliktlinie besteht zwischen Bund, repräsentiert durch die Institutionen Bundesregierung und Bundestag, und den Institutionen „der Wirtschaft", die die Ausbildungsbetriebe vertreten. Die auftretenden Konflikte lassen sich etwa folgendermaßen umreißen: Von Seiten des Gesetzgebers, des Bundes, wird versucht, die „naturwüchsige Landschaft" der beruflichen Bildung dadurch zu kultivieren, dass Standards gesetzt und möglichst vergleichbare Ausbildungen geschaffen werden. Ausbildungsbetriebe dagegen sind daran interessiert, berufliche Bildung möglichst individuell nach einzelwirtschaftlichen Anforderungen zu gestalten und möglichst für diesen Betrieb und nur für diesen Betrieb zu qualifizieren, auch wenn dies nicht dem gesamtwirtschaftlichen Vorteil beruflicher Mobilität entspricht.

Eine weitere Konfliktlinie markiert das Verhältnis zwischen den Kultusministerien der Länder und den Verbänden, die die Interessen der Betriebe vertreten, etwa dem Deutschen Industrie- und Handelskammertag oder dem Deutschen Handwerkskammertag. In der Sache geht es dann beispielsweise um Stundenanteile in der beruflichen Bildung und um Organisationsformen des Berufsschulunterrichts (→ LS, Berufsschule). So wird etwa darüber gestritten, wie viele Stunden Unterricht pro Woche in der Berufsschule erteilt werden und wie lange Auszubildende im Betrieb verweilen sollen.

Konflikte entstehen auch über Fragen einer Verkürzung der Ausbildung. Verkürzte Berufsausbildungen machen einen Berufsabschluss schon nach zwei Jahren möglich (vgl. Kath 2005). Die Verkürzungen werden begründet mit einem zu reduzierenden Anspruch an vermeintlich zu theorielastige Ausbildungsinhalte. Verkürzte Berufsausbildungen richten sich deshalb vorzugsweise an Jugendliche, die den höheren Anforderungen der tradierten Berufsausbildung nicht gewachsen sind (→ D, Berufspädagogische Hilfen). Die Gewerkschaften lehnen diese Argumente für eine verkürzte Berufsausbildung jedoch prinzipiell ab. Sie sorgen sich um die lernschwächeren Jugendlichen, die durch verkürzte Berufsausbildungen sozial ausgegrenzt werden und möglicherweise bei gleicher Leistung schlechter bezahlt werden als die dreijährig ausgebildeten Jugendlichen. Diese Frage der Verkürzung der Berufsausbildung ist ein Konfliktfall der schon seit Jahrzehnten unter den Tarifparteien andauert.

Ein weiteres Thema in einer konflikthaltigen Diskussion ist der Mangel an Ausbildungsplätzen. Dieser wird schon seit Jahrzehnten immer wieder aus verschiedenen Perspektiven kontrovers diskutiert. Bisher wurde der Ausbildungsplatzmangel hauptsächlich mit der sich verschlechternden wirtschaftlichen Lage der Unternehmen und den hohen Ausbildungskosten begründet. Aktuell wird vor allem die mangelnde Ausbildungsreife von Jugendlichen angeführt, wenn es um Erklärungen geht, warum sich so viele Jugendliche im Übergangsbereich befinden und auf das Angebot eines Ausbildungsplatzes warten. Die Arbeitgeberseite verweist in diesem Zusammenhang darauf, dass einem Großteil der Schulabgänger/innen Merkmale allgemeiner Bildungs- und Arbeitsfähigkeit sowie schulische Basiskenntnisse fehlen, dass grundlegende kognitive, soziale und persönliche Dispositionen defizitär seien und es ihnen an psychischer und physischer Belastbarkeit mangelt (vgl. Nationaler Pakt für Ausbildung und Fachkräftenachwuchs 2006, S. 7). Dem halten allerdings Euler und Severing (2007, S. 47) entgegen, dass diese Argumente nicht stichhaltig seien. Sie verweisen darauf, dass sich eine hohe Anzahl Jugendlicher mit Realschulabschluss und Abitur in Warteschleifen befindet. Diese Tatsache widerspräche der Annahme, dass die Wirtschaftsbetriebe mehr Ausbildungsplätze zur Verfügung stellen würden, wenn die Bewerber/innen insgesamt geeigneter wären. Es ist in der Tat kaum vorstellbar, dass das gesamte Bildungssystem derart versagt haben soll, dass sich ca. 300.000 Altbewerber/innen, von denen ein Drittel einen mittleren Bildungsabschluss hat, bereits in früheren Jahren erfolglos um einen Ausbildungsplatz bemüht haben (vgl. Ulrich & Krekel 2007, S. 2).

Eine weitere Konfliktlinie ist zwischen den Institutionen auf Kammerebene, den für die Berufsausbildung Zuständigen Stellen nach dem Berufsbildungsgesetz, und den Betrieben auszumachen. Die Kammern müssen entscheiden, welche Betriebe ausbilden dürfen und welchen Betrieben gegebenenfalls die Ausbildungsberechtigung aberkannt werden muss. Weiterhin sind die Kammern für die Durchführung von Prüfungen zuständig.

An Abbildung 12 fällt auf, dass keine Parteien vorkommen. Dabei wurde doch im Grundgesetz verankert, dass Parteien an der Willensbildung mitwirken. Zwar entscheiden Parlament und Regierung, jedoch werden diese von Parteien beschickt, die so ihren Einfluss auf Gesetzgebung und Exekutive geltend machen. Darin ist ein weiteres Konfliktpotential zu erkennen.

2 Abstimmung und Koordination

Da berufliches Lernen an verschiedenen Lernorten erfolgt, bedarf es der Koordination. Dadurch sollen unnötige Wiederholungen von Lerninhalten verhindert oder Lücken im Lehrstoff vermieden werden. Eine Koordination soll zudem die Reihung der zu vermittelnden Ausbildungsinhalte nach lernpsychologischen, fachsystematischen und unterrichtsorganisatorischen Gesichtspunkten sichern helfen.

Im besonderen Fall der beruflichen Bildung im dualen System von Berufsschule ($\rightarrow$ LS, Berufsschule) und Betrieb kommt hinzu, dass die Abfolge der Lerninhalte an einem dieser Lernorte, dem Betrieb, nicht immer nach fachsystematischen, berufspädagogischen oder lernpsychologischen Gesichtspunkten festgelegt werden kann. Am Lernort Betrieb bestimmt häufig der Fertigungsauftrag oder die zu erbringende Dienstleistung die Reihung der Ausbildungsschritte.

Unter diesen Bedingungen ist es nun Aufgabe der Berufsbildungspolitik, ein geeignetes Instrumentarium zu entwickeln und anzuwenden, das Reibungsverluste mangels ausreichender Koordination möglichst vermeidet. Dieses Instrumentarium greift auf verschiedenen Ebenen: der Bundesebene, der Ebene einzelner Bundesländer, der regionalen Ebene der Zuständigen Stellen (Kammern) sowie der lokalen Ebene. Auf die Bundesebene und die Länderebene soll besonders eingegangen werden, da diese Ebenen für Fragen der Abstimmung und Koordinierung von Ausbildungsordnungen mit Lehrplänen von besonderer Bedeutung sind.

Schon bald nach der Verabschiedung des Berufsbildungsgesetzes im Jahre 1969 ($\rightarrow$ R, Rechtlich-institutionelle Grundlagen) wurde für die Bundesebene im Jahre 1972 eine Regelung eingeführt: das „Gemeinsame Ergebnisprotokoll". Dieses Protokoll und die folgenden Absprachen regeln seit dieser Zeit das Verfahren zur Abstimmung der Ordnungsmittel, das heißt der Ausbildungsordnungen und der Rahmenlehrpläne der Kultusminister/innen bzw. der Kultusministerkonferenz (vgl. Abbildung 13). Das Verfahren hat sich in den vergangenen Jahrzehnten bewährt, wenngleich von verschiedenen Seiten immer wieder kritisiert wird, dass die Überarbeitung von Ausbildungsordnungen und die Neuordnung von Berufen zu lange dauern würden. Die Bundesministerin für Bildung und Forschung hat diese Kritik aufgegriffen und erreicht, dass aktuell mit erheblich geringeren Bearbeitungszeiten gerechnet werden kann.

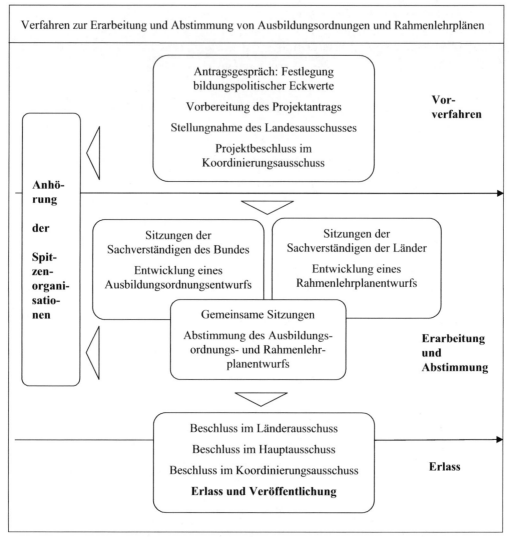

Abbildung 13:
Verfahren zur Erarbeitung und Abstimmung von Ausbildungsordnungen und Rahmenlehrplänen (vgl. Benner 1982, S. 67)

Besonders wichtig und schwierig zugleich ist die Regelung auf der untersten Ebene zwischen den Einzelbetrieben und den jeweiligen Berufsschulen. Absprachen auf der unteren Ebene erfolgen meist zufällig und sind häufig überhaupt nicht koordiniert (vgl. Holz 1998; Pätzold 1999). Zuweilen treffen sich die beteiligten Ausbilder/innen und Berufsschullehrer/innen bei anderen Gelegenheiten, zum Beispiel in Prüfungsausschüssen. Deshalb ist gefordert worden, diese Absprachen zu organisieren. Bisher gibt es jedoch noch keine zufriedenstellenden Regelungen, die institutionalisiert und auf Dauer angelegt werden könnten. Es darf deshalb gefragt werden, welche Interessen auf Seiten der Berufsschule und des Betriebes überhaupt an einer Lernortkooperation bestehen. Erst dann könnte geklärt werden, welche organisatorischen Maßnahmen getroffen werden sollten, um zu einer besseren Kooperation zu gelangen.

Es liegt sicherlich im Interesse der Lehrenden an Berufsschulen, wenn die dort vermittelten Inhalte auf die im Betrieb zu vermittelnden Inhalte in möglichst nahe liegenden Zeitpunkten abgestimmt würden. Die Ausbildungsbetriebe andererseits müssten sehr daran interessiert sein, dass die von ihnen vermittelten Erfahrungen, Einsichten, Fähigkeiten und Fertigkeiten möglichst umgehend im berufsschulischen Lernen in größere Zusammenhänge eingeordnet und theoriegeleitet verallgemeinert würden. Eine solchermaßen funktionierende Abstimmung und Koordination wäre sicherlich im Sinne einer effektiven Ausbildung wünschenswert, wie kompliziert diese Prozesse auch immer sein mögen. Darüber hinaus sind beide Lernorte für die vollständige Bearbeitung der in der Ausbildungsordnung vorgesehenen Inhalte verantwortlich zu machen.

Die vielfältigen Ideen zur Lösung dieses Problems könnten aber leichter umgesetzt werden, wenn neben den Berufsbildungs- und den Prüfungsausschüssen auf Kammerebene auch Abstimmungsausschüsse auf örtlicher Ebene gebildet würden, die sich in regelmäßigen Abständen abwechselnd in der Berufsschule und in den Betrieben träfen (vgl. Uhe 1995). Alle beteiligten Lehrer/innen, auch die der so genannten allgemeinbildenden Fächer, und Ausbilder/innen aus allen Betrieben müssten teilnehmen. Das ganze Spektrum der Lernziele und Lerninhalte von Schule und Betrieb, aber auch Methoden- und Medienfragen könnten in die Abstimmung und Koordination einbezogen werden. Da sich aber prinzipiell in jeder Berufsschulklasse aufgrund der dort vorfindlichen unterschiedlichen Zusammensetzung von Auszubildenden das Koordinationsproblem anders stellt, kann es nur von den beteiligten Personen und nicht zentral von einer anderen Institution gelöst werden. Lehrer/innen und Ausbilder/innen müssen also „vor Ort" zusammengeführt werden.

3 Berufsbildungsforschung

Berufsbildungsforschung ist Forschung, die

„die Bedingungen, Abläufe und Folgen des Erwerbs fachlicher Qualifikationen sowie personaler und sozialer Einstellungen und Orientierungen (untersucht), die für den Vollzug beruflich organisierter Arbeitsprozesse bedeutsam erscheinen" (DFG-Senatskommission 1990, S. 1).

Sie wird in Deutschland in unterschiedlichen Institutionen und Organisationen betrieben (vgl. auch Dobischat & Düsseldorff 2002): an Hochschulen, in außeruniversitären Forschungsinstituten und z. T. auch in Forschungseinrichtungen großer Wirtschaftsunternehmen. Eine sachlich begründete Aufgabenteilung und Zusammenarbeit zwischen den einzelnen Organisationen und Institutionen ist nach wie vor nicht erkennbar.

Das 1970 gegründete **Bundesinstitut für Berufsbildungsforschung**, 1976 umbenannt in „Bundesinstitut für Berufsbildung", hat einen Teil dieser Aufgaben in einem relativ engen Spektrum wahrgenommen und ausgebaut. In den Forschungsprogrammen der Jahre 2006 bis 2010 werden insgesamt fünf Schwerpunkte ausgewiesen (vgl. Bundesinstitut für Berufsbildung 2006-2010): „Ausbildungsmarkt und Beschäftigungssystem", „Modernisierung und Qualitätssicherung der beruflichen Bildung", „Lebensbegleitendes Lernen, Durchlässigkeit und Gleichwertigkeit der Bildungsgänge", „Berufliche Bildung für spezifische Zielgruppen" sowie „Internationalität der Berufsbildung". Mit Blick auf die einzelnen Forschungsprojekte wird deutlich, dass Fragen zu den Strukturen und Funktionen beruflicher Bildung bzw. zu systemischen Problemen der Berufsbildung als Ausgangspunkte der Forschung eindeutig dominieren. Die Projekte sind bildungspolitisch von höchster Relevanz, für die Beschreibung, Analyse und Gestaltung von Lehr-Lernprozessen sind sie dagegen weniger erkenntnisbedeutsam. Die vergleichsweise wenigen Projekte, die für den Bereich der Lehr-Lernforschung relevant erscheinen, finden sich insbesondere unter den Schwerpunkten „Modernisierung und Qualitätssicherung der beruflichen Bildung" sowie „Lebensbegleitendes Lernen". Erforscht werden hier u. a. die Zusammenhänge zwischen Ausbildungsqualität und Beförderung von Fachkompetenzen, die Perspektiven und Machbarkeitsszenarien kompetenzorientierter Prüfungen, die Möglichkeiten zur Unterstützung, Erfassung und Zertifizierung informeller Lernprozesse, die Entwicklung von Lehr-Lernkonzepten für alternde Belegschaften sowie die Auswirkungen der Geschäfts- und Arbeitsprozessorientierung auf die Lehr-Lernprozesse in der betrieblichen Ausbildung.

Das **Institut für Arbeitsmarkt- und Berufsforschung** der Bundesagentur für Arbeit betreibt ebenfalls Berufsbildungsforschung. Ihm geht es vor allem darum, der Politik und der

Öffentlichkeit Daten und Informationen über Arbeitsmarkt und Beschäftigung, Berufsentwicklung und die Wirkungen arbeitsmarktpolitischer Instrumente bereitzustellen.

In den einzelnen Bundesländern gibt es **Landesinstitute**, die vorwiegend konzipiert wurden, um unterstützend für die Schulen zu wirken. Sie beschäftigen sich mit der Entwicklung von Lehrplänen, mit der Erarbeitung von Handreichungen und betreiben Lehrer/innen-Fortbildungen. Soweit sich die Arbeit auf berufliche Schulen bezieht, kann in eingeschränkter Weise auch von Berufsbildungsforschung gesprochen werden.

An den **Universitäten** wird Berufsbildungsforschung insbesondere von den Arbeitsbereichen für Berufs- und Wirtschaftspädagogik betrieben (vgl. DFG-Senatskommission 1990). In einem erweiterten Forschungsspektrum überschneidet sich Berufsbildungsforschung mit benachbarten Disziplinen wie beispielsweise der Soziologie, den Wirtschaftswissenschaften oder der Politikwissenschaft. Berufsbildungsforschung ist deshalb ein Forschungsbereich, der sich für disziplinübergreifende Kooperation geradezu anbietet und in dem Interdisziplinarität auch tatsächlich gefördert und praktiziert wird. So hat die Berufsbildungsforschung Überschneidungen zur Bildungsforschung, Jugendforschung, Frauenforschung, Biographieforschung etc. (vgl. van Buer & Kell 2000, S. 51). Auch wenn sich Berufsbildungsforschung an Universitäten durchaus schon in eigenen Arbeitsbereichen etablieren konnte, ist sie derzeit noch sehr an Einzelpersonen gebunden. Da die Institute bzw. Fachgebiete für Berufs- und Wirtschaftspädagogik häufig sehr klein und die in diesen Instituten zu vertretenden Disziplinen in der Regel noch getrennt sind, werden Forschungsaufgaben durchweg von einer Person oder wenigen Personen bearbeitet. Dieses Faktum ist immer wieder beklagt worden, eine Koordinierung konnte jedoch bisher nicht gelingen. Das hängt auch damit zusammen, dass die Berufsbildungsforschung einzelner Hochschullehrer/innen häufig ohne nennenswerten Einsatz von Forschungsmitteln und deshalb oft nur im Zusammenhang mit der Lehre durchgeführt werden kann und ihren Niederschlag günstigenfalls in Buchveröffentlichungen oder Berichten in Fachzeitschriften findet.

Mit Einschränkungen findet auch bei den **Tarifpartnern** Berufsbildungsforschung statt. So forscht das Institut der Deutschen Wirtschaft für die Arbeitgeber. Und viele Forschungsarbeiten, die auf gewerkschaftliche Initiative durchgeführt werden, tragen diesen Namen zu Recht.

Als eine bedeutende Einrichtung auf internationaler Ebene ist das **CEDEFOP** (*centre européen pour le développement de la formation professionnelle*/Europäisches Zentrum für die Förderung der Berufsbildung) zu erwähnen, dass 1975 eingerichtet wurde und seinen

Sitz 1995 von Berlin nach Thessaloniki verlegte. Im Forschungsprogramm dieser Institution geht es um Fragen der Berufsbildung und der ständigen Weiterbildung und dabei insbesondere um Fragen der Anerkennung von Berufsbildung einschließlich der Abschlüsse auf europäischer Ebene (→ R, Internationalisierung). Es stellt Informationen zu den Berufsbildungssystemen der Mitgliedsländer bereit und informiert über ihre Berufsbildungspolitik, Berufsbildungsforschung und Berufsbildungspraxis. Jedes Jahr wird ein Bericht über den Stand der europäischen Berufsbildungsforschung herausgegeben (vgl. CEDEFOP 2009).

Ein Blick auf die europäische Berufsbildungsforschung zeigt, dass es viele Anstrengungen im Bereich der beruflichen Aus- und Weiterbildung gibt. Allerdings wird auch deutlich, dass es aufgrund der unterschiedlichen Entwicklungen der nationalen Berufsbildungsforschungen oftmals schwierig ist, den jeweils „richtigen" Partner für gemeinsame Forschungsvorhaben zu identifizieren, den Forschungsgegenstand gemeinsam zu bestimmen oder sich über Qualitätskriterien, Methoden und Zweck der Forschung zu verständigen (vgl. Sellin & Grollmann 1999, S. 75 ff.). Eine Machbarkeitsstudie von Achtenhagen, Nijhof und Raffe (1995) zeigte auf europäischer Ebene ferner, dass es an Forschungen zu beruflichen Lehr-Lernprozessen mangelt. Auch in Bezug auf die Neugestaltung des europäischen Berufsbildungsraums ist noch viel Anwendungs- und Grundlagenforschung nötig (vgl. Baethge 2005, S. 137). Darüber hinaus werden Forschungserkenntnisse oft nur ansatzweise vergleichend dokumentiert. Abhilfe verspricht das im Jahre 2002 gegründete REFER (Europäisches Referenz-Netzwerk für Fachinformation und Expertise). Sein Ziel ist es, eine dezentrale Sammlung, Aufbereitung und Verbreitung von Informationen zur Berufsbildungsforschung in den europäischen Mitgliedstaaten aufzubauen.

Die ungünstige Forschungslandschaft und insbesondere die mangelhafte Zusammenarbeit in der Berufsbildungsforschung haben 1991 dazu geführt, die „Arbeitsgemeinschaft Berufsbildungsforschungsnetz – AG BFN" zu gründen. Seit April 2002 ist die Arbeitsgemeinschaft auch Mitglied des deutschen Konsortiums von REFER und damit auch im europäischen Berufsbildungsforschungs-Netz fest verankert. Träger dieser Initiative sind neben dem Bundesinstitut für Berufsbildung und der Bundesagentur für Arbeit auch die Universitätsinstitute. Das Forschungsnetz hat sich zur Aufgabe gemacht, die Forschungen im Bereich der beruflichen Bildung zu fördern und durch gegenseitigen Informationsaustausch zu koordinieren. Unter anderem führt es dazu seit 1993 in regelmäßigem Abstand Fachtagungen durch, gibt eine „Literaturdatenbank berufliche Bildung" heraus und trägt zur Verbesserung der Forschungsdokumentation bei. So wurde von der Arbeitsgemeinschaft eine Studie in Auftrag gegeben, die erstmals eine umfassende Analyse der Berufsbildungsforschung in Deutschland vorlegte. Die Studie zeigt, dass an rund 500 Instituten in Deutschland entsprechende Forschung betrieben wird. Neben der institutionellen Komplexität der Berufsbildungsforschungs-Landschaft wird aber auch die thematische Vielfalt, die Heterogenität der angewandten Forschungsmethoden deutlich und die Notwendigkeit einer laufenden systematischen Berichterstattung belegt (vgl. van Buer & Kell 2000, S. 59 ff.). Defizite in der Berufsbildungsforschung zeigen sich vor allem in fehlenden Inhalts- und Dokumentenanalysen, Sekundär- und Metaanalysen sowie Entwicklungsstudien vor allem auf der Lehr-Lernprozess-Ebene (vgl. van Buer & Kell 2000, S. 61 f.). Eine 1997 durchgeführte Befragung zur präferierten Forschungsart von Berufs- und Wirtschaftspädagog(inn)en, die an Universitäten Berufsbildungsforschung betreiben, ergab folgendes Bild (vgl. van Buer & Kell 2000, S. 62 f.): 38 % aller Nennungen sind empirischer Forschung zuzurechnen, etwa 29 % der praktischen – also konstruktiv-entwickelnden und handlungsanleitenden – Forschung, 26 % der Theorieentwicklung und 6,5 % der historischen Forschung.

Eine inhaltsanalytische Untersuchung zur Verteilung der Methodenorientierungen der Beiträge der Zeitschrift Berufs- und Wirtschaftspädagogik zeigt in Teilen ein davon abweichendes Bild (vgl. Klusmeyer 2001, S. 216): Von allen Beiträgen der Zeitschrift sind in den Jahren 1960 bis 1966 nur 2 % empirischen Zuschnitts. Für die nachfolgenden Jahre sind deutliche Zunahmen festzustellen, die im Betrachtungszeitraum 1984 bis 1990 mit einem Anteil der empirischen Arbeiten an allen Beiträgen der Zeitschrift von knapp 15 % ihren Höhepunkt erreichen. Für die nachfolgenden Betrachtungszeiträume in den 1990er Jahren lässt sich wiederum ein leichter Abwärtstrend feststellen. Bei den publizierten Arbeiten empirischer Ausrichtung, die sich mit curricular-didaktischen Fragestellungen auseinandersetzen, fällt auf, dass diese insbesondere den Lernort Schule im Rahmen der beruflichen Erstausbildung und zuweilen noch die vorberufliche Bildung thematisieren (vgl. Klusmeyer 2001, S. 245). Empirische Arbeiten zum Lernort Betrieb und zur beruflichen Weiterbildung sind in der Zeitschrift für Berufs- und Wirtschaftspädagogik hingegen kaum zu finden. Die insgesamt schwache empirische Ausrichtung der Beiträge in der Zeitschrift deckt sich jedoch nicht mit der starken forschungsmethodischen Ausrichtung der Qualifikationsarbeiten der Nachwuchswissenschaftler/innen und den Selbstzuordnungen der Fachvertreter/innen in der Berufs- und Wirtschaftspädagogik (vgl. Klusmeyer 2001, S. 275).

Eine empirisch-analytische Berufsbildungsforschung hat vor den 1970er Jahren eine nur randständige Bedeutung gehabt, nicht zuletzt weil institutionelle Gründe dies verhinderten, wie Arnold und Tippelt (1992, S. 372) resümieren: „Die Berufs- und Wirtschaftspädagogik war ... lange Zeit vielmehr weit eher eine wissenschaftliche Lehr- als (auch) eine Forschungsdisziplin".

Erst mit der Rezeption der Arbeiten von Heinrich Roth, dem Nestor der deutschen Lehr-Lernforschung – so Straka (2005, S. 390), kann von einer empirischen und kognitiven Wende in der deutschen Lehr-Lernforschung und in der Berufsbildungsforschung gesprochen werden. So ist seit den 1970er Jahren in quantitativer Hinsicht ein deutlicher Anstieg an theoretischen, methodischen/methodologischen und empirischen Arbeiten zu verzeichnen. In der Berufsbildungsforschung beschäftigte man sich – auch empirisch – bevorzugt mit Fragen der beruflichen Sozialisation, der Qualifikationsforschung, der Curriculumforschung und der Berufswahl im Zusammenhang mit Institutionen, Lernorten und Phasen der Erstausbildung. Fragen des beruflichen Lehrens und Lernens vor allem jenseits des Lernorts Schule sowie Professionalisierungsfragen waren hingegen eher selten Forschungsgegenstand (vgl. Arnold & Tippelt 1992, S. 384 ff.).

Gleichwohl lässt sich bis Ende der 1980er Jahre eine große Heterogenität und Spannweite hinsichtlich der Forschungsgegenstände, der methodischen Herangehensweisen und der verwendeten Theorien und Modelle konstatieren (vgl. van Buer & Nenniger 1992, S. 409 ff.; Straka 2005, S. 392; Terhart 1986, S. 63). Auch gibt es viele empirisch-analytische wirtschaftsdidaktische Arbeiten zur Unterrichtswirklichkeit an berufsbildenden Schulen, zum Teil auch in Betrieben zur Ausbildungswirklichkeit sowie zur Ausbilder/innen-Forschung (vgl. Arnold & Tippelt 1992, S. 392 ff.). Es kann aber immer noch von erheblichen Defiziten an beruflich akzentuierter bzw. außerschulischer Lehr-Lernforschung insgesamt und auch von fachdidaktischer Forschung jenseits wirtschaftsdidaktischer Forschung gesprochen werden (vgl. Arnold & Tippelt 1992; DFG-Senatskommission 1990; Nickolaus 2001; Weinert & Treiber 1982).

Die Denkschrift der Senatskommission für Berufsbildungsforschung der DFG im Jahre 1990 war nicht nur Auslöser dafür, dass in der Berufsbildungsforschung verstärkt auf Erkenntnisse und Methoden der Lehr-Lernforschung zurückgegriffen wurde, um berufliche Lernprozesse zu befördern, sondern auch Auslöser des DFG-Schwerpunktprogramms „Lehr-Lern-Prozesse im Feld der kaufmännischen Berufsbildung". In der Zeit von 1994 bis 2000 wurden in diesem Programm insgesamt 18 Forschungsprojekte gefördert, die folgende Themen bearbeiteten: Wissenserwerb und -anwendung; Kompetenzentwicklung; Lern- und Leistungsmotivation und Interesse; Lehren und Lernen in komplexen Lehr-Lernarrangements (vgl. Beck 2003, S. 75; Dubs 2005, S. 541). Damit lag der Fokus dieser

Projekte auf der Mikroebene, also der Ebene der schulischen und innerbetrieblichen Unterrichtsgestaltung (vgl. Dubs 2005). Die curriculare Gestaltungsebene (Mesoebene) sowie die Ebene der (Berufs-)Bildungspolitik und der Leitideen (Makroebene) wurden hingegen weitgehend ausgeblendet. Mit dem DFG-Schwerpunktprogramm konnte die „Wende zu einer verstärkten empirischen Wirtschaftspädagogik erfolgreich eingeleitet" werden (Dubs 2005, S. 543). Betrachtet man jedoch die gesamte universitäre Berufsbildungsforschung, so zeigt sich, dass 32 % der Forschungsarbeiten dem Bereich des Mikrosystems, aber 68 % der Forschungsarbeiten dem Bereich des Bedingungsrahmens zuzurechnen waren (vgl. van Buer & Kell 2000).

4 Entwicklungslinien

In einer pluralistisch und föderalistisch gestalteten Gesellschaft, die diese Gesellschaft zu einer hochkomplexen macht (→ BWP, Systemzusammenhänge), ist die Berufsbildungspolitik einer ständigen Gratwanderung vergleichbar: Starker Einfluss von Interessengruppen könnte dazu führen, dass Berufsbildungspolitik für partikulare Interessen vereinnahmt wird. Dies soll beispielhaft aufgezeigt werden.

Wenn die Bereitschaft der Betriebe, genügend Ausbildungsplätze bereitzustellen, nicht mehr gewährleistet ist, liegt es nahe, mehr schulische Bildungsgänge mit entsprechenden Abschlüssen einzurichten, um diesen Mangel zu kompensieren. Kann aber eine **vollzeitschulische Ausbildung** überhaupt relativ frei von ökonomischen und betrieblichen Anforderungen agieren, und kann sie die duale Ausbildung unter Beteiligung des Lernorts Betrieb auch tatsächlich ersetzen? In jedem Fall hätten die Absolvent(inn)en mit großen Akzeptanzproblemen bei den Betrieben als späteren Abnehmern zu rechnen. Denn die betrieblichen Abnehmer würden die mangelnde Auseinandersetzung mit der betrieblichen Wirklichkeit in der vollzeitschulischen Ausbildung vermissen und darauf verweisen, dass ein zusätzliches Angebot an vollzeitschulisch qualifizierten Fachkräften vom Arbeitsmarkt ohnehin nicht aufgenommen würde. So gibt z. B. die Oldenburgische IHK (2005) in einem Newsletter zur Novellierung des Berufsbildungsgesetzes zu bedenken, dass die Personalverantwortlichen bei Bewerbungen von Fachkräften klären müssen, ob diese eine klassische Berufsausbildung oder eine Schulbildung hinter sich haben. – Diese deutliche Ansage ist durchaus als eine Warnung an den Gesetzgeber zu verstehen. Der Lernort Betrieb lässt sich also im Normalfall nicht durch eine vollzeitschulische Berufsausbildung ersetzen.

Wiederholt wird die Frage gestellt, ob das herkömmliche Berufsprinzip noch der gegenwärtigen gesellschaftlichen Form der Organisation von Arbeit entspricht und seinen Beitrag zur sozialen Integration leisten kann (→ BWP, Beruf). In diesem Zusammenhang wird dann diskutiert, ob nicht andere Organisationsformen der beruflichen Bildung etwa nach dem Konzept einer modularisierten Ausbildung erfolgversprechender sein könnten (vgl. Kloas 1997; Rottmann 2003). **Modularisierung** stellt ein Organisationsprinzip der Berufsbildung dar, das eine bestimmte Anordnung und Abfolge von Ausbildungsbausteinen (Modulen) zum Ziel hat. Module sind standardisierte, in sich abgeschlossene und zertifizierbare Lernangebote, die auf den Erwerb spezifischer Qualifikationen bzw. Kompetenzen abheben.

Vor dem Hintergrund, dass heute junge Menschen mit ganz unterschiedlichen Bildungsvoraussetzungen in Berufsausbildungen eintreten und zu befürchten ist, dass zukünftig viele von ihnen nicht mehr die anspruchsvollen Ziele einer Berufsausbildung erreichen können, scheint die Modularisierung einen Ausweg aus einer schwierigen Problemlage anzuzeigen. Gestützt wird diese Meinung durch Entwicklungen zu einem europäischen Binnenmarkt und der sich daraus ergebenden Notwendigkeit, berufliche Qualifikationen vergleichen und zertifizieren zu können (→ R, Internationalisierung). Eine konsequente Modularisierung würde allerdings bedeuten, dass berufliche Strukturen und das Prinzip der Beruflichkeit aufgegeben würden. Ob eine so weitreichende Reform aufgrund der langen geschichtlichen Entwicklung des dualen Systems und der Konzessionen, die mit einem solchen Einschnitt gemacht würden, sinnvoll und überhaupt durchsetzbar wäre, war lange Zeit höchst fraglich. Die Diskussion spitzte sich in der These zu, dass für die Bundesrepublik Deutschland aufgrund der gewachsenen Berufsstrukturen wohl nur die Möglichkeit in Betracht käme, Module an der Nahtstelle zwischen Aus- und Weiterbildung unter genereller Beibehaltung des Berufsprinzips vorzusehen. In dieser Möglichkeit wird denn auch eine gute Chance für die berufliche Bildung gesehen, flexibler als bisher auf neue technische oder wirtschaftliche Entwicklungen und Anforderungen zu reagieren. In diesem Konzept einer teilmodularisierten Aus- und Weiterbildung wäre dann auch ein tragfähiger Ansatz für eine Berufsbildungspolitik in komplexen Gesellschaften zu erkennen.

Ebenfalls dem Ziel, die berufliche Bildung durch Flexibilisierung zu modernisieren, dient die vom Bundesministerium für Bildung und Forschung (2000, S. 95 ff.) geförderte Initiative der **Zusatzqualifikationen** in der dualen Berufsausbildung. Unter einer Zusatzqualifikation wird eine fakultativ zu erwerbende, für den Abschluss formal nicht zwingend erforderliche und daher zusätzliche Qualifikation verstanden (vgl. Herkner 2001; Pahl & Herkner 2001). Dieses Angebot richtet sich vor allem an besonders leistungswillige und leistungsbereite Auszubildende. Zusatzqualifikationen beziehen sich in der Regel auf den jeweiligen Ausbildungsberuf und sollten vier Kriterien erfüllen (vgl. Herkner 2001): Sie sollen erstens über die Ausbildungsinhalte des gewählten Berufs vertiefend oder erweiternd hinausgehen, zweitens einen gewissen Mindestumfang haben (z. B. mind. 40 Stunden), drittens während oder im unmittelbaren Anschluss an die Erstausbildung vermittelt werden und viertens zertifiziert werden. Durch das Angebot der Zusatzqualifikationen soll die Attraktivität der beruflichen Ausbildung im dualen System erhöht und auch eine Verzahnung von Erstausbildung und Weiterbildung erreicht werden. Als Beispiel für eine verbreitete Form der Zusatzqualifikationen kann die Qualifizierung zum Betriebswirt bzw. zur Betriebswirtin im Handwerk angesehen werden, die von verschiedenen Handwerkskammern angeboten wird. Dabei erfolgt in einem vierjährigen Bildungsgang gleichzeitig eine Ausbildung in einem anerkannten gewerblich-technischen Beruf wie auch eine kaufmännische Qualifizierung.

Kritiker/innen verweisen sowohl bezüglich der Modularisierung als auch hinsichtlich der Zusatzqualifikationen darauf, dass durch solche Formen der Individualisierung beruflicher Bildungsgänge das Berufskonzept aufgeweicht und langfristig in Frage gestellt wird. Damit werde die Schutzfunktion, die eine standardisierte Berufsqualifizierung für den einzelnen Arbeitnehmer auf dem Arbeitsmarkt erfüllen könne, zunehmend ausgehöhlt.

Seit 2006 erfährt die Diskussion um die Modularisierung der Berufsausbildung eine neue Wende. Auf dem Weg von der Schule in eine Berufsausbildung landen mehr als eine halbe Million junger Menschen im so genannten Übergangssystem. Dort entstehen Warteschleifen, die ihre Zeit kosten und ihre Eingliederung in Wirtschaft und Gesellschaft verzögert oder sogar in Frage stellt. Betroffen sind vor allem benachteiligte und lernschwächere Jugendliche, Altbewerber/innen, die mittlerweile mehr als 50 % der bei den Arbeitsagenturen gemeldeten Anwärter/innen auf einen Ausbildungsplatz ausmachen, Berufsschüler/innen, die bereits eine berufliche Teilqualifikation erworben haben, und Bewerber/innen mit verkürzter Stufenausbildung, die sich nachqualifizieren möchten (vgl. Ulrich & Krekel 2007). In den Schwierigkeiten dieser Gruppen zeigen sich Funktionsprobleme des dualen Systems der Berufsausbildung, die durch Strukturverbesserung bearbeitet werden sollen.

Bereits in den 1990er Jahren wurde deshalb der Vorschlag gemacht, durch Ausbildungsmodule, die als abgeschlossene Einheiten geprüft, zertifiziert und auf eine Berufsausbildung angerechnet werden können, den politischen Auftrag zur Reform der Berufsausbildung einzulösen. Der Vorschlag löste jedoch heftige Diskussionen und Kontroversen aus, weil er vermeintlich das duale System der Berufsausbildung prinzipiell in Frage stellte (vgl. Kloas 1997).

Vorbereitet durch ein vom Bundesministerium für Bildung und Forschung in Auftrag gegebenes Gutachten (vgl. Euler & Severing 2006) werden nun erstmals Bausteine bzw. Module in der Berufsausbildung erprobt. Diese Bausteine sollen zu einer besseren Verzahnung der Berufsausbildungsvorbereitung mit der sich anschließenden Berufsausbildung beitragen. Sie sollen den Übergang von der Schule in den Beruf dadurch erleichtern, dass sich die Anwärter/innen auf einen Ausbildungsplatz die über Ausbildungsbausteine erworbenen Vorqualifikationen in weiterführenden Berufsausbildungen anrechnen lassen. Den Altbewerber(inne)n sollen sie helfen, die Wartezeit zu verkürzen und den bereits in beruflichen Vollzeitschulen beruflich Qualifizierten den Weg in eine sich anschließende Ausbildung im dualen System ebnen. Zudem sollen sie als zusätzliche Maßnahme in der Benachteiligtenförderung (→ D, Berufspädagogische Hilfen) greifen (vgl. Dymel & Wittke 2010).

Aktuell befinden sich 103 Ausbildungsbausteine für zwölf Ausbildungsberufe in der Erprobung. Die Ausbildungsbausteine wurden vom Bundesinstitut für Berufsbildung für stark besetzte Berufe des dualen Systems entwickelt, für Chemikant/in, Elektroniker/in für Betriebstechnik, Fachkraft für Lagerlogistik, Fachverkäufer/in im Lebensmittelhandwerk, Industriemechaniker/in, Kraftfahrzeugmechatroniker/in, Maler- und Lackierer/in u. a. Für den Ausbildungsberuf Industriemechaniker/in wurden beispielsweise acht Bausteine entwickelt: „Bauteile manuell und mit einfachen maschinellen Fertigungsverfahren herstellen", „Fügen von Bauteilen zu Baugruppen", „Aufbauen, Erweitern, Prüfen und Überwachen automatisierter Systeme" u. a.

Entwickelt werden **Qualifizierungsbausteine und Ausbildungsbausteine** (vgl. Frank & Grunwald 2008). Die Qualifizierungsbausteine werden ausschließlich in der Berufsausbildungsvorbereitung eingesetzt und richten sich an lernbeeinträchtigte oder sozial benachteiligte Personen, deren Entwicklungsstand eine erfolgreiche Ausbildung in einem anerkannten Ausbildungsberuf noch nicht erwarten lässt. Ausbildungsbausteine führen dagegen im Prinzip zu einem Kammerabschluss, wenn alle Bausteine absolviert wurden, die zu einem vollständigen Berufsbild gehören (vgl. Grunwald 2008, S. 15). Hierfür ist allerdings Voraussetzung, dass die Inhalte der Bausteine eng an diejenigen des Übergangssystems und der anerkannten Berufsausbildungen herangeführt werden, bundeseinheitlich standardisiert und in verlässlicher und für die Betriebe transparenter Weise zertifiziert werden (vgl. Euler & Severing 2007, S. 47).

Die Diskussion um die Qualifizierungs- und Ausbildungsbausteine gründet in der Erkenntnis, dass das Berufsbildungssystem in vielen Bereichen reformiert und modernisiert werden muss. Ein weiterer Bereich für Reformen tut sich auf durch die **demografische Entwicklung**. Es wird erwartet, dass sich das zur Verfügung stehende Fachkräftepotential strukturell verändert. Der Altenquotient, das ist der Anteil der 50- bis über 65-jährigen Erwerbstätigen, der derzeit 32 von 100 Personen umfasst, wird im Jahr 2050 auf einen Wert von 60 oder 64 ansteigen (vgl. Bellmann & Leber 2007, S. 91). Dann liegt der Altenquotient bereits in 40 Jahren auf einem doppelt so hohen Niveau wie heute.

Eine Veränderung des Renteneintrittsalters in einem Ausmaß, das diesen zuvor beschriebenen Effekt aufheben könnte, ist jedoch nicht geplant. Auch die Zuwanderungsquote wird voraussichtlich kein Ausmaß annehmen, das die Folgen der demografischen Entwicklung für die Beschäftigungsstruktur wesentlich beeinflussen wird. Es muss also davon ausgegangen werden, dass einerseits bis zum Jahre 2050 mit einem Rückgang der Zahl der Beschäftigten von 50 Millionen auf ca. 36 bis 39 Millionen zu rechnen ist, andererseits der Altenteil in der Beschäftigungsstruktur sich nahezu verdoppeln wird (vgl. Statistisches Bundesamt 2006).

Die Frage, wie diese Herausforderung der (Re-)Integration der älteren Arbeitnehmer/innen über spezielle Qualifizierungsmaßnahmen, veränderte Organisationsstrukturen und besondere Mechanismen auf dem Beschäftigungsmarkt angenommen werden kann, wird aktuell diskutiert. Bisher ging es eher darum, Ältere aus dem Erwerbsleben zu entlassen mit der Begründung, dass sie den zukünftigen Anforderungen von Arbeit und Beruf nicht mehr gewachsen sind. Im Hintergrund dieser Diskussion stand ein Defizitmodell (vgl. Christ & Röhrig 2008, S. 48; Stöckl, Spevacek & Straka 2008, S. 92): Auf der Folie dieses Modells wurden älteren Arbeitnehmer(inne)n Defizite hinsichtlich Lernfähigkeit, Lernbereitschaft und Leistungsfähigkeit zugeschrieben. Da dieses Modell einer empirischen Überprüfung nicht standhalten konnte, wurde es mittlerweile ersetzt durch das so genannte Differenzmodell des Alters. In diesem Modell werden individuelle Unterschiede in der Leistungs- und Lernfähigkeit von Älteren mit intervenierenden Persönlichkeitsvariablen und sozialen Umgebungseinflüssen begründet (vgl. Naegele 1992; Stöckl, Spevacek & Straka 2008, S. 92). Leistungsunterschiede lassen sich also nicht allein auf Alterungsprozesse zurückführen, sie sind ebenso begründet in Veränderungen der Persönlichkeit im Alterungsprozess und in externen Faktoren, die Einfluss auf die berufliche Leistung älterer Menschen haben. Aus diesem Blickwinkel erscheinen Ältere als eine Humanressource, deren Qualitäten bisher noch nicht genügend in den Blick genommen und produktiv in Arbeit und Beruf genutzt wurden (vgl. Bohlinger 2009, S. 98). Klar ist jedenfalls, dass diese zunehmend größer werdende Gruppe älterer Arbeitnehmer/innen über höherwertige Schul- und Berufsabschlüsse verfügt, sich Tätigkeiten mit höherwertigen Anforderungen stellen kann und mit der Anwendung neuer Technologien vertraut ist (vgl. Puhlmann 2008, S. 13; Stöckl, Spevacek & Straka 2008, S. 91).

Für Betriebe stellt sich deshalb die Frage, wie eine gezielte Erhaltung und Entwicklung dieser Humanressource durch eine Entwicklung der Potentiale älterer Belegschaften mittels geeigneter vorausschauender Personalentwicklungsmaßnahmen erfolgen können (vgl. Puhlmann 2008, S. 20). Bei den Personalentwicklungsmaßnahmen lassen sich strukturelle und individuelle Maßnahmen unterscheiden. Personalentwicklungsmaßnahmen, die strukturell in Arbeitssituationen eingreifen, sind so ausgelegt, dass sie die Arbeitsfähigkeit der älteren

Arbeitnehmer/innen erhalten und zudem deren Entwicklungspotentiale und Lernmotivation positiv beeinflussen. Solche Maßnahmen sind Teil der Entwicklung einer Unternehmenskultur und beziehen sich auf Konzepte von Führung und Organisation des Unternehmens (vgl. Brammer, Seitz & Rump 2008, S. 33). Ein konkretes Beispiel hierfür ist das so genannte Alternsmanagement, ein generationenübergreifender Ansatz, der ältere und jüngere Arbeitnehmer/innen in veränderten Strukturen von Arbeit und Interaktion (Kommunikation und Kooperation) zusammenführt (vgl. Puhlmann 2008, S. 24). Konzepte des Alternsmanagement können ergänzt werden durch weitere Maßnahmen wie z. B. Gesundheitsschutz, altersgerechte Arbeitszeit- und Arbeitsplatzgestaltung, altersangemessene Gestaltung der Arbeitsorganisation sowie altersgerechte Qualifizierungskonzepte im Bereich der Weiterbildung (vgl. Bellmann & Leber 2007, S. 91; Puhlmann 2008, S. 19). Zu den individuellen Maßnahmen gehören Coaching, Mentoring und andere kooperative Lernpartnerschaften (vgl. Brammer, Seitz & Rump 2008).

Fazit: Unternehmen können es sich zukünftig nicht mehr leisten, auf das Wissen und die Erfahrung, auf die Lern- und Dialogfähigkeit ihrer älteren Mitarbeiter/innen zu verzichten (vgl. Schemme 2008, S. 6). Deshalb sind Überlegungen anzustellen, wie der Wissens- und Erfahrungstransfer zwischen älteren und jüngeren Beschäftigten gelingen kann (vgl. Zimmermann 2005, S. 26). Zu prüfen wären altersgemischte Arbeitsgruppen, Mentorenbeziehungen zwischen Berufsanfänger(inne)n und Älteren, zielgruppenbezogene Weiterbildungsangebote und individuelle Angebote der Gesundheitsförderung für ältere Menschen.

Eine ebenso wichtige und mit dem zuvor erläuterten demografischen Problem verknüpfte Entwicklungslinie stellt die Programmatik der **Berufsbildung für eine nachhaltige Entwicklung** dar. In der Berufsbildungsforschung gewinnen Fragen zur Befähigung und Motivation für ökologisch und sozial verantwortliches Handeln seit einigen Jahren deutlich an Relevanz, auch wenn ihnen im Gesamtspektrum der Forschungsaktivitäten noch eine randständige Bedeutung beigemessen wird (vgl. z. B. Fischer 2008). Ihre Wurzeln hat die Berufsbildung für eine nachhaltige Entwicklung in der beruflichen Umweltbildung, die ihren Anfang in den 1980er Jahren nahm und die ökonomischen und sozialen Herausforderungen mit dem Schutz der natürlichen und kulturellen Umwelt auch in die Berufsbildung trug (vgl. Müller & Wallacher 2005, S. 118). Der Ansatz der Umweltbildung sieht in der Bewältigung ökologischer Probleme ihren zentralen Ausgangspunkt, um dann nachfolgend erst soziale und ökonomische Ansprüche zu berücksichtigen. Deshalb werden die individuellen und gesellschaftlichen Umwelt- und Naturbeziehungen zum Drehpunkt bildungstheoretischer Überlegungen genommen (vgl. Kastrup 2008, S. 18).

Die Programmatik der Berufsbildung für eine nachhaltige Entwicklung hat jedoch eine anders akzentuierte Zielrichtung. Mit der Nachhaltigkeitsidee wird ein über die Umweltbildung hinausgehender Anspruch an die Berufsbildung herangetragen und verknüpft mit weiteren Leitideen einer Reform der beruflichen Bildung (vgl. Mertineit & Exner 2003, S. 18). Hinter dem Begriff der Nachhaltigkeit, der im Anschluss an die UN-Konferenz von 1992 in Rio de Janeiro geprägt wurde, steht die Vorstellung, dass die gegenwärtige Generation ihren Bedarf befriedigen soll, ohne künftige Generationen in ihrer Bedarfsbefriedigung zu beeinträchtigen. Nachhaltigkeit meint deshalb eine generationenübergreifende und globale Gerechtigkeit bei der Verteilung und Nutzung der Ressourcen, aber auch die intragenerationelle Gerechtigkeit zwischen Menschen und Völkern derselben Generation.

Ein weiteres Merkmal der Leitidee Nachhaltigkeit ist, dass ökonomische, ökologische und soziale Entwicklungen für die Sicherung der Lebensgrundlagen auf der Erde nicht voneinander zu trennen sind und deshalb auch nicht gegeneinander ausgespielt werden sollten. Die Leitidee der Nachhaltigkeit stellt insoweit auch eine Vision über ein neues Verständnis von Wirtschaften dar, in der wirtschaftliche Entwicklungen mit dem Schutz der natürlichen Umwelt und einer globalen Sicht auf soziale Gerechtigkeit *operational* verbunden werden. (vgl. Fischer 2000, S. 3 ff.). Ob und wie diese allgemeine Leitidee auf Wirtschaft, Arbeit und Beruf übertragen werden kann, ist jedoch bisher keineswegs schlüssig und konsensfähig dargestellt worden. Mit dem Blick auf das zentrale Ziel der Berufsbildung, die berufliche Handlungskompetenz zu befördern, können aber schon einige Hinweise auf mögliche Handlungsfelder gegeben werden (vgl. im Folgenden Schulz, Gessner & Kölle 2006, S. 62 ff.):

Nachhaltiges Wirtschaften im Handlungsfeld „Ökologie" meint zunächst den schonenden Umgang mit den in Produktion und Dienstleistung zu verbrauchenden natürlichen Ressourcen. Im Wesentlichen handelt es sich dabei um eine Minimierung des Flächenverbrauchs und um den sparsamen Verbrauch von Rohstoffen und Energie. Zugleich bedeutet Nachhaltiges Wirtschaften aber auch die Minimierung von Schadstoffeinträgen in die natürliche Umwelt. Derzeit stehen dabei besonders die Umweltbelastung durch CO^2-Einträge im Fokus, die kaum kalkulierbare Klimaveränderungen erzeugen, eine globale Bedrohung darstellen und besonders die Lebensgrundlagen der Menschen in den Entwicklungsländern der südlichen Welthalbkugel zerstören könnten.

Nachhaltiges Wirtschaften im ökologischen Handlungsfeld meint zudem die Herstellung von weitestgehend umweltverträglichen Produkten mit Verfahren, die geringstmögliche

Risiken für das natürliche und soziale Umfeld mit sich bringen. Dies schließt auch eine globale ökologische Verantwortung insbesondere gegenüber den Entwicklungs- und Schwellenländern ein, beispielsweise bei der Beschaffung von Rohstoffen und der Entsorgung von Produktionsabfällen.

Nachhaltiges Wirtschaften im Handlungsfeld „Soziale Verantwortung" betrifft die langfristige Bereitstellung von Ausbildungsplätzen und Arbeitsplätzen zur Sicherung des Erwerbseinkommens sowie der beruflichen Entwicklungsmöglichkeiten der Beschäftigten durch Lernen und Arbeiten in Wirtschaftsbetrieben. Die soziale Verantwortung zeigt sich besonders auch in der Art und Weise, wie Unternehmen mit Beschäftigen in besonderen „Problemlagen" umgehen: mit Behinderten, Leistungsschwächeren und sozial Benachteiligten, mit Migrant(inn)en, mit älteren Arbeitnehmer(inne)n und Frauen, die neben ihrer Erwerbsarbeit auch die Familienbetreuung zu übernehmen bereit sind.

Zur sozialen Verantwortung von Unternehmen zählt auch die Fürsorge für die Gesundheit der Beschäftigten, d. h. deren Schutz vor gesundheitlichen Schäden durch den Umgang mit Gefahrstoffen, vor Betriebsunfällen und Berufskrankheiten. Konkret drückt sich diese Verantwortung ebenso in der Gestaltung der Arbeitsumgebungen, der Arbeitsprozesse und Arbeitszeiten sowie der Arbeitsplätze nach ergonomischen Standards aus.

Ein weiterer Bereich für sozial verantwortliches Handeln im Unternehmen ist die Institutionalisierung von Möglichkeiten der Mitbestimmung und Mitgestaltung von Organisationsstrukturen, Organisationsabläufen und Arbeitsprozessen durch die Beschäftigten: Sie reichen von der freiwilligen Einrichtung und Verstärkung der Mitbestimmungsrechte von Betriebsräten und Jugend- und Auszubildendenvertretungen über die situative und problembezogene Verbesserung von Produktions- und Arbeitsprozessen und der Arbeitszufriedenheit durch Einrichtung von Qualitätszirkeln (→ LB, Konzepte des betrieblichen Lernens) und der Beteiligung der Auszubildenden an der Bewerber/innen-Auswahl. Beispielhaft zu nennen ist auch die einzelbetrieblich institutionalisierte Frauenförderung zur Gleichstellung in Karrieremöglichkeiten, Arbeitsqualität und Arbeitsentgelt sowie die Rücksichtnahme auf die kulturellen Bedürfnisse der ausländischen Mitarbeiter/innen.

Nachhaltiges Wirtschaften im Handlungsfeld „Ökonomie" ist zweifellos von besonderer Bedeutung für die Unternehmensführungen (vgl. Kastrup, Tenfelde & Tenfelde 2006). Dazu zählt beispielsweise, dass der Unternehmenserfolg nicht nur kurzfristig, sondern auch langfristig zu erhalten ist. Dies ist häufig dadurch möglich, dass Unternehmen neue Geschäftsfelder z. B. in der Umwelttechnik, der Erzeugung regenerativer Energien, der energiesparenden Gebäudesanierung u. a. entdecken und besetzen.

Besonders für kleine und mittlere Betriebe kann es ökonomisch vorteilhaft sein, wenn sie sich als nachhaltigkeitsorientiertes Unternehmen in der Region positionieren können. Damit können sie neue Geschäftsfelder erschließen und Kundengruppen mit zukunftsverträglichen Produkten und Dienstleistungen für sich gewinnen. Nachhaltige ökonomische Vorteile realisieren Unternehmen schließlich in der gesamten Wertschöpfungskette, indem sie dauerhafte Kooperationen eingehen und miteinander Netzwerke knüpfen. Dies bedeutet dann aber auch, dass sie ihre betrieblichen Geschäftsprozesse und Arbeitsabläufe überdenken und ggf. im Sinne einer nachhaltigen Erstellung ihrer wirtschaftlichen Leistungen aufeinander abstimmen müssen.

Mit Berufsbildung, die sich explizit auf die Beförderung einer nachhaltigen Entwicklung bezieht, wird also eine ganzheitliche Leitidee der Motivierung und Befähigung von Individuen zum verantwortlichen und zukunftsfähigen Mitgestalten in Beruf und Arbeit vorgelegt. Im Zentrum steht dabei die Beförderung von nachhaltigkeitsorientierten Kompetenzen (→ Z, Berufliche Handlungskompetenz) bei beruflich Handelnden, die sie bei der Gestaltung ihrer betrieblichen Tätigkeitsfelder einbringen können.

Als wichtiger Schrittgeber für die Umsetzung eines Programms zur Berufsbildung für eine nachhaltige Entwicklung erwies sich bisher das Bundesinstitut für Berufsbildung. Auch die Deutsche Bundesstiftung Umwelt (DBU) fördert in ihren Programmen zur Umweltbildung und zur Umweltkommunikation Forschungsvorhaben, die die Berufsbildung für eine nachhaltige Entwicklung prägen. Ähnlich verhält es sich auch mit den Fördermitteln, die aus unterschiedlichen Fonds der Bundesländer und der Europäischen Union für die Implementierung der Leitidee nachhaltigen Wirtschaftens eingesetzt werden. Wenngleich die Modellversuche und Projekte viel versprechende Materialien, Medien und Konzepte zur Gestaltung von Lehr-Lernumgebungen für nachhaltiges Wirtschaften hervorbrachten, ist in der Gesamtbetrachtung dieser Ergebnisse dennoch zu resümieren, dass dadurch noch keine theoretisch fundierten Modelle entstanden sind, die eine Umsetzung einer Berufsbildung für eine nachhaltige Entwicklung an den betrieblichen Lernorten hinreichend beschreiben.

So lassen sich mindestens vier Forschungsdesiderata benennen, die die Defizite einer theoretisch gehaltvollen Beschreibung von beruflichem Handeln und Lernen im Kontext von nachhaltigem Wirtschaften abbilden (vgl. Schlömer 2009, S. 6 ff.):

- Es ist ungeklärt, welches Verständnis von nachhaltigem Wirtschaften bzw. welche Beschreibungen von nachhaltig wirtschaftenden Unternehmen für eine Berufsbildung für eine nachhaltige Entwicklung heranzuziehen sind.

- Es liegen nur wenige Erkenntnisse dazu vor, welche Möglichkeiten bzw. Freiheitsgrade einzelne Mitarbeiter/innen-Gruppen in Betrieben haben, um die Leitidee von nachhaltigem Wirtschaften mitgestalten zu können (vgl. Kutt 2006, S. 35). Im Besonderen betrifft dieses Problem die mittleren Führungsebenen und die ausführenden Ebenen im Unternehmen.

- Es ist nicht geklärt, welche Lernangebote den Mitarbeiter/innen-Gruppen im betrieblichen Lernen bzw. auch im außerbetrieblichen Lernen unterbreitet werden könnten, um sie zur Mitgestaltung von Nachhaltigkeit in Arbeit und Beruf zu motivieren und zu befähigen. Auch hier wird deutlich, dass das mittlere Managementpersonal und vor allem die in operativen Ebenen vorzufindenden Mitarbeiter/innen-Gruppen bei der Gestaltung von Lehr-Lernprozessen vernachlässigt werden.

- In der Berufsbildungsforschung ist inzwischen eine Diskussion dazu initiiert, welche Kompetenzen für nachhaltiges Wirtschaften durch berufliche Aus- und Weiterbildung zu befördern sind und welche Kompetenzmodelle für eine Berufsbildung für eine nachhaltige Entwicklung anschlussfähig sind. Die Spanne der Kompetenzdiskussion reicht von konkreten ordnungspolitischen Forderungen, einen eigenständigen Nachhaltigkeitskompetenzansatz in den derzeit in Bearbeitung befindlichen Nationalen Qualifikationsrahmen einzugliedern (vgl. Stomporowski 2008), über Versuche, den allgemeinpädagogischen Ansatz der Gestaltungskompetenz als curriculare Orientierung für die berufliche Bildung zu begründen (vgl. Grothe & Overmann 2008; Wilbers 2006), bis hin zum Ausweis neuer Kernkompetenzen des beruflichen Handelns im Kontext von Nachhaltigkeitsfragen (vgl. Fischer, Hahne & Kutt 2004, S. 20 f.).

Literatur

Achtenhagen, F.; Nijhof, W. & Raffe, D. (1995). *Feasibility Study*. Brüssel: ECSC-EC-EAEC.

Arnold, R. & Tippelt, R. (1992). Forschungen in berufsbildenden Institutionen – Trendberichte über den Zeitraum 1970–1990. In K. Ingenkamp et al. (Hrsg.), *Empirische Pädagogik 1970-1990* (Bd. II, S. 369–405). Weinheim: Deutscher Studienverlag.

Baethge, M. (2005). Der europäische Berufsbildungsraum – Herausforderungen für die Berufsbildungsforschung. *SOFI-Mitteilungen*, 33, S. 131–137.

Beck, K. (2003). Forschungsergebnisse und Forschungsaufgaben im Bereich der kaufmännischen Berufsbildung. In F. Achtenhagen & E. G. John (Hrsg.), *Meilensteine der beruflichen Bildung* (Bd. 1, S. 71–81). Bielefeld: Bertelsmann.

Bellmann, L. & Leber, U. (2007). Kompetenzentwicklung Älterer im Betrieb. In P. Faulstich & M. Bayer (Hrsg.), *Weiterbildung statt Altersarmut* (S. 91–107). Hamburg: VSA.

Benner, H. (1982). *Ordnung der staatlich anerkannten Ausbildungsberufe*. Berlin: Bundesinstitut für Berufsbildung.

Bohlinger, S. (2009). Lebenslanges Lernen bei älteren Arbeitskräften: zwischen dem Erhalt der Beschäftigungsfähigkeit und der Förderung der Persönlichkeitsentwicklung. *Zeitschrift für Berufs- und Wirtschaftspädagogik*, 1, S. 92–116.

Brammer, G.; Seitz, C. & Rump, J. (2008). Jung und Alt in Unternehmen – Generationsübergeifender Wissens- und Erfahrungsaustausch. In D. Schemme (Hrsg.), *Qualifizierung, Personal- und Organisationsentwicklung mit älteren Mitarbeiterinnen und Mitarbeitern* (2. Aufl., S. 28–46). Bielefeld: Bertelsmann.

van Buer, J. & Nenniger, P. (1992). Lehr-Lern-Forschung: Traditioneller Unterricht. In K. Ingenkamp et al. (Hrsg.), *Empirische Pädagogik 1970-1990* (Bd. II, S. 407–470). Weinheim: Deutscher Studienverlag.

van Buer, J. & Kell, A. (2000). Wesentliche Ergebnisse des Projekts „Berichterstattung über Berufsbildungsforschung". In F.-J. Kaiser (Hrsg.), *Berufsbildung in Deutschland für das 21. Jahrhundert* (S. 47–73). Nürnberg: hrsg. v. IAB der Bundesanstalt für Arbeit.

Bundesministerium für Bildung und Forschung (2000). *Berufsbildungsbericht 2000*. Bonn.

Bundesinstitut für Berufsbildung (2006). *Forschungsprogramm des Bundesinstituts für Berufsbildung für das Jahr 2006*. URL: http://www.bibb.de/dokumente/pdf/a11_jaehrliches-forschungs programm_2006.pdf [22.02.2010].

Bundesinstitut für Berufsbildung (2007). *Jährliches Forschungsprogramm 2007*. URL: http://www.bibb.de/dokumente/pdf/a11_jaehrliches-forschungsprogramm_2007.pdf [22.02.2010].

Bundesinstitut für Berufsbildung (2008). *Jährliches Forschungsprogramm 2008*. URL: http://www.bibb.de/dokumente/pdf/a11_jaehrliches-forschungsprogramm_2008.pdf [22.02.2010].

Bundesinstitut für Berufsbildung (2009). *Jährliches Forschungsprogramm des Bundesinstituts für Berufsbildung 2009*. URL: http://www.bibb.de/dokumente/pdf/a11_jaehrliches-forschungsprogramm_2009.pdf [22.02.2010].

Bundesinstitut für Berufsbildung (2010). *Jährliches Forschungsprogramm des Bundesinstituts für Berufsbildung 2010.* URL: http://www.bibb.de/dokumente/pdf/jfp_2010.pdf [22.02.2010].

CEDEFOP (2009). *Jahresbericht 2008.* Luxemburg: Amt für amtliche Veröffentlichungen der Europäischen Gemeinschaften.

Christ, M. & Röhrig, R. (2008). Ältere in Unternehmen und Weiterbildung: Probleme und Lösungsperspektiven. In D. Schemme (Hrsg.), *Qualifizierung, Personal- und Organisationsentwicklung mit älteren Mitarbeiterinnen und Mitarbeitern* (2. Aufl., S. 47–62). Bielefeld: Bertelsmann.

Dauenhauer, E. (1997). *Berufsbildungspolitik* (4. Aufl.). Münchweiler: Walthari.

DFG-Senatskommission (1990). *Berufsbildungsforschung an den Hochschulen der Bundesrepublik Deutschland.* Weinheim: VCH, Acta Humanoria.

Dobischat, R. & Düsseldorff, K. (2002). Berufliche Bildung und Berufsbildungsforschung. In R. Tippelt (Hrsg.), *Handbuch Bildungsforschung* (S. 315–331). Opladen: Leske + Budrich.

Dubs, R. (2005). DFG-Schwerpunktprogramm „Lehr-Lern-Prozesse in der kaufmännischen Erstausbildung". In F. Rauner (Hrsg.), *Handbuch Berufsbildungsforschung* (S. 538–545). Bielefeld: Bertelsmann.

Dymel, R. & Wittke, A. (2010). Ausbildungsbausteine in der Benachteiligtenförderung. *Theorie und Praxis der Sozialen Arbeit,* 1, S. 29–35.

Euler, D. & Severing, E. (2006). *Flexible Ausbildungswege in der Berufsausbildung.* URL: www.bmbf.de/pub/studie_Flexible_Ausbildungswege_in_der_Berufsausbildung.pdf [10.07.2010].

Euler, D. & Severing, E. (2007). Ausbildungsbausteine in der Diskussion. *Berufsbildung in Wissenschaft und Praxis,* 5, S. 46–49.

Fischer, A. (2000). Bildung für eine nachhaltige Entwicklung im sozial- und wirtschaftswissenschaftlichen Unterricht. *sowi-onlinejournal,* 1, S. 1–11. URL: http://www.sowi-onlinejournal.de/nachhaltigkeit/einl.htm [14.07.2010].

Fischer, A. (2008). Buntes Spektrum der nachhaltigen Berufsbildungsforschung. In Bundesinstitut für Berufsbildung (Hrsg.), *Dokumentation 5. BiBB-Fachkongress 2007* (CD-Rom; 273-6.3). Bielefeld: Bertelsmann.

Fischer, A.; Hahne, K. & Kutt, K. (2004). Berufsbildung für eine nachhaltige Entwicklung. In J. Rützel et al. (Hrsg.), *BerufsBildung in der globalen NetzWerkGesellschaft* (S. 15–38). Bielefeld: Bertelsmann.

Frank, I. & Grunwald, J.-G. (2008). Ausbildungsbausteine – ein Beitrag zur Weiterentwicklung der dualen Berufsausbildung. *Berufsbildung in Wissenschaft und Praxis,* 4, S. 13–17.

Grothe, A. & Overmann, R. (2008). Zukunftsfähigkeit gestalten – Nachhaltigkeit in der Chemieausbildung. In Bundesinstitut für Berufsbildung (Hrsg.), *Dokumentation 5. BIBB-Fachkongress 2007* (CD-Rom; 273-6.3). Bielefeld: Bertelsmann.

Grunwald, J.-G. (2008). Neue Brücken in Ausbildung und Beruf? *Wirtschaft und Berufserziehung,* 12, S. 13–18.

Herkner, V. (2001). Zusatzqualifikation. *berufsbildung,* 68, S. 25.

Holz, H. (1998). *Ansätze und Beispiele der Lernortkooperation.* Bielefeld: Bertelsmann.

Kastrup, J. (2008). *Betriebliche Umweltbildung.* München: Hampp.

Kastrup, J.; Tenfelde, J. & Tenfelde, W. (2006). *Hinweise und Anregungen zur handwerklichen Aus- und Weiterbildung für nachhaltiges Wirtschaften mit dem Themenschwerpunkt „energieeffiziente Gebäudesanierung und Wärmedämmung"*. Forschungsbericht, Universität Hamburg. URL: http://www.niba-netz.de [27.04.2007].

Kath, F. (2005). Mehr Ausbildung durch verkürzte oder gestufte Ausbildungsberufe? *Berufsbildung in Wissenschaft und Praxis*, 3, S. 5–8.

Kloas, P. W. (1997). *Modularisierung in der beruflichen Bildung*. Bielefeld: Bertelsmann.

Klusmeyer, J. (2001). *Zur kommunikativen Praxis der Berufs- und Wirtschaftspädagogik in ihrem Fachschrifttum*. Oldenburg: bis.

Kutt, K. (2006). Berufsbildung für eine nachhaltige Entwicklung. In E. Tiemeyer & K. Wilbers (Hrsg.), *Berufliche Bildung für nachhaltiges Wirtschaften* (S. 33–53). Bielefeld: Bertelsmann.

Mertineit, K.-D. & Exner, V. (2003). *Berufsbildung für eine nachhaltige Entwicklung*. Köln: Deutscher Wirtschaftsdienst.

Müller, J. & Wallacher, J. (2005). *Entwicklungsgerechte Weltwirtschaft*. Stuttgart: Kohlhammer.

Münch, J. (2006). Berufsbildungspolitik. In R. Arnold & A. Lipsmeier (Hrsg.), *Handbuch Berufsbildung* (2. Aufl., S. 485–498). Wiesbaden: VS Verlag.

Naegele, G. (1992). *Zwischen Arbeit und Rente*. Augsburg: Maro.

Nationaler Pakt für Ausbildung und Fachkräftenachwuchs (2006). *Kriterienkatalog zur Ausbildungsreife*. Nürnberg: Bundesagentur für Arbeit.

Nickolaus, R. (2001). Empirische Befunde zur Didaktik der Berufsbildung. In B. Bonz (Hrsg.), *Didaktik der beruflichen Bildung* (S. 239–252). Baltmannsweiler: Schneider.

Oldenburgische IHK (2005). *Newsletter Ausbildung*, 1. URL: http://www.ihk-oldenburg.de/ausbildung_3040.php [24.02.2005].

Pahl, J.-P. & Herkner, V. (Hrsg.) (2001). *Zusätzliche Qualifizierungs- und Bildungsangebote* (Bd. 2). Seelze-Velber: Kallmeyer.

Pätzold, G. (1999). *Lernortkooperation – Stand und Perspektiven*. Bielefeld: Bertelsmann.

Puhlmann, A. (2008). Weiterbildung Älterer – ein Faktor gesellschaftlicher und betrieblicher Entwicklung. In D. Schemme (Hrsg.), *Qualifizierung, Personal- und Organisationsentwicklung mit älteren Mitarbeiterinnen und Mitarbeitern* (2. Aufl., S. 9–27). Bielefeld: Bertelsmann.

Rottmann, J. (2003). Flexibilisierung der Bildung für den Beruf. *Zeitschrift für Berufs- und Wirtschaftspädagogik*, 2, S. 251–266.

Schemme, D. (2008). Qualifizierung, Personal- und Organisationsentwicklung mit älteren Mitarbeiterinnen und Mitarbeitern. In D. Schemme (Hrsg.), *Qualifizierung, Personal- und Organisationsentwicklung mit älteren Mitarbeiterinnen und Mitarbeitern* (2. Aufl., S. 5–8). Bielefeld: Bertelsmann.

Schlömer, T. (2009). *Berufliches Handeln und Kompetenzen für nachhaltiges Wirtschaften*. München: Hampp.

Schulz, W. F.; Gessner, C. & Kölle, A. (2006). Nachhaltiges Wirtschaften in Unternehmen: Ein Überblick. In E. Tiemeyer & K. Wilbers (Hrsg.), *Berufliche Bildung für nachhaltiges Wirtschaften* (S. 57–71). Bielefeld: Bertelsmann.

Sellin, B. & Grollmann, P. (1999). Zum Stand der Europäischen Berufsbildungsforschung, ihren Funktionen und Problemen. *Europäische Zeitschrift für Berufsbildung*, 17, S. 73–79.

Statistisches Bundesamt (2006). *Bevölkerung Deutschlands bis 2050*. Wiesbaden.
Stöckl, M.; Spevacek, G. & Straka, G. A. (2008). Altersgerechte Didaktik. In D. Schemme (Hrsg.), *Qualifizierung, Personal- und Organisationsentwicklung mit älteren Mitarbeiterinnen und Mitarbeitern* (2. Aufl., S. 89–113). Bielefeld: Bertelsmann.
Stomporowski, S. (2008). Forschungsbedarfe, Entwicklungsaufgaben und Empfehlungen. In Forschungsverbund GiNE (Hrsg.), *Abschlussbericht des Forschungsprojektes „Globalität und Interkulturalität als integraler Bestandteil beruflicher Bildung für eine nachhaltige Entwicklung"* (S. 177–199). Hamburg: Universität Hamburg.
Straka, G. A. (2005). Lehr-Lern-Forschung. In F. Rauner (Hrsg.), *Handbuch Berufsbildungsforschung* (S. 390–396). Bielefeld: Bertelsmann.
Terhart, E. (1986). Der Stand der Lehr-Lern-Forschung. In D. Lenzen (Hrsg.), *Ziele und Inhalte der Erziehung und des Unterrichts* (S. 63–79). Stuttgart: Klett-Cotta.
Tiemeyer, E. & Wilbers, K. (Hrsg.) (2006). *Berufliche Bildung für nachhaltiges Wirtschaften*. Bielefeld: Bertelsmann.
Uhe, E. (1995). Abstimmung „vor Ort". *berufsbildung*, 32, S. 2.
Ulrich, J. G. & Krekel, E. M. (2007). Zur Situation der Altbewerber in Deutschland. *BIBB REPORT*, 1, S. 1–8.
Weinert, F. E. & Treiber, B. (1982). Einleitung. In B. Treiber & F. E. Weinert (Hrsg.), *Lehr-Lern-Forschung* (S. 7–11). München: Urban & Schwarzenberg.
Wilbers, K. (2006). Bildung für nachhaltiges Wirtschaften aus seiner curricularen Perspektive. In E. Tiemeyer & K. Wilbers (Hrsg.), *Berufliche Bildung für nachhaltiges Wirtschaften* (S. 387–414). Bielefeld: Bertelsmann.
Zimmermann, H. (2005). Kompetenzentwicklung durch Erfahrungstransfer. *Berufsbildung in Wissenschaft und Praxis*, 5, S. 26–30.

Strukturbegriff: Beruf, Wirtschaft, Pädagogik

Diagramm: Achteck mit den Eckpunkten:
- Rahmenbedingungen
- Beruf, Wirtschaft, Pädagogik
- Zielsetzungen
- Didaktik beruflichen Lernens und Lehrens
- Lernort Betrieb
- Lernort Schule
- Ausbildung der Lehrer/innen und der Ausbilder/innen
- Berufsbildungspolitik

1 Systemzusammenhänge

Immer wenn von Berufs- und Wirtschaftspädagogik die Rede ist, stoßen wir auch auf den Systembegriff: Beruf und Wirtschaft werden als Systeme bezeichnet. Pädagogisches Wissen wird System genannt und die Vermittlung dieses Wissens kann systematisch erfolgen. Die Berufsausbildung insgesamt wird als ein System beschrieben, in das ein besonderes duales System eingelagert ist. Viele weitere Beispiele ließen sich finden.

Es wird jedoch selten erläutert, was mit „System" oder „systematisch" eigentlich gemeint ist. Stattdessen wird durchweg unterstellt, dass sich mit der häufigen Verwendung des Begriffes auch schon ein vernünftiger Gebrauch einstellt. Diese Unterstellung mag berechtigt sein, wenn wir mit „System" lediglich einen Ordnungszusammenhang von Elementen und der Beziehungen dieser Elemente zueinander meinen. Dann nämlich können wir immer und überall Systeme „entdecken".

Wir werden aber mit Hilfe dieser allgemeinen Vorstellungen vom System als Ordnungszusammenhang kaum in der Lage sein, Unterscheidungen zu treffen: Wir können nicht zwischen einem technischen und einem sozialen System unterscheiden, also keine Klassen von Systemen beschreiben. Wir können nicht die Grenzen eines Systems angeben, also nicht entscheiden, was zu einem System und was zu seiner Umwelt gehört. Mit der nur vagen Vorstellung vom System als einem Ordnungszusammenhang können wir auch nicht erklären, wie und warum Systeme überhaupt entstehen, wie sie operieren und sich zueinander verhalten, unter welchen Bedingungen sie sich entwickeln oder auflösen, ob und gegebenenfalls wie in diese Systeme gestaltend eingegriffen werden kann usw.

Solange wir also nicht differenziert über Systeme sprechen können, bringt die Verwendung des Systembegriffs keinen Erkenntnisgewinn. Eine undifferenzierte sprachliche Verwendung des Systembegriffs ist wissenschaftlich sinnlos.

Da wir aber den Gegenstandsbereich einer Berufs- und Wirtschaftspädagogik im Zusammenwirken von den drei Systemen: Beruf, Wirtschaft und Pädagogik vorstellen und folglich den Systembegriff verwenden, müssen wir zuvor unser Verständnis von Systemen zumindest skizzieren. Genau genommen stellen wir Berufs- und Wirtschaftspädagogik als soziale Bereiche der Kooperation von drei Netzwerken sozialer Systeme vor (vgl. auch Kutscha 1990). Wir wollen aber vereinfachen und nur von Berufs- und Wirtschaftspädagogik als System reden.

In einem ersten Schritt werden wir deshalb erläutern, was wir unter „System", genauer unter einem „sozialen System", verstehen. In einem zweiten Schritt werden wir sodann Beruf, Wirtschaft und Pädagogik im Überschneidungsbereich gesellschaftlicher Bedeutungssysteme (Sinnsysteme) vorstellen.

Was verstehen wir unter einem sozialen System? Soziale Systeme bestehen aus Lebewesen. Sie werden erzeugt, indem diese Lebewesen durch Kommunizieren und Handeln ein Netzwerk von Interaktionen produzieren. Beruf, Wirtschaft und Pädagogik, so behaupten wir, sind unterscheidbare soziale Systeme. Alle Handlungen eines sozialen Systems werden sinnhaft miteinander verknüpft und zwar so, dass diese Handlungen an bisherige anschließen und zugleich an zukünftige angeschlossen werden können. Handlungen treten deshalb als „Sinnträger" auf und verweisen auf weitere Handlungen, denen wiederum Sinn zugeschrieben werden kann (vgl. Schmid 1987, S. 27 f.). Welche Handlungen als sinnvoll angeschlossen oder als nicht sinnvoll zurückgewiesen werden, wird über Kommunikation und soziale Festlegungen entschieden. Abbildung 14 zeigt Beispiele für Themen, die sinnvollerweise nur in bestimmten sozialen Bereichen verhandelt werden können.

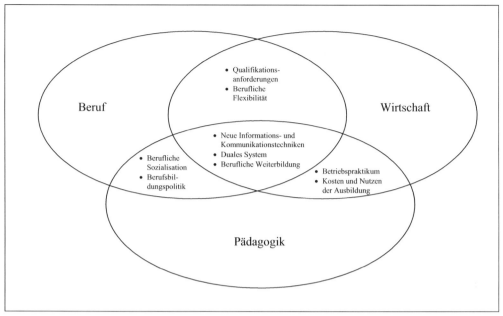

Abbildung 14:
Berufs- und Wirtschaftspädagogik im Überschneidungsbereich sozialer Bereiche systemischer Kommunikation und Handlung („Gegenstandsbereiche")

Ein erstes Beispiel: Räuberischer Erwerb ist gesellschaftliches Phänomen und Problem zugleich. Dennoch löst dieses Phänomen nur in bestimmten sozialen Systemen Kommunikation und Handlung aus. Für das System „Wirtschaft" ist dieses Phänomen irrelevant. Es ist nicht Gegenstand wirtschaftlichen Kommunizierens und Handelns, obwohl es eine beachtliche Wirtschaftskriminalität gibt. Gleiches gilt für das System „Beruf". Einen Beruf „Räuber" finden wir nicht im System der Berufe, obwohl es durchaus Menschen gibt, die mit dem räuberischen Erwerb „professionell" und dauerhaft ihren Lebensunterhalt bestreiten. Dagegen ist dieses Phänomen des räuberischen Erwerbs für das System „Pädagogik" – und natürlich auch für das Rechtssystem – sicherlich bedeutsam, weil mit erzieherischen Maßnahmen und Maßnahmen der Rechtsprechung und des Justizvollzugs schon auf Kinder und Jugendliche so eingewirkt wird, dass sich dieses Phänomen möglichst nicht einstellt.

Ein zweites Beispiel: Wissen über aktuelle Veränderungen der Sparquote ist für Wirtschaftstheoretiker/innen und -politiker/innen gleichermaßen von großer Bedeutung. Es ist nämlich wichtig für die Beschreibung, Erklärung und Gestaltung wirtschaftlicher Entwicklungen. Veränderungen der Sparquote sind aber kein Thema, das im Berufssystem oder im Erziehungssystem einen besonderen Stellenwert einnimmt.

Daneben lassen sich aber auch Phänomene und Beispiele benennen, die Kommunikation und Handlung in allen drei Systemen auslösen. So ist beispielsweise die Verbreitung neuer Informations- und Kommunikationstechnologien ein wichtiges Thema, das im Berufs-, Wirtschafts- und Erziehungssystem zugleich behandelt wird. Allerdings sind Kommunikation und Handlung, die dieses Thema in den drei Systemen auslöst, sehr verschieden. Für Unternehmer/innen sind diese neuen Technologien nur im Rahmen ökonomischer Nutzungskonzepte bedeutsam. Berufsforscher/innen interessieren dagegen die von einer massenhaften ökonomischen Nutzung zu erwartenden gesellschaftlichen Veränderungen in der Qualifikations- und Berufsstruktur, die Neupositionierung gesellschaftlicher Gruppen wie beispielsweise der berufstätigen Frauen usw. Und von pädagogischer Bedeutung könnte die Frage sein, inwieweit die Einrichtung von Heimarbeitsplätzen mit Hilfe der neuen Technologien vorzugsweise für Frauen wieder Kindererziehung zu Hause und in der Familie möglich macht.

Die Erfahrung, dass jedes System ein spezifisches Netzwerk von Interaktionen produziert, hat weitreichende Konsequenzen für die in diesen Systemen handelnden Menschen. Stellen wir uns einmal folgende Situation vor: Die Abteilungsleiter/innen eines Unternehmens diskutieren, warum es für das Unternehmen vorteilhaft sein könnte, Teile der Massendatenverarbeitung durch Lohnaufträge an Heimarbeiterinnen zu vergeben, und einer von ihnen begründet dieses Vorhaben mit dem Argument, dass damit Erziehungsaufgaben von Kindertagesstätten und Vorschulen wieder in die Familien zurückgebracht werden könnten. Die Reaktion der Kolleg(inn)en auf diese pädagogisch engagierte Mitarbeiter/innen lassen sich schon erahnen: Kopfschütteln, Unmutsäußerungen, Zurechtweisungen und eventuell auch Ausschluss aus der Diskussionsrunde.

Systeme wie Beruf, Wirtschaft und Pädagogik entstehen und erhalten sich also, indem sie Grenzen ziehen. Diese Grenzen trennen das System von seiner Umwelt. Alles was diesseits der Grenzen liegt, zählt zum System. Alles andere gehört zur Umwelt des Systems. Systemdifferenzierung entsteht also durch Systemgrenzen.

Die Beispiele zeigen aber auch an, wie diese Grenzen entstehen: Eine Systemdifferenzierung findet statt, wenn ein System eine Unterscheidung von System und Umwelt trifft, wenn alles, was für das System geschieht, daraufhin bewertet wird, ob und inwieweit damit für die Systemmitglieder bedeutungsvolle und aufeinander bezogene Kommunikation und Handlung erzeugt werden. Diese systemspezifische Bedeutung von Handlung und Kommunikation, die das System erzeugt, wird in der Sprache von Soziologen „Sinn" genannt.

Erst durch diesen Bezug auf den Sinn und durch gleichzeitiges Ausblenden sinnloser Kommunikation und Handlung differenzieren sich soziale Systeme. Indem sie fortwährend Kommunikation und Handlung bewerten, bilden sie ein Repertoire von Interaktionen aus, die unter den Systemmitgliedern als „angemessen" oder „sinnvoll" gelten. Dies ist gleichsam die Geschäftsgrundlage für alle Systemmitglieder (vgl. Hejl 1990, S. 319 ff.).

Auch Beruf, Wirtschaft und Pädagogik haben ein jeweils spezifisches Repertoire von Interaktionen ausgebildet. Wir können dieses Repertoire beschreiben, wenn wir Kommunikation und Handlung dieser Systeme in den sozialen Bereichen, in denen sie kooperieren, vergleichen und dann unterscheiden. Wir können dabei besonders das Bedeutungssystem von Beruf, Wirtschaft und Pädagogik in den Blick nehmen, um Systemgrenzen zu erkennen. Berufs- und Wirtschaftspädagogik wäre dann zu beschreiben im Überschneidungsbereich von drei Bedeutungssystemen (vgl. Abbildung 14). Die Systeme Beruf, Wirtschaft und Pädagogik erzeugen Kommunikation und Handlung mit Hilfe spezifischer Bedeutungen, mit denen sie sich zugleich voneinander abgrenzen. Gleichwohl bilden sie im Überschneidungsbereich Berufs- und Wirtschaftspädagogik ein eigenes System von Bedeutungen aus: „Wirtschaftlichkeit", „Berufliche Sozialisation", „Selbstbestimmung", „Berufliche Mobilität", „Persönlichkeitsentwicklung" u. a. Allein in diesem Bereich findet also sinnvolles berufs- und wirtschaftspädagogisches Handeln statt.

Zugleich wird aber auch die besondere Problematik einer Beschreibung von Berufs- und Wirtschaftspädagogik im Überschneidungsbereich von Beruf, Wirtschaft und Pädagogik deutlich: Einzelne Bedeutungen wie z. B. Wirtschaftlichkeit, berufliche Sozialisation und Selbstbestimmung liegen nur im Überschneidungsbereich von Bedeutungssystemen zweier sozialer Systeme, können deshalb sinnvolles Handeln nur aus berufspädagogischer oder wirtschaftspädagogischer Sicht begründen. Insgesamt markieren solche Bedeutungen Unterscheidungsmöglichkeiten zwischen Berufspädagogik und Wirtschaftspädagogik.

Zwar lassen sich auch Bedeutungen für alle drei Systeme ausweisen, beispielsweise „Persönlichkeitsentwicklung" und „Berufliche Mobilität". Dabei muss jedoch bedacht werden, dass diese, vom Standpunkt der jeweiligen Systeme betrachtet, durch ihre Verknüpfungen in deren spezifischen Bedeutungssystemen sehr unterschiedlich sind. Eine Namensgleichheit von Begriffen besagt noch nichts über deren Bedeutung aus. Diese kann erst in einer systemischen Betrachtung erkannt werden.

Es ist deshalb sozialtheoretisch geradezu naiv, schon dann von „Versöhnung" oder „Koinzidenz" sozialer Systeme zu reden, wenn einzelne Bedeutungen sprachlich gleich lautend verwendet werden. Vom System „Wirtschaft" aus betrachtet macht Persönlichkeitsentwicklung nur Sinn im Zusammenhang mit Wirtschaftlichkeit. Erst in diesem Zusammenhang erhalten beide ihre systemspezifische Bedeutung. Andere unterscheidbare systemspezifische Bedeutungen erhält Persönlichkeitsentwicklung deshalb aus beruflicher Sicht, wenn es mit beruflicher Sozialisation, und aus pädagogischer Sicht, wenn es mit Selbstbestimmung verknüpft wird. In der Verknüpfung entstehen dann streng genommen neue Qualitäten von Bedeutungen, die nicht mehr über einzelne Bedeutungen und auch nicht über deren Summe beschrieben werden können. Auch hier gilt der fundamentale Satz der Systemtheorie: Das Ganze ist mehr als die Summe seiner Teile!

Die Besonderheit einer Berufs- und Wirtschaftspädagogik im Überschneidungsbereich von Beruf, Wirtschaft und Pädagogik entsteht also dadurch, dass sie nicht als autonomer Bereich für pädagogisches Handeln gedacht werden kann. Die immer wieder diskutierte Frage, ob Berufs- und Wirtschaftspädagogik eine eigenständige Disziplin ist, erübrigt sich in dieser gedanklichen Konstruktion eines Überschneidungsbereichs von Beruf, Wirtschaft und Pädagogik.

Sinnvolles berufs- und wirtschaftspädagogisches Handeln und Kommunizieren kann sich nicht abgelöst von den Bedeutungssystemen Beruf, Wirtschaft und Pädagogik entfalten. Im zentralen sozialen Bereich der beruflichen Bildung beispielsweise interagieren Mitglieder aller drei Systeme. Dabei bewerten sie ihre Handlungen mit den spezifischen Bedeutungen, die für die sozialen Systeme gelten, denen sie sich zugehörig fühlen. So haben Lehrer/innen andere Vorstellungen von einer sinnvollen beruflichen Bildung als Ausbilder/innen und Ausbildungsleiter/innen, die Tarifpartner andere Erwartungen an die Berufsausbildung als die Kultusminister/innen. Jugendliche machen als Auszubildende andere Erfahrungen als in der Schüler/innen-Rolle und bewerten deshalb berufliche Bildung aus verschiedenen Perspektiven usw. Dass besonders in der beruflichen Bildung unterschiedliche Bedeutungssysteme ständig „ausgehandelt" werden müssen, ist sicherlich ein besonderes Problem der Berufs- und Wirtschaftspädagogik, das diese nicht einfach durch normatives Setzen von Bildungszielen aufheben könnte (→ Z, Problematik wissenschaftlicher Zielsetzungen). Dies lässt sich besonders gut am Beispiel der Entwicklung eines Deutschen Qualifikationsrahmens aufzeigen (→ R, Internationalisierung).

Obwohl am Europäischen und der sich anschließenden Entwicklung eines Deutschen Qualifikationsrahmens fast durchgängig ein großes Interesse besteht und die an der Umsetzung beteiligten Akteure und Akteurinnen eine grundsätzliche Übereinstimmung europäischer und nationaler Ziele betonten, haben eben diese Akteure und Akteurinnen dennoch Stellungnahmen sehr unterschiedlicher Lesart eingereicht (vgl. Hanf & Rein 2007). Es liegen vor: eine gemeinsame Stellungnahme des Bundesministeriums für Bildung und Forschung sowie der Kultusministerkonferenz, eine Stellungnahme des Hauptausschusses des Bundesinstituts für Berufsbildung, eine weitere Stellungnahme der Spitzenverbände der Deutschen Wirtschaft sowie eine Stellungnahme des Deutschen Gewerkschaftsbundes, darüber hinaus eine Stellungnahme der Gewerkschaft Erziehung und Wissenschaft, eine Stellungnahme der Konzertierten Aktion Weiterbildung e. V. u. a. Darin zeichnen sich deutlich erkennbar systemspezifische Rezeptionen des Europäischen Qualifikationsrahmens ab, die dann auch in entsprechenden Erwartungen und Forderungen an die Entwicklung eines Deutschen Qualifikationsrahmens ihren Niederschlag finden (vgl. Sloane 2008, S. 29 ff.).

In systemspezifischen Auslegungen dessen, was als systemrelevant oder systemirrelevant gelten soll, liegen immer erhebliche Risiken der Gestaltung und Reform der Berufsausbildung. Es scheint beispielsweise unstrittig zu sein, dass Berufsausbildung die Beschäftigung befördern soll. Dennoch bestehen Zweifel, ob dieser für die Berufsbildung grundlegende Zusammenhang zwischen Beruf und Wirtschaft überhaupt besteht. In der Vergangenheit konnte dieser Zusammenhang zwischen den verschiedenen Systemen nur in sehr begrenztem Maße nachgewiesen werden. Und in einer globalisierten Wirtschaft gilt erst recht, dass Berufsbildung per se nicht Beschäftigung schafft und dass Arbeitsangebote keineswegs immer auf solide und systematisch entwickelte Qualifikationen und Kompetenzen zugreifen (vgl. Arnold & Feder 2005).

Festgehalten werden kann: Soziale Systeme entstehen, indem

- Lebewesen soziale Netzwerke von Kommunikation und Handlung (Interaktion) bilden,
- Systeme Grenzen ziehen und damit unterscheiden, was zum System und zu seiner Umwelt gehört,
- Systeme Sinnkriterien für aufeinander bezogenes Kommunizieren und Handeln sozial festlegen und zu einem systemspezifischen Bedeutungssystem verknüpfen.

Schließlich lassen sich Grenzen (bzw. die Umwelt) von sozialen Systemen erkennen an:

- systemspezifischer Sprache, Kommunikation und Handlung, mit denen sich das System von anderen Systemen unterscheidet,
- Sanktionen (Ignorieren, Tadeln, Ausgrenzen), mit denen Systemmitgliedern angezeigt wird, dass sie dabei sind, das soziale System zu verlassen.

2 Beruf: Zwischen Individualisierung und sozialer Integration

Berufstätig zu sein, meint nicht nur, tätig zu werden, um damit den Lebensunterhalt bestreiten zu können und Pensionen und Rentenansprüche zu erwerben. „Beruf" steht auch für den persönlichen Sinn, für Interessen, Wertvorstellungen und Ziele, für Wissen und Fähigkeiten, die wir mit diesen Tätigkeiten verbinden. „Beruf" steht aber auch für die spezifische gesellschaftliche Wertschätzung, die Menschen als „Berufsträger/innen" erfahren und über die soziales Ansehen und gesellschaftliche Achtung verteilt werden. Berufe formen sich demnach zum einen aus den individuellen Vorstellungen von der Erwerbsarbeit und zum anderen aus gesellschaftlichen Festlegungen („Bündelungen") von Arbeitstätigkeiten zu typischen Mustern gesellschaftlicher Wertschätzung (Sozialprestige).

Im Berufsbegriff verschmelzen also zwei verschiedene Klassen von Bedeutungen zu einem System von Bedeutungen. Wann immer wir den Berufsbegriff geschichtlich vorfinden, finden wir auch diese beiden Bedeutungen von „Beruf" wieder.

Schon Martin Luther (1483–1546) benannte die zuvor genannten zwei Aspekte des Berufsbegriffs, den „inneren" Beruf (*vocatio spiritualis*) und den „äußeren" Beruf (*vocatio externa*). Mit dem „inneren" Beruf meinte Luther die geistige Berufung, sich als Christ in der Arbeit zu bewähren und Gott und dem Nächsten zu dienen. Der „äußere" Beruf bezeichnet bei Luther dagegen den weltlichen Stand. Nun war Luther aber kein Berufsforscher, sondern Theologe. Er betrachtete den Beruf vom Standpunkt der Theologie. Und in dieser Betrachtung machte er allerdings eine deutliche Unterscheidung: Nur das, was bedeutsam ist für die Bewährung als Christ und dem Dienst an Gott und dem Nächsten, rechnete er der Religion zu. Das war der „innere" Beruf. Den „äußeren" Beruf trennte er ab und verwies ihn in einen Bereich jenseits der Grenzen seiner Religion. Der „äußere" Beruf war für Luther reine Erwerbsarbeit und die war für Luthers theologisches System unbedeutend.

Der Schweizer Reformator Jean Calvin (1509–1564) zog wie Luther eine deutliche Grenze durch das Bedeutungsfeld von „Beruf". In Abgrenzung zur reinen „Erwerbsorientierung" – dem „äußeren" Beruf bei Luther – anerkannte er den Beruf nur insoweit, als dieser einen Beitrag auch zur religiösen Ethik leisten konnte, d. h. zur Verpflichtung zum Verzicht zugunsten Bedürftiger und zur gewissenhaften Verwendung der von Gott anvertrauten Güter. „Beruf" hatte also besonders in der theologischen Sichtweise von Calvin auch eine sozialethische Verpflichtung, die reine Erwerbsarbeit ausschloss. Erst im Spätcalvinismus und durch eine stärkere Orientierung an produktionskapitalistischen Idealen verloren die sozialethisch begründeten beruflichen Orientierungen an Bedeutung.

Das, was vom Religionssystem ausgegrenzt wurde, der „äußere" Beruf, hatte jedoch für das Wirtschaftssystem, speziell für die zünftisch organisierte Wirtschaftsordnung des Mittelalters, eine große Bedeutung und zwar in doppelter Hinsicht: Über Beruf und Berufsausbildung in den Zünften wurden die wirtschaftlichen Aktivitäten des damals noch bestimmenden Handwerks reguliert und zugleich die ständische Gesellschaftsordnung reproduziert und stabilisiert. Indem die Zünfte genau festlegten, wann ein Handwerksgeselle Meister werden konnte, ob und gegebenenfalls wo dieser Meister seinen Handwerksbetrieb errichten konnte, wie viele Gesellen er beschäftigen und wie viele Lehrlinge er ausbilden durfte, betrieben sie eine durchgreifende Marktregulierung. Es wurden immer nur so viele Handwerksbetriebe zugelassen und eingerichtet, wie diese auch imstande waren, den Lebensunterhalt des Meisters und seiner Familie zu sichern. Wer im Mittelalter in der Zunft lebte, erfuhr damit die dauerhafte – und das meinte damals: lebenslange – Sicherheit seiner beruflichen Tätigkeit („Berufstreue") und auch die lebenslange Sicherung der materiellen Versorgung durch Berufsarbeit.

Mit dem Leben in den Zünften zugleich verbunden war jedoch auch die Einordnung in eine soziale Hierarchie von Über- und Unterordnung im System der Ständegesellschaft: Den niedrigsten sozialen Status hatten noch die Lehrlinge. Davon bereits deutlich abgehoben waren die Gesellen und Gehilfen. Und darüber waren die Meister und selbstständigen Kaufleute sozial geschichtet. Über berufliche Bildung und Berufserfahrung wurden so soziale Wertschätzungen verteilt und soziale Hierarchien erzeugt und stabilisiert.

Mit der Industrialisierung begannen der Niedergang der mittelalterlichen Zünfte und damit auch der Niedergang der Ständegesellschaft. Mit dem endgültigen Zusammenbruch des zünftischen Wirtschaftssystems zu Beginn des 19. Jahrhunderts und der zuvor schon eingeleiteten Säkularisierung veränderte sich die Situation jedoch grundlegend. An die Stelle der religiösen Sinngebung von Beruf trat zunächst die neue ökonomische Sinngebung der Industrie. Für die Industrie war „Beruf" lediglich verkörperte Arbeitskraft. Und Arbeitskraft war Ware. Die Arbeitserziehung trat an die Stelle einer Berufserziehung in der Ständegesellschaft. Das hieß für die vielen Kinder in den Industrieschulen schlicht Vorbereitung auf repetitive Tätigkeiten in den entstehenden Manufakturen, insbesondere in der Textilbranche. Ausbildung zielte auf Verwertbarkeit von Arbeitskraft – und das möglichst früh und möglichst intensiv. Sechzehn- bis achtzehnstündige Arbeitstage auch für Kinder und Frauen waren die Regel. Für Karl Marx (1818–1883) und Friedrich Engels (1820–1895) war Berufsausbildung in den Industrieschulen schlichtweg die Vorbereitung von Kindern auf spätere Ausbeutung und Verelendung. Die Industrieschulen glichen Gewerbeunternehmen, die von Kindern betrieben wurden.

Die Bedeutung von „Beruf" für die gesellschaftliche Eingliederung in soziale Schichten, die mit dem Zunftwesen des Mittelalters entstand, verschwand und wurde durch eine ökonomisch orientierte Arbeitserziehung ersetzt. Diese übernahm auch die Funktion der gesellschaftlichen Integration, allerdings in einem systemspezifischen Sinn. Auch die Arbeitserziehung erfolgte nämlich nur in solchen Berufsfeldern, die bereits durch die Schichtzugehörigkeit der Eltern vorbestimmt war. Soziale Mobilität zwischen Berufen und Berufsfeldern und zwischen sozialen Schichten fand praktisch nicht statt. Besonders die soziale Schicht der Arbeiter – Marx und Engels nannten sie das Proletariat – reproduzierte sich immer wieder selbst. Industriesoziologische Untersuchungen konnten diese Reproduktion sozialer Schichten über den Beruf bis in die 1970er Jahre hinein immer wieder bestätigen. Berufsausbildung und Beruf bestimmten somit auch in der Industriegesellschaft die soziale Schichtung und legten die Möglichkeiten der Teilnahme am gesellschaftlichen Leben und dessen Mitgestaltung fest.

In neueren wie auch älteren Definitionen von „Beruf" sind diese Bedeutungen – die persönliche wie auch die gesellschaftliche – noch zu erkennen. Zwei Beispiele hierfür:

> „Wir verstehen heute unter Beruf die vom Zeitpunkt der geistigen Mündigkeit an lebenslänglich dauernde Einstellung eines Menschen auf spezialisierte Arbeit, auf eine Sonderleistung innerhalb der Wirtschaft und des Lebens seiner Nation, eine Spezialisierung seiner Tätigkeit, durch die er in der Auswirkung eigener Interessen und Kräfte zugleich die beglückende Vollendung seines persönlichen Wesens und die Sicherung eines inhaltsreichen, geachteten und materiell ausreichend entlohnten Daseins gewinnt" (Fischer 1930, S. 466).

> „Beruf ist eine historisch-gesellschaftliche Kategorie ... Für viele ist der Beruf der wichtigste Faktor sozialer Integration und Bildung. Begrifflich ist er doppelseitig bestimmt. Er ist nicht nur funktionsbezogen (Objektseite gesellschaftlicher Anforderungen und Strukturen), sondern auch ichbezogen (Subjektseite individueller Motive und Interessen)" (Hobbensiefken 2001, S. 73).

Auch wenn wir uns heute am Ausgang der Industrialisierung und im Übergang zu einer Wissensgesellschaft in einer globalisierten Welt befinden, haben Berufsausbildung und Beruf ihre Bedeutung für gesellschaftliche Integration und Teilhabe am gesellschaftlichen Leben behalten. Jedoch sind die Zusammenhänge zwischen Berufsausbildung, Berufstätigkeit und gesellschaftlicher Integration komplexer geworden. Heute müssen wir deutlich unterscheiden zwischen *Ausbildungs*beruf und *Erwerbs*beruf (vgl. Abbildung 15).

Ausbildungsberuf	Erwerbsberuf
• wird über das Berufsbild definiert	• bezeichnet die betrieblich festgelegten Arbeitsaufgaben und Tätigkeiten
• definiert zu vermittelnde individuelle berufsbezogene Fähigkeiten, Fertigkeiten und Erfahrungen	• definiert betriebliche Arbeitsverrichtung
• bestimmt maßgeblich den sozialen Status	• ist Voraussetzung für Erwerbseinkommen
• reguliert soziale Integration und Teilhabe an gesellschaftlicher Kommunikation und Handlung	• weist Positionen im Betrieb zu

Abbildung 15:
Ausbildungsberuf – Erwerbsberuf

Dieser Unterscheidung folgend, fallen die Beschreibungen von Beruf und seiner Bedeutung für Individualität und gesellschaftliche Integration in unsere Sozialsysteme sehr unterschiedlich aus, wie folgende Skizzen aufzeigen.

Trotz Arbeitslosigkeit, Lehrstellenknappheit und weitgehender Desillusionierung und Entmutigung von Jugendlichen hat „Beruf" im Sinne des Ausbildungsberufs eine persönliche Bedeutung behalten. „Beruf" steht immer noch für den Zusammenhang mit persönlichen Neigungen und Interessen, markiert individuelle berufliche Orientierungen, die weit über berufliche Tätigkeiten hinausreichen. „Beruf" bedeutet immer noch persönliche Ziel- und Wertorientierungen ebenso wie Berufsausbildungen auch Bildungs- und Entwicklungsmöglichkeiten vermitteln oder versperren und das persönliche soziale Umfeld beeinflussen.

„Beruf" verweist darüber hinaus auch heute noch auf den sozialen Status, die berufliche Stellung in einer gesellschaftlichen Hierarchie. Wenn wir jemanden bitten, sich uns oder anderen vorzustellen, nennt er zumeist seinen Namen, dann nennt er seinen Beruf. Menschen beschreiben sich und ihre gesellschaftliche Stellung fast automatisch über ihren Beruf. Von der erlangten Berufsposition hängt es wesentlich ab, mit wem der Einzelne zusammenkommt, wen er kennen lernt, mit wem er soziale Kontakte aufnehmen kann, aber auch, welche sozialen Rollen er in der beruflichen Öffentlichkeit übernehmen kann.

Der soziale Gesamtstatus des Einzelnen wird nach wie vor durch seinen Ausbildungsberuf und die damit zu erlangende berufliche Position bestimmt. Obwohl Berufe für die Leistungsfähigkeit der Wirtschaft von gleicher Bedeutung sein können, sind sie dennoch in der gesellschaftlichen Wertschätzung deutlich voneinander verschieden. Berufe entfernen Menschen voneinander, erzeugen soziale Distanz. Sie legen persönliches Ansehen und Sozialprestige fest. Über Berufe werden nach wie vor Chancen zur Selbstverwirklichung und zur aktiven Teilnahme am gesellschaftlichen Leben verteilt.

„Beruf" meint aber auch Berufstätigkeit. Mit „Beruf" wird dann eine Arbeitsaufgabe beschrieben, um die herum sich typische Verrichtungen gruppieren. „Beruf" bezeichnet dann die charakteristische Bündelung der auf eine Aufgabe bezogenen Verrichtungen. Arbeitsaufgaben in diesem Sinne sind deutlich zu unterscheiden von jenen, die ein Berufstätiger im Betrieb und an seinem Arbeitsplatz erledigt:

> „Mögliche Arbeitsleistungen müssen *arbeitsmarktfähig* sein, um eine 'freie' Wahl des Arbeitsplatzes und damit eine Mobilität zu ermöglichen. Sie können insofern nicht allein auf ein Unternehmen ausgerichtet sein, ..." (Sloane, Twardy & Buschfeld 2004, S. 38).

Mit einer berufsbezogenen Beschreibung der Arbeitsaufgabe werden auch Zweck und Ziel der im jeweiligen Beruf zu verrichtenden Tätigkeiten in einem Funktionsbild festgelegt. Es konnte in einer empirischen Berufsanalyse zum Funktionsbild des Kraftfahrzeug-Instandsetzers aufgezeigt werden, dass trotz einheitlicher Bezeichnung für einen Ausbildungsberuf sich die spätere Berufstätigkeit in diesem Beruf stark unterscheiden kann (vgl. Schanne 1988). Es lässt sich also nur sehr unzuverlässig von der Berufsausbildung auf die tatsächlich zu leistende Berufsarbeit schließen. In der Studie konnte weiterhin nachgewiesen werden, dass über den jeweiligen Erwerbsberuf als funktionale Seite des Berufs auch die tatsächlichen Chancen auf berufliche Weiterbildung, beruflichen Aufstieg, Arbeitseinkommen, Arbeitsplatzsicherheit und Arbeitsqualität unterschiedlich verteilt werden.

Neben der Berufsausbildung ist damit der Erwerbsberuf als weitere wichtige Determinante für soziale Wertschätzung, aber auch für gesellschaftliche Eingliederung in die Sozialsysteme getreten. Beruf hat also nach wie vor eine Bedeutung für die gesellschaftliche Integration. Allerdings sind die Mechanismen, über die eine soziale Stellung durch Berufsausbildung und Berufstätigkeit „zugewiesen" werden, komplexer geworden. Bekannt ist auch, dass dieser Mechanismus der sozialen Integration durch „Zuweisung" gesellschaftlicher Anerkennung und Wertschätzung über den Beruf an Bedeutung verloren hat und zunehmend weiter verliert. Die Jugendforschung konnte aufzeigen, wie sich die eigene Berufsbiographie stetig aus gesellschaftlichen Festlegungen löst und mehr in die Entscheidung und Verantwortung des Einzelnen gelegt wird. Sie wird zunehmend Teil einer individuellen, ganzheitlichen, aber auch riskanten Lebensplanung.

Ob deshalb „Beruf" und „Beruflichkeit" noch Bezugspunkte für sinnvolles Kommunizieren und Handeln von Berufs- und Wirtschaftspädagog(inn)en sein können, ist zumindest strittig. Kritiker/innen von „Beruflichkeit" als Leitidee einer Berufs- und Wirtschaftspädagogik verweisen auf die bereits genannten Prozesse einer Entkoppelung von Berufssystem und

Beschäftigungssystem. Sie stellen auch in Frage, ob die für Berufsbildung strategisch zentrale Qualifikationsgruppe der Facharbeiter/innen und Fachangestellten aktuell noch die Bedeutung hat, die sie in der Qualitätsproduktion der Leitbranchen von elektrotechnischer und chemischer Industrie sowie von Maschinen- und Fahrzeugbau bis in die 1970er Jahre des vorherigen Jahrhunderts noch hatte (vgl. Baethge 2007, S. 25). Damit stellen sie zugleich in Frage, dass das Produktions- und Sozialmodell des 20. Jahrhunderts auch weiterhin gültig ist. Dabei werden vielfältige Argumente gegen die Vorstellung von einer berufsförmig organisierten Facharbeit vorgetragen und in dem Vorwurf gebündelt, dass die tradierte Vorstellung von industrieller Produktion als Leitidee für die Gestaltung betrieblicher Wertschöpfungsprozesse kontraproduktiv sei, die flexible Anpassung an technische und ökonomische Veränderungen behindere, betrieblichen Innovationsprozessen im Wege stehe und schließlich auch den Berufsbiografien der jungen Menschen nicht mehr angemessen sei. Als Konsequenz wird gesehen, dass die auf dem Leitbild der Facharbeit basierende Berufsbildung als Leitbild für eine post-industrielle Gesellschaft ausgedient habe (vgl. Rauner 1999, S. 148). Von „Neuer Beruflichkeit" oder gar „Entberuflichung" ist die Rede (vgl. Kutscha 1992). Der Beruf wird sprachlich nur noch auf Tätigkeiten bezogen und nicht mehr auf Personen. Anstelle des Leitbildes vom Facharbeiter oder Fachangestellten wird der Arbeitskraftunternehmer zur Diskussion gestellt (vgl. Pongratz & Voß 2003, 2004; Voß & Pongratz 1998). Es wird die These vertreten, dass ein struktureller Wandel in der gesellschaftlichen Verfassung von Arbeitskraft vor sich geht. Die bisher vorherrschende Form des „verberuflichten Arbeitnehmers" wird in vielen Arbeitsbereichen abgelöst durch einen neuen strukturellen Typus, den „Arbeitskraftunternehmer". „Kennzeichen dieses Typus sind eine erweiterte Selbstkontrolle des Arbeitenden, der Zwang zur verstärkten Ökonomisierung der eigenen Arbeitsfähigkeiten und -leistungen und eine Verbetrieblichung der alltäglichen Lebensführung" (Voß & Pongratz 1998, S. 131).

Anstelle von „Beruf" wird also „Arbeit" für die Orientierung auf Qualifizierungsprozesse herangezogen. Standen „Beruf" und „Beruflichkeit" noch für gesellschaftliche und ökonomische Strukturen, stellt sich Arbeit in den Unternehmen aber als ordnungsfeindlich dar. Mit „Arbeit" ist der häufige Wechsel in der Organisation der Arbeit, aber auch der permanente Wechsel der Arbeitsinhalte verbunden. Diesen Wechseln folgen dann auch die Berufszyklen. Sie sind eher „*cross-functional*" als gradlinig: Die Beschäftigten lassen sich auf Zick-Zack-Laufbahnen und Job-Rotation (→ LB, Konzepte des betrieblichen Lernens) ein, arbeiten und qualifizieren sich in Projekten und Arbeitskreisen immer auf der Suche nach Arbeitsanreicherung durch anspruchsvolle Tätigkeiten. Statt fremd gesetzter und durchorganisierter Arbeitsanforderungen betreiben sie aktive Selbststeuerung, richten diese aber strategisch sowohl auf den Nutzen für das Unternehmen als auch auf eine selbstverantwortliche Reproduktion ihrer Arbeitskraft aus nach der Devise „Qualifiziere und verwerte dich!" (Lerch 2006, S. 4). In diesen Bildern moderner Erwerbsarbeit von Arbeitskraftunternehmer(inne)n scheint die Qualität beruflicher Bildung vom Wandel wertschöpfender Arbeit bestimmt zu sein.

Aus der Perspektive der Biografieforschung betrachtet wird in diesem Bild von „Beruf" eine Form der Erosion berufsförmig organisierter Arbeit sichtbar, in der Lebensläufe einem bunten Flickenteppich ähneln. In diesen Patchwork-Karrieren wechseln unselbstständige Erwerbsarbeit und selbstständige Arbeit, Arbeitslosigkeit und Weiterbildung in scheinbar kaum vorherzusehenden Folgen.

Die Perspektive ändert sich jedoch, wenn wieder die drängenden Probleme der Integration der jungen Menschen in die sozialen Systeme unserer Gesellschaft in den Blick genommen werden und dann nach dem möglichen Beitrag der beruflichen Bildung zur Bearbeitung dieser Probleme gefragt wird. Nehmen wir beispielsweise die zehn am stärksten von Frauen besetzten Ausbildungsberufe in den Blick, dann ist zu erkennen, dass es allesamt typische Frauenberufe sind: Kauffrau im Einzelhandel, Bürokauffrau, Verkäuferin, Friseurin, medizinische Fachangestellte und andere. Mit den von Männern am häufigsten gewählten Ausbildungsberufen gibt es jedoch kaum Überschneidungen. Die historisch gewachsene Aufteilung des Berufssystems in Männer- und Frauenberufe dauert also noch an (→ LS, Berufliches Schulwesen). Sie wird sogar noch durch zwei Tendenzen verstärkt.

Wie den Berufsbildungsberichten zu entnehmen ist, ist der Anteil von Frauen in gewerblich-technischen Berufen eher marginal. Der Trend geht für Frauen weiter zu den Dienstleistungsberufen. Zugleich werden die Pflegeberufe auch weiterhin Frauenberufe bleiben.

Unterstützt durch die Einstellungspraxis von Betrieben werden über die Segmentierung des Beschäftigungssystems auch unterschiedliche soziale Chancen verteilt. Die Benachteiligung von Frauen ist dadurch festgeschrieben, dass mit der Aufteilung des Berufssystems in Frauen- und Männerberufe zugleich auch den Frauen ein höheres Arbeitsplatzrisiko, ein geringeres Lebenseinkommen, bescheidenere berufliche Karrieren und Weiterbildungsmöglichkeiten zugemutet werden. Das ist aber mit der praktisch immer noch wirksamen geschlechtsspezifischen „Zuweisung" von Berufen tatsächlich der Fall.

Die Sicht auf Probleme der gesellschaftlichen Integration von Frauen verschärft sich noch, wenn die besondere Problemlage von Migrantinnen in den Blick genommen wird. Migrantinnen haben nicht nur die allgemeinen Benachteiligungen von Frauen in Kauf zu nehmen, sondern auch die besonderen von Ausländerkindern. Von den jungen Migrantinnen nimmt etwa ein Fünftel weniger eine Berufsausbildung im dualen System auf als vergleichbare deutsche weibliche Jugendliche. Die Benachteiligung erfahren sie bereits an der ersten Stufe des Auswahlverfahrens, wenn sie wegen negativer Zuschreibungen von Ausbildungsbetrieben gar nicht erst in die engere Wahl einbezogen werden. Inländische Bewerberinnen haben selbst dann noch einen Vorteil gegenüber jungen Migrantinnen, wenn sie vergleichsweise geringer vorqualifiziert sind (vgl. Paul-Kohlhoff 1994). Die Benachteiligung setzt sich an der nächsten Hürde fort. Im Einstellungstest und im Bewerbungsgespräch erwachsen ihnen Nachteile durch Wahrnehmungsstereotypen, Vorstellungen von Bildung und Qualifikation, Verfahrensweisen, Gespräch und Gesprächsführung, die allesamt kulturgeprägt und wohl nur für den mitteleuropäischen Kulturraum repräsentativ sind.

Die aktuelle Ausbildungssituation von Frauen zeichnet sich also nach wie vor durch ein enges Spektrum von Berufen und Berufswahlen für Mädchen und zudem durch ein Berufswahlverhalten aus, das Mädchen mehrheitlich in solche Berufe lenkt, die am unteren Ende der Berufshierarchie liegen. Die nach wie vor ungelöste Frage der Gleichstellung und Chancengleichheit von Mädchen und Frauen ist aber nur ein Beispiel für eine Sichtweise auf sinnvolles berufs- und wirtschaftspädagogisches Handeln und Kommunizieren, die nur über Reflexionen über individuelle und gesellschaftliche Bedeutungen von Beruf und Beruflichkeit entfaltet werden kann (vgl. auch Mayer 1996).

Wohl aus diesem Grunde scheint auch ein Grundkonsens zu bestehen, das Berufskonzept neu zu definieren, aber trotz der sozialen Verwerfungen am Berufsprinzip prinzipiell festhalten zu wollen bei gleichzeitiger Flexibilisierung der Aufstellung und Anpassung von Berufsbildern, Berufsbildungsplänen, Ausbildungsinhalten und Prüfungsanforderungen (vgl. Raddatz 2000, S. 23 f.) und der im Zuge der europäischen Integration erforderlichen Transformation der Berufsbildung (vgl. Kraus 2007). Ein Festhalten am Berufsprinzip bedeutet deshalb nach wie vor, Individualisierung der Berufsbildung und gesellschaftliche Integration in Einklang zu bringen.

3 Wirtschaft: Ökonomie und Politik beruflicher Bildung

Eine Berufs- und Wirtschaftspädagogik, die sich traditionell am Beruf orientiert, geht von der Leitidee „Beruflichkeit" aus. Das mag hinreichend sein für eine Berufspädagogik, die ihr Bedeutungssystem allein über den Berufsbegriff entfaltet. Für eine Berufs- und Wirtschaftspädagogik reicht das aber nicht. Dafür tritt als weiteres Bedeutungssystem das System „Wirtschaft" hinzu.

Besonders die Wirtschaftspädagogik hat sich nämlich nie als Wirtschaftsberufspädagogik oder gar als Wirtschaftsberufsschulpädagogik verstanden. Wirtschaftspädagogik kann durchaus auch die Konsumentenerziehung, die hauswirtschaftliche Erziehung und die Erziehung zum wirtschaftspolitisch mündigen Staatsbürger im Sinne einer ökonomischen Allgemeinbildung einschließen, für die sich allesamt keine direkten beruflichen Bezüge aufzeigen lassen.

Wir versuchen deshalb, dieses für eine Berufs- und Wirtschaftspädagogik ebenso wichtige System von Bedeutungen im Überschneidungsbereich von Berufs- und Wirtschaftspädagogik zu entfalten und zwar über einen Bereich, der sich ausdrücklich auch mit Bildung beschäftigt, aber dabei die für das Bedeutungssystem „Wirtschaft" ökonomische Perspektive nicht verlässt: die Bildungsökonomie.

Eine ökonomische Sichtweise auf Bildung besagt, dass das Gut „Bildung" ein knappes Gut ist. Knapp heißt, dass die Herstellung dieses Gutes bzw. dessen Beschaffung Ressourcen verbraucht und Kosten verursacht. Bei Knappheit ist aber Wettbewerb um dieses Gut unvermeidlich. Wird der Wettbewerb über den Preis ausgetragen, erfolgt die Allokation (Zuweisung, Zuordnung) über die Produktivität, d. h. das knappe Gut „Bildung" wird dort eingesetzt, wo es den größtmöglichen Ertrag an Produktionsgütern und Dienstleistungen einbringt. Für die Steuerung dieser Allokation müssen also Kriterien als Entscheidungshilfen für eine produktionsfördernde Investition in Humanvermögen bereitgestellt werden.

Bereits die Merkantilisten führten Mitte des 17. Jahrhunderts erste Versuche durch, das Humanvermögen zu berechnen. Sie gingen dabei von der Frage aus, wie durch wirtschaftliche Entwicklung die Staatsmacht gefestigt und erweitert werden kann. Dabei erkannten sie schon deutlich, dass wirtschaftliche Entwicklung eng mit einem Ausbau des Bildungswesens einhergehen muss. Sie forderten deshalb auch vom Staat, Ausbildungsstätten einzurichten und selbst Ausbildungsaufgaben zu übernehmen. Schließlich sollte nach merkantilistischer Vorstellung das ganze Unterrichtswesen wirtschaftlich ausgerichtet werden.

Diese noch recht allgemeinen Vorstellungen von Bildung als einem knappen Gut, das wirtschaftlichen Wohlstand befördern und Staatsmacht festigen hilft, wurden dann im 18. Jahrhundert von der klassischen Nationalökonomie beschrieben. Es war vor allem Adam Smith (1723–1790), der kapitaltheoretische Überlegungen zur wirtschaftlichen Bedeutung dieses knappen Gutes anstellte und formulierte (zitiert nach Immel 1994, S. 29):

> „Ein solcher Erwerb ist stets mit Kosten verbunden, da der Lebensunterhalt während der Ausbildung, dem Studium oder der Lehrzeit gesichert sein muß. Diese Ausgaben zählen zum Anlagevermögen, das unmittelbar in den Menschen investiert ist."

Smith betrachtete also die Umwandlung von Geld in Humanvermögen durch Ausbildung wie die Investition in eine Maschine. Nach Smith sollte deshalb Bildung auf eine Erhöhung der Arbeitsproduktivität gerichtet sein. Dabei unterstellte er folgenden Zusammenhang zwischen Investition in Ausbildung und Arbeitsproduktivität: Nur solche Investitionen in Ausbildung wurden von ihm als „produktiv" anerkannt, die materielle Werte schaffen. Da sich aber nicht alle Fähigkeiten direkt zur Herstellung von Gütern einsetzen lassen, unterschied er die vermeintlich unproduktiven von den produktiven. So trennte er sehr klar in seinem Begriff von „Arbeitsproduktivität" jegliche Form geistiger Arbeit als unproduktiv ab. Eine Unterscheidung, die uns heute sehr befremden mag. Unproduktive Arbeit verrichten im Sinne von Smith beispielsweise Geistliche, Rechtsanwälte und auch Lehrer. Investitionen in deren Ausbildungen enthalten nach seiner Meinung überwiegend konsumtive Anteile und Erträge aus geistiger Tätigkeit entsprächen niemals dem Aufwand für diese Tätigkeit.

Ähnlich wie geistige Arbeit als unproduktiv diskriminiert wurde, erging es der Wertschätzung der Bildung für die Frau (Smith, zitiert nach Immel 1994, S. 33):

> „Alles in ihrer Erziehung ist auf einen praktischen Zweck ausgerichtet. Sei es ihre natürliche Anmut zu vervollkommnen, sei es, sie zu Sittsamkeit, Bescheidenheit, Keuschheit und Sparsamkeit zu erziehen, mit dem Ziel, sie gleichermaßen darauf vorzubereiten, Hausfrau und Mutter zu werden und ihre Aufgabe als solche gut zu erfüllen."

Obwohl – oder gerade weil – Smith sich nachdrücklich für die Beförderung von Fähigkeiten zur Verbesserung der Arbeitsproduktivität durch Investitionen in Bildung einsetzte, schloss er Mädchen und Frauen aus seinen weiteren Überlegungen aus. Erkennbar sind hier die ökonomischen Wurzeln für die Diskriminierung von Frauen im Erwerbsleben. Die Arbeitsproduktivität von Frauen wird noch heute vergleichsweise gering eingeschätzt. Beispielsweise zählen Hausfrauen auch heute noch nicht als Produktionsfaktor. Sie tragen – statistisch betrachtet – nichts zur Wertschöpfung eines Volkes bei.

Unmittelbar an die Lehren von Adam Smith knüpfte vor allem Jean Baptiste Say (1767–1832) an, der dessen Lehren über Knappheit und Wettbewerb auch im Bildungsbereich präzisierte. Mit Say wurde die Investition in Ausbildung zu einer eigenen Kapitalform, zum Humankapital und zum Mittel für die Produktion. Später wurde sie neben Arbeit, Boden und Kapital zum vierten Produktionsfaktor. Diese, vor allem von ihren pädagogischen Kritikern als „funktionalistisch", „instrumentalistisch" oder „utilitaristisch" charakterisierte Sichtweise auf Bildung wurde etwa 30 Jahre nach Say von John Stuart Mill (1806–1873) nochmals präzisiert (zitiert nach Immel 1994, S. 45):

> „Der Mensch als solcher (…) gilt nicht als Vermögen; aber seine persönlichen Fähigkeiten, die nur als Mittel bestehen und durch Arbeit hervorgerufen sind, fallen meines Erachtens nach sehr wohl unter diesen Begriff … Ihr Wert zeigt sich in der Arbeit dann, wenn sie als Mittel in der Produktion eingesetzt werden".

Mit der Umdeutung des Humanvermögens in Produktionsmittel wurde eine Sichtweise vorbereitet, die schon 50 Jahre früher bei dem deutschen Ökonomen Heinrich von Thünen (1783–1850) angedeutet wurde: Als Produktionsmittel steht menschliche Arbeit aber in Konkurrenz zu anderen Produktionsfaktoren. Sie tritt über Alternativkosten mit anderen Produktionsfaktoren in eine Substitutionskonkurrenz ein.

Wie sehr diese ökonomische Sichtweise auf Bildung die Vorstellungen von Bildung als Kostenfaktor prägte, zeigt beispielsweise John Stuart Mill mit seinen Überlegungen zur Beförderung von Arbeitsfähigkeiten an: Zur Beförderung von Arbeitsfähigkeiten schlägt Mill als Aufgabe der Elementarschulen vor, die Körperkraft zu stärken, die Geschicklichkeit zu vermehren und Grundfertigkeiten im Lesen, Schreiben und Rechnen zu befördern. Naturwissenschaft und Mathematik seien zu fördern, um Geschäfte betreiben zu können. Der Verstand müsse geschärft werden zum Nachdenken darüber, was überall die Arbeit wirksamer mache. Selbst die moralische Bildung, eine für Mill sehr wichtige Kategorie der zu erbringenden Erziehungsleistungen, sah er im engen Zusammenhang zum volkswirtschaftlichen Nutzen. Wenn moralische Bildung die Zuverlässigkeit steigern hilft, so argumentiert Mill, wird weniger gesetzwidrig gehandelt. Die Administrationskosten für Polizei und Justiz würden dadurch gesenkt. Der Gesamtertrag der Arbeit als materielle Produktion steige. Mill beschrieb also schon sehr klar den Bildungsnutzen in niedrigeren Alternativkosten (vgl. Immel 1994, S. 48).

Die klassische Vorstellung von der Bedeutung der Bildung als knappem Gut (Humanvermögen), in das investiert wird, das Kosten verursacht und Erträge abwirft, das im Wettbewerb mit anderen Produktionsfaktoren steht, über Faktorpreise und mit Hilfe des Marktmechanismus reguliert wird, ist dann etwa 100 Jahre später konsequent zum Marktmodell der Berufsbildung ausgeformt worden. Es war vor allem Milton Friedman, der diesen Ansatz konsequent in einem doppelten Effizienzkriterium entfaltete:

- Die Leistungsfähigkeit von Bildungsleistungen und deren Produktion in Bildungsbetrieben sind nach ökonomischen Kriterien zu bewerten. Dieser Gesichtspunkt der internen Effizienz von Bildung wird vor allem im Bildungscontrolling verfolgt.

- Bildungs- und Beschäftigungssysteme sind über den Bildungsmarkt optimal abzustimmen. Diese Selbstregulierung von Qualifikationsangebot und Qualifikationsnachfrage auf einem Bildungsmarkt mache letztlich die teure und dennoch ineffiziente Bildungsplanung überflüssig (→ B, Abstimmung und Koordination).

Ökonomische Analysen des Bildungs- und Ausbildungssektors wurden schon immer in der Einsicht durchgeführt, dass Bildungsausgaben auch anders verwendet werden können. Bildungsökonomische Analysen können gesamtwirtschaftlich ansetzen als polit-ökonomische Analysen des Bildungs- und Ausbildungssektors. Erstrecken sie sich auf einzelne Bildungseinrichtungen und Bildungsmaßnahmen, dann sind sie als einzelwirtschaftliche Kosten- und Nutzenanalysen angelegt (→ R, Kosten und Nutzen). Immer dann, wenn die Problemsicht auf einen möglichst effektiven Einsatz auch der knappen Bildungsressourcen geschärft ist, werden sie wieder in die Diskussion eingebracht.

In gesamtwirtschaftlicher Sichtweise auf berufliche Bildung wird derzeit ein ordnungspolitisches Modell als Alternative zum dualen System diskutiert, das unverkennbar Züge der neoklassischen und neoliberalen Bildungsökonomie aufweist: das Marktmodell. In der Diskussion wird vor allem mit ökonomisch begründeten Argumenten für eine tiefgreifende ordnungspolitische Strukturreform in der beruflichen Bildung geworben (→ R, Rechtlich-institutionelle Grundlagen; → B, Entwicklungslinien):

- Ausgleich von Ausbildungsangebot und -nachfrage über den Marktmechanismus;

- Abstimmung der beruflichen Bildung auf langfristig zu erwartende Verwendungssituationen;

- Planung, Organisation und Bewertung von beruflicher Bildung durch Betriebe als Abnehmer;

- Finanzierung der Berufsbildung durch Abnehmerbetriebe nach bildungsökonomischen Gesichtspunkten;

- Konkurrenz von privaten und staatlichen Bildungsträgern (→ R, Finanzierung);

- Beschränkung des staatlichen Einflusses auf eine Beförderung von Wettbewerb und Verhinderung von Wettbewerbsbeschränkungen in der beruflichen Bildung.

Als probates Mittel für die Umsetzung dieser Reformideen gilt die neoliberale Strategie des Rückzugs des Staates aus dem Bildungssektor und die Privatisierung des bisher öffentlichen Bildungsgutes mit der Übertragung marktwirtschaftlicher Prinzipien und des *New Public Managements* (vgl. Reinisch 2009, S. 2). An die Stelle der *Coordinated Market Economies* rücken die *Liberal Market Economies* als Marktmodelle, in die Bildungsstrategien einzubetten sind (vgl. Hanf & Rein 2007, S. 136). An die Stelle von Beruflichkeit tritt Beschäftigungsfähigkeit als Kriterium gelingender Berufsbildung (vgl. Bohlinger 2007, S. 52). Konsequent wird deshalb auch unterschieden zwischen Betriebsorientierung und Berufsorientierung. Mobilitätsförderung, Wettbewerbsfähigkeit und Beschäftigungsfähigkeit haben aus diesem Grunde auch Vorrang vor einer Qualitätssicherung beruflicher Bildung (vgl. Bohlinger 2007, S. 53), deren Wert schließlich als Tauschwert der erworbenen Abschlüsse gehandelt wird (vgl. Friese & Frommberger 2009, S. 4).

Eine bildungsökonomische Diskussion über marktorientierte Alternativen zum dualen System wird noch dadurch befördert, dass das deutsche System der Berufsausbildung im Zuge der Europäisierung in die Konkurrenz zu anderen Systemen eintritt und damit selbst unter Legitimationsdruck gerät (→ R, Internationalisierung), seitdem klar ist, dass Bildungsinvestitionen über technischen Fortschritt, Wirtschaftswachstum und Konkurrenzfähigkeit auf internationalen Märkten mit entscheiden.

Ein einzelwirtschaftliches Gegenstück zur ordnungspolitischen Diskussion zeigt sich in einer Entwicklung, die mit dem Namen Outsourcing belegt wurde. Darunter ist die Verlagerung bzw. Ausgliederung von Wertschöpfungsaktivitäten eines Unternehmens auf Zulieferer gemeint. Da auch Ausbildung und Weiterbildung spezifische Beiträge zur betrieblichen Wertschöpfung leisten, können sie ebenso von Outsourcing betroffen sein. Outsourcing meint dann den Verzicht des Unternehmens auf die „Eigenproduktion" von Bildungsleistungen. Begründet wird dieser Verzicht zugunsten eines „Fremdbezugs" von Bildungsleistungen mit Wettbewerbsvorteilen. Diese Wettbewerbsvorteile können u. a. sein:

- Kostenentlastung durch Kostensenkung;

- Abbau von Ressourcenüberhängen durch effektiven Mitteleinsatz auch des professionalisierten Aus- und Weiterbildungspersonals (→ LA, Professionalisierung des Aus- und Weiterbildungspersonals);
- Kundenorientierung bei der Produktion von Bildungsleistungen;
- effektive Steuerung der Bildungsausgaben durch Bildungscontrolling;
- Risikostreuung durch ein marktorientiertes Leistungsangebot auch an externe Kunden.

Die ausgewählten Beispiele für eine ökonomische Sichtweise auf Bildungsziele, Bildungsergebnisse und die Gestaltung von betrieblichen Bildungsprozessen zeigen an, worum es dabei geht: „Es geht insgesamt darum, eine effektive und effiziente Einbindung von Qualifizierungsstrategien in Produktions- und Organisationsprozesse zu ermöglichen" (Peters 1998, S. 260). Dies zeigt sich darin, dass Wissen Erfolgsfaktor und bedeutender Treiber für Innovationen in Unternehmen ist und heute maßgeblich den Unternehmenswert bestimmt. Alle Aktivitäten, die in diese Richtung zielen, stellen die systematische Weiterentwicklung des Wissensstandes in den Mittelpunkt der strategischen Unternehmensentwicklung (vgl. Schüle 2002, S. 39). Diese Strategie wird als Wissensmanagement bezeichnet und als ein eigener Geschäftsprozess betrachtet (vgl. Abbildung 16).

In dieser Sichtweise wird deutlich, dass Wissen nicht als Bildungsgut betrachtet wird, sondern strategisch in die Unternehmensziele und Unternehmensstrategien eingebunden wird. Die Leitfragen lauten: Wie kann der Faktor Wissen dazu beitragen, die in der Unternehmensstrategie formulierten Ziele zu erreichen? Inwieweit konnten die im Wissensmanagement verfolgten Wissensziele auch tatsächlich erreicht werden? Welchen spezifischen Beitrag konnten sie zur Erreichung der Unternehmensziele leisten?

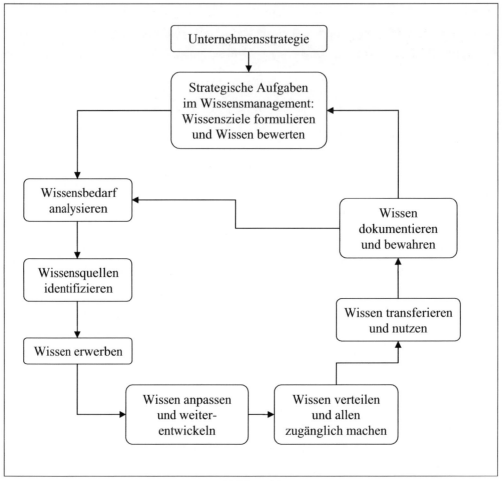

Abbildung 16:
Strategische Ziele und operative Aufgaben im Wissensmanagement (vgl. Schüle 2002, S. 43)

Die operativen Aufgaben des Wissensmanagement lassen sich noch differenzierter mit folgenden Leitfragen markieren:

- Welche Zielgruppen benötigen welches Wissen für die qualifizierte Aufgabenbearbeitung? Wo bestehen Wissenslücken, die ausgefüllt werden müssen? (Ermitteln von Wissensprofilen für Zielgruppen und Wissensbedarfe)

- Auf welche Informationsquellen kann das Unternehmen zugreifen? (Erschließen externer und unternehmensinterner Wissensquellen)

- Auf welchen Wegen ist Wissenserwerb möglich? (Eigenproduktion und/oder Kauf von fertigem Wissen als betriebswirtschaftliches Optimierungsproblem)

- Wie kann das erworbene Wissen an die Belange des Unternehmens angepasst und allen zur Verfügung gestellt werden? (Verwandlung des personengebundenen (impliziten) Wissens in verfügbares (explizites) Wissen)

- Wie kann das verfügbare Wissen so verteilt werden, wie es für die betrieblichen Tätigkeiten benötigt wird? (Verteilung von Wissen auf betriebliche Funktionsbereiche und Arbeitsplätze)

- Wie kann sichergestellt werden, dass Mitarbeiter/innen das bereitgestellte Wissen auch tatsächlich nutzen? (Sicherung von Akzeptanz und Transfer des vorgehaltenen Wissens)

- Wie kann Wissensverlusten vorgebeugt und Wissensaktualisierung betrieben werden? (Dokumentation des Wissens, Wissensanalyse und Wissensbewertung)

Die Leitfragen zeigen an, dass Wissensmanagement offenkundig auch auf die Zuarbeit der betrieblichen Aus- und Weiterbildung angewiesen ist. Dies betrifft vor allem den Wissenserwerb, die Wissensentwicklung, den Wissenstransfer/die Wissensnutzung und die Wissensverteilung. Hierbei handelt es sich um einen Kernbereich der betrieblichen Aus- und Weiterbildung, wenngleich sie nicht in diesem Bereich aufgeht. Offenkundig wird dadurch aber auch, dass betriebliche Aus- und Weiterbildung über das Wissensmanagement in die Geschäftsprozesse des Unternehmens einbezogen werden und ihr eine Richtung angegeben wird, in die sie sich zu entwickeln haben.

Hierfür leistet insbesondere das E-Learning (→ LS, Konzepte des schulischen Lernens) einen wichtigen Beitrag, weil es neben der Reduzierung der Aus- und Weiterbildungskosten (→ R, Kosten und Nutzen), der geringeren Reaktionszeiten betrieblicher Bildungsprozesse auf Marktveränderungen auch qualitativ hochwertige Arbeitsleistungen durch den schnellen und leicht verfügbaren Informations- und Erfahrungsaustausch sowie den Zugriff auf verfügbares Wissen im Unternehmen unterstützt (vgl. Euler 2002, S. 2). Mittlerweile stellt sich heraus, dass E-Learning außerdem ein beträchtlicher Ertragsfaktor ist: In der Form des Online-Lernens gestattet es

> „komplexere Lernszenarien und effiziente ... Interaktion und Kommunikation zwischen den Teilnehmern von Lernsituationen. Inhalte, die von Teilnehmern am Lernprozess selbst generiert werden, sind inzwischen ein wesentlicher Faktor der breiten Nutzung des Internet" (Klimsa & Issing 2009, S. 14).

Die zuvor skizzierten Entwicklungen zeigen vielleicht schon an, dass die Auseinandersetzung mit den angeschnittenen Fragen eine erweiterte Sichtweise auf berufliche Bildung erfordert. Es gilt zu bedenken, dass alle Entscheidungen über Bildungsaktivitäten im Unternehmen immer auch bildungsökonomisch begründete Entscheidungen sind. Die angeschnittenen Fragen können auch nicht mehr allein in einer berufspädagogischen Sprache geführt werden. Sie sind um eine wirtschaftspädagogische Sprache zu ergänzen.

Abschließend kann festgehalten werden: Von „Wirtschaft" zu sprechen und wirtschaftlich zu handeln macht dann Sinn, wenn damit gemeint ist:

- Bildung ist knappes Gut,
- Wettbewerb um Bildung als knappe Ressource (Produktionsfaktor),
- Investition in Humanvermögen (Umwandlung von Geld- in Humanvermögen),
- Diskriminierung durch Preise, Leistung (Produktivität), Kaufkraft (Geld) und Geschlecht,
- Substitutionskonkurrenz (Alternativkosten).

4 Pädagogik: Bildung und Beruf

Gegen eine rein ökonomische Sichtweise auf (berufliche) Bildung, die etwa die Frage nach Individualität und Selbstbestimmung des Menschen als geradezu philosophischen Ballast über Bord wirft, wendet sich ganz entschieden das neuhumanistische Bildungsideal, das insbesondere von Wilhelm von Humboldt (1767–1835) vertreten wurde.

Anders als die klassischen und neoliberalen Nationalökonomen, die das Verhältnis von Individuum und Gesellschaft von „außen nach innen" zu bestimmen versuchten und dabei nur ein sehr pauschales Bild vom freien Menschen zeichneten, entwarf der Neuhumanismus Humboldtscher Prägung ein Bildungsideal, in dem die Entfaltung der Persönlichkeit zum Ausgangspunkt und zur Bezugsgröße gemacht wurde. Bildung ist im Sinne Humboldts der Weg des Menschen zu sich selbst, zu dessen Bestimmung es also gehört, sich zu bilden. Wird dieses Ziel der Menschenbildung konsequent verfolgt, muss alles, was Erfahrungen auslösen kann und Forderungen an den Menschen heranträgt, daraufhin bewertet werden, was es zur Menschwerdung beiträgt. Das ist der „antropozentrische" Ansatz des Neuhumanismus Humboldtscher Prägung, in der die Welt nur Mittel zum Zweck der Menschwerdung und der Mensch das Maß aller Dinge ist.

Dieses Bildungsideal war deutlich gegen eine Halbierung des Menschen gerichtet, die auch im ökonomischen Denken und vor allem in der wirtschaftlichen Praxis der Nutzung und Verwertung als Arbeitskraft stattfand und sich dort im Bild vom *homo oeconomicus* ausdrückte. Dieser „zerstückelte" Mensch erschien den Neuhumanisten als ein Wesen, das entgegen seinem Entwicklungsauftrag gewaltsam vereinnahmt wurde.

Besonders Friedrich Schleiermacher (1768–1834) und Johann Friedrich Herbart (1776–1841) haben neben Humboldt „den Menschen" mit dem idealisierenden Maßstab der Humanität gemessen. Dennoch blendeten sie die Wirklichkeit nicht einfach aus. Sie vertraten die Ansicht, dass die Wirklichkeit sich nur als Medium zur Verfügung stellt, um die dem Menschen innewohnenden Kräfte freisetzen und Persönlichkeit bilden zu können. Die Wirklichkeit muss sich das Individuum im Prozess der Selbstbildung aneignen. Indem vor allem Humboldt den Prozess der Bildung gleichsam „von innen nach außen" konstruierte, warnte er zugleich auch davor, das „Innere" mit dem „Äußeren" zu vermischen, weil sonst die Gefahr bestünde, sich an die Welt zu verlieren.

Mit dieser kompromisslosen Trennung des „Inneren" vom „Äußeren" war dann auch die Formel gefunden, mit der für die Pädagogik weitreichende Konsequenzen gezogen wurden.

Die Redeweise vom „pädagogischen Schonraum", der abgeschirmt werden müsse von den vereinnahmenden Kräften des „Äußeren" und einzurichten sei für die behütende Entfaltung von Bildungsprozessen, verbreitete sich. Das Erziehungsverhältnis wurde auf die Beziehung des Erziehers zu seinem „Zögling" zurückgeführt, die „Welt" als unmittelbar bildungswirksam abgewiesen.

Die bedingungslose Überordnung des Inneren und die Abschottung der äußeren Welt, die wir heute als Wirtschaft, Technik, Beruf und Gesellschaft erfahren können, kennzeichnet die anthropozentrische Denkweise der neuhumanistischen Bildungstheorie. Sie hat eine bis in die heutige Zeit bedeutungsvolle Konsequenz für die berufliche Bildung, die (institutionelle) Trennung der Allgemeinbildung von einer Spezialbildung, und das hieß vor allem von der Berufsbildung. In dieser Zweigleisigkeit von Allgemeinbildung und Berufsbildung liegt das deutsche Bildungsschisma begründet (vgl. Baethge 2007, S. 24). Erst auf der Grundlage einer allgemeinen Menschenbildung – so lautete die zentrale neuhumanistische These – könne eine Berufsausbildung aufsetzen. Noch heute vertreten deshalb neuhumanistisch orientierte Bildungstheoretiker/innen, die sich auf Humboldt berufen, die Ansicht, dass jeder Versuch einer Umdeutung des Verhältnisses von Bildung – Allgemeinbildung – Berufsbildung im „Apädagogischen" enden müsse, d. h. dass damit die Sinngrenzen von Pädagogik überschritten und andere Bereiche des sozialen Handelns betreten werden.

Die neuhumanistische Bildungstheorie hat mehr als 150 Jahre lang über die Bedeutung von „Beruf" und „Berufsausbildung" entschieden. In dieser Phase der Entwicklung der klassischen Bildungstheorien mit der Idee einer allgemeinen Menschenbildung wurden die Grundlagen der neuzeitlichen Pädagogik geschaffen und Beruf und Berufsausbildung aus einer neuhumanistischen Perspektive bewertet. Die Bewertung kam von einer Pädagogik, die nur erkennen konnte, dass Beruf und Berufsausbildung im Zuge der Industrialisierung auf ökonomische Verwertung ausgerichtet waren. Insoweit war es auch konsequent, dass der beruflichen Bildung mit der Humanitätsidee ein Bildungsideal entgegenhalten wurde, mit dem sie sich auseinandersetzen musste.

Wie Herwig Blankertz in dieser Auseinandersetzung zu bedenken gab, ist der neuhumanistische Standpunkt als Reaktion auf die maßlose Übersteigerung des Nützlichkeitsdenkens bei den utilitaristisch orientierten Pädagogen des 18. Jahrhunderts zu verstehen, gleichsam als Kampfansage aus Sorge um den Verbleib des Menschen und dessen Individualität unter den Zumutungen ökonomischer Nützlichkeit und gesellschaftlicher Brauchbarkeit. Dem hielt Blankertz (1982, S. 306 f.) mit der „unbedingten Zwecksetzung" der Freigabe des

Menschen zur Mündigkeit und der Befreiung des Menschen aus unnötiger Herrschaft und zu sich selbst einen Bildungsbegriff entgegen, der auch für die berufliche Bildung gelten konnte. In diesem Sinne ist mit dem Bildungsbegriff von Blankertz der persönliche wie auch gesellschaftliche Anspruch auf humane Formen des Lebens und Zusammenlebens wieder diskutierbar geworden.

Während die Neuhumanisten noch streng zwischen Bildung und Berufsbildung unterschieden, wurde mit der klassischen Berufsbildungstheorie zu Beginn des 20. Jahrhunderts eine Gleichwertigkeit von beruflicher und allgemeiner Bildung betont. Als Antwort auf die neuhumanistische Abwertung der beruflichen Bildung begründet die klassische Berufsbildungstheorie eine Umkehrung des Verhältnisses von Allgemeinbildung und Berufsbildung. Sie verweist auf den bildenden Wert von Arbeit und Beruf und vertritt die Ansicht, dass erst über die Berufsbildung eine Allgemeinbildung gelingen kann (vgl. Schelten 2005, S. 127). So formulierte Georg Kerschensteiner 1904 (1966, S. 94): „Die Berufsbildung steht an der Pforte zur Menschenbildung". Für ihn ist Menschenbildung ohne Berufsbildung nicht denkbar. Der Beruf rückt damit in das didaktische Zentrum des Bildungswesens. Kerschensteiners Gedanken wurden danach von anderen Klassikern der Berufsbildungstheorie wie Eduard Spranger, Aloys Fischer und Theodor Litt weiterentwickelt.

Bildungspolitisch bedeutsam wurde dieses Gedankengut aber erst in den 1970er Jahren, als der Deutsche Bildungsrat (1970, S. 30) in seinem Strukturplan schrieb: „Auch wird es nicht länger zu rechtfertigen sein, einer allgemeinen eine nur berufliche Bildung gegenüberzustellen. Das Lernen soll den ganzen Menschen fördern." Diese Maximen wurden dann 1974 in der Bildungsempfehlung des Deutschen Bildungsrates „Zur Neuordnung der Sekundarstufe II. Konzept für eine Verbindung von allgemeinem und beruflichem Lernen" fortgeführt. Für die erzieherische Bedeutsamkeit noch wichtiger wurde das nordrhein-westfälische Kollegschulmodell, das die Integration von beruflichem und allgemeinem Lernen vorantrieb (vgl. Kollegstufe NW 1972) (→ LS, Berufliches Schulwesen).

In die Berufs- und Wirtschaftspädagogik erneut eingebracht wurde die pädagogische Anthropologie mit Entwürfen zur Programmatik der Vermittlung von Schlüsselqualifikationen (→ Z, Berufliche Handlungskompetenz). Hier war es besonders eine anthropologische Fundierung in Anlehnung an Heinrich Roth, mit der die Humanitätsidee im Bild des „reifen Menschen" weiterentwickelt wurde. In diesem Bild vom Menschen gilt es, Erziehung als Aufgabe zu erkennen,

> „die Befreiung des Menschen zum Ziel hat, ein Freiwerden der menschlichen Handlungsfähigkeiten in Richtung auf Freiheit und Mündigkeit zum Wohl des

Individuums und der Gesellschaft, wobei beide nur als frei und mündig gelten können, wenn mit der zunehmenden Freiheit eine Verantwortung einhergeht, die sich über zunehmende Sach-, Sozial- und Werteinsicht ... entfaltet" (Roth 1971, S. 596).

Auf dem Weg zum „reifen Menschen" beschreibt Roth (1971, S. 439) die entscheidenden Entwicklungsstufen also als

- Erlernen sacheinsichtigen Verhaltens und Handelns,
- Erlernen sozialeinsichtigen Verhaltens und Handelns und
- Erlernen werteinsichtigen Verhaltens und Handelns.

Wie schon die klassische Anthropologie geht auch Roth der Frage nach, wie der Mensch durch Erziehung zu sich selbst kommen kann. Seine Antwort verdichtet er zu der Einsicht, dass Erziehung helfen kann, die menschliche Lebensform der mündigen Handlungsfähigkeit zu erreichen, zugleich aber eigenverantwortliches Handeln auch an eine soziale, moralische und politische Verantwortung zu binden. Aus einer wirtschaftspädagogischen Perspektive hat sich besonders Ernst Wurdack mit der Frage einer humanistischen Begründung der Berufs- und Wirtschaftspädagogik befasst. Es war sein Anliegen, die von ihm vertretene wissenschaftliche Disziplin der Wirtschaftspädagogik anthropologisch zu begründen und dabei die ethischen Dimensionen wirtschaftsberuflichen Handelns besonders herauszuarbeiten (vgl. Huber & Merkl 2002, S. 157 ff.).

Dieses Anliegen könnte aber an der Unvereinbarkeit einer Annäherung ökonomischer und pädagogischer Ansprüche an Bildungsprozesse scheitern. Der Wirtschaftspädagoge Helmut Heid hat sich mit dieser These besonders intensiv befasst und die Frage aufgeworfen, welche These wir akzeptieren sollten: die Konvergenzthese oder die Divergenzthese (vgl. Harteis et al. 2001, S. 222 ff.). Zunächst verweist Heid (1999) auf eine Beobachtung, dass die „Orientierung am Menschen" durchaus mit den Betriebs- und Unternehmenszielen in Einklang stehen kann. Er macht aber ebenso deutlich, dass diese Orientierung am Menschen nur ein Mittel betrieblichen Produktivitäts- und Rentabilitätsstrebens sein kann. Dann wäre es aber auch verständlich, wenn sich vor allem Pädagog(inn)en in ungebrochener Tradition pädagogischen Denkens und Handelns von dem ökonomischen Verwertungsinteresse abkehren und sich stattdessen an den individuellen Bedürfnissen orientieren (vgl. Heid 1999, S. 236).

Gleichwohl ist aber nach Heid (1999, S. 243) auch anzuerkennen, dass „dort, wo betriebliche Humanisierungs- und Pädagogisierungsmaßnahmen „nur" Mittel betriebswirtschaftlicher Zweckbestimmung sind, die davon Betroffenen in vielfältiger und wesentlicher Weise profitieren". Er plädiert deshalb dafür, den pädagogischen Gesichtspunkt geltend zu machen mit dem Ziel, keine Regelung gesellschaftlicher und betrieblicher Arbeit zuzulassen, die mit ökonomischen und pädagogischen Beurteilungskriterien unvereinbar sind. Mit diesem Plädoyer markiert Heid ziemlich genau eine systemische Sichtweise der Wirtschaftspädagogik. Einerseits gilt es die systembedingte Differenz von Pädagogik und Ökonomie zu erkennen. Andererseits sollten sich Wirtschaftspädagog(inn)en bemühen, diese nicht aufhebbare Differenz im kritischen Diskurs und in reflektierter pädagogischer Praxis zu mildern im Interesse der jungen Menschen, die in beiden Systemen, dem Erziehungssystem und dem Wirtschaftssystem, leben und handeln.

Festgehalten werden kann: Von „Bildung und Erziehung" zu sprechen und pädagogisch zu handeln macht dann Sinn, wenn damit gemeint ist

- ein Eigenrecht des Menschen auf Selbstbestimmung,
- Individualität, Universalität und Totalität (Menschenbild),
- Umwelt als „Stoff" (Medium) für die Entfaltung von Individualität,
- Freisetzen menschlicher Handlungsmöglichkeiten in Richtung von Freiheit, Mündigkeit,
- Freiheit der Person in gesellschaftlicher Verantwortung.

Literatur

Arnold, R. & Feder, F. (2005). Berufsbildung in der Entwicklungszusammenarbeit. *Bildung und Erziehung*, 4, S. 433–447.

Baethge, M. (2007). Berufsbildung: Teil des Bildungssystems – nicht nur des Arbeitsmarktes. In J. U. Prager & C. Wieland (Hrsg.), *Duales Ausbildungssystem – Quo Vadis? Berufliche Bildung auf neuen Wegen* (S. 23–39). Gütersloh: Bertelsmann Stiftung.

Blankertz, H. (1982). *Die Geschichte der Pädagogik*. Wetzlar: Büchse der Pandora.

Bohlinger, S. (2007). Steuerung beruflicher Bildung durch Qualifikationsrahmen. *Zeitschrift für Berufs- und Wirtschaftspädagogik*, 1, S. 41–58.

Deutscher Bildungsrat (1970). *Empfehlungen der Bildungskommission* (2. Aufl.). Stuttgart: Klett.

Deutscher Bildungsrat (1974). *Zur Neuordnung der Sekundarstufe II*. Stuttgart: Klett.

Euler, D. (2002). From connectivity to community – Elektronische Medien als Katalysator einer Kultur des Selbstorganisierten Lernens im Team. *bwp@*, 2, S. 1–16.

Fischer, A. (1930). Entwicklung, Aufgabe und Aufbau der Berufserziehung. In H. Nohl & L. Pallat (Hrsg.), *Handbuch der Pädagogik* (Bd. III, S. 458–497). Langensalza: Beltz.

Friese, M. & Frommberger, D. (2009). Akkreditierung, Zertifizierung, Standardisierung. *berufsbildung*, 116/117, S. 4–7.

Hanf, G. & Rein, V. (2007). Europäischer und nationaler Qualifikationsrahmen – eine Herausforderung für die Berufsbildung in Deutschland. *Europäische Zeitschrift für Berufsbildung*, 42/43, S. 131–148.

Harteis, C. et al. (2001). Kernkompetenzen und ihre Interpretation zwischen ökonomischen und pädagogischen Ansprüchen. *Zeitschrift für Berufs- und Wirtschaftspädagogik*, 2, S. 222–246.

Heid, H. (1999). Über die Vereinbarkeit individueller Bildungsbedürfnisse und betrieblicher Qualifikationsanforderungen. *Zeitschrift für Pädagogik*, 1, S. 231–244.

Hejl, P. M. (1990). Konstruktion der sozialen Konstruktion. In S. J. Schmidt (Hrsg.), *Der Diskurs des Radikalen Konstruktivismus* (S. 303–339). Frankfurt: Suhrkamp.

Hobbensiefken, G. (2001). Beruf. In H. May (Hrsg.), *Lexikon der ökonomischen Bildung* (4. Aufl., S. 73–75). München: Oldenbourg.

Huber, A. & Merkl, G. (Hrsg.) (2002). *Ernst Wurdack: Wirtschaftspädagogische Theoriebildung und Didaktik der Wirtschaftswissenschaften: gesammelte Aufsätze 1968–1999*. Frankfurt am Main: Lang.

Immel, S. (1994). *Bildungsökonomische Ansätze von der klassischen Nationalökonomie bis zum Neoliberalismus*. Frankfurt am Main: Lang.

Kerschensteiner G. (1904/1966). Berufs- oder Allgemeinbildung? In G. Wehle (Hrsg.), *G. Kerschensteiner: Berufsbildung und Berufsschule* (Bd. 1, S. 89–104). Paderborn: Schöningh.

Klimsa, P. & Issing, L. (2009). Einführung. In L. Issing & P. Klimsa (Hrsg.), *Online-Lernen* (S. 13–15). München: Oldenbourg.

Kollegstufe NW (1972). *Strukturförderung im Bildungswesen des Landes Nordrhein-Westfalen*. Ratingen: Henn.

Kraus, K. (2007). Die „berufliche Orientierung" im Spannungsfeld von nationaler Tradition und europäischer Integration. *Zeitschrift für Pädagogik*, 3, S. 382–398.

Kutscha, G. (1990). Öffentlichkeit, Systematisierung, Selektivität – Zur Scheinautonomie des Berufsbildungssystems. In K. Harney & G. Pätzold (Hrsg.), *Arbeit und Ausbildung, Wissenschaft und Politik* (S. 289–304). Frankfurt: G.A.F.B.

Kutscha G. (1992). „Entberuflichung" und „Neue Beruflichkeit". *Zeitschrift für Berufs- und Wirtschaftspädagogik*, 4, S. 536–548.

Lerch, S. (2006). Ausbildung, quo vadis? *bwp@*, 11, S. 1–11.

Mayer, C. (1996). Zur Kategorie „Beruf" in der Bildungsgeschichte von Frauen im 18. und 19. Jh. In E. Gumpler & E. Kleinau (Hrsg.), *Pädagogische Berufe für Frauen – gestern und heute* (Bd. 1, S. 12–35) Bad Heilbrunn: Klinkhardt.

Paul-Kohlhoff, A. (1994). Lebenswelten, Ansprüche und Interessen von Jugendlichen heute. In J. Rützel (Hrsg.), *Gesellschaftlicher Wandel und Gewerbelehrerausbildung* (S. 213–219). Alsbach: Leuchtturm.

Peters, S. (1998). Dezentralisierung, Vernetzung und Outsourcing – erfordert dies neue Denkmodelle für die Qualifizierung und Beteiligung in der beruflichen Bildung. *Wirtschaft und Erziehung*, 7/8, S. 257–263.

Pongratz, H. J. & Voß, G. G. (2003). *Arbeitskraftunternehmer – Erwerbsorientierung in entgrenzten Arbeitsformen*. Berlin: edition sigma.

Pongratz, H. J. & Voß, G. G. (Hrsg.) (2004). *Typisch Arbeitskraftunternehmer?* Berlin: edition sigma.

Raddatz, R. (2000). Das Berufskonzept – Maß aller Ausbildungsordnungen? *Wirtschaft und Berufserziehung*, 11, S. 19–25.

Rauner, F. (1999). Zukunft der Facharbeit (Teil 1). *Die berufsbildende Schule*, 51, S. 148–154.

Reinisch, H. (2009). Bildungsreform und der Glauben an die Segnungen freier Märkte. *berufsbildung*, 116/117, S. 2–3.

Roth, H. (1971). *Pädagogische Anthropologie* (Bd. 1 und 2). Hannover: Schroedel.

Schelten, A. (2005). Berufsbildung ist Allgemeinbildung – Allgemeinbildung ist Berufsbildung. *Die Berufsbildende Schule*, 6, S. 127–128.

Schmid, M. (1987). Autopoiesis und soziales System: Eine Standortbestimmung. In H. Haferkamp & M. Schmid (Hrsg.), *Sinn, Kommunikation und soziale Differenzierung* (S. 25–50). Frankfurt am Main: Suhrkamp.

Schüle, H. (2002). E-Learning – wichtiger Baustein im strategischen Wissensmanagement. In H.-C. Riekhoff & H. Schüle (Hrsg.), *E-Learning in der Praxis* (S. 37–54). Wiesbaden: Gabler.

Sloane, P. F. E.; Twardy, M. & Buschfeld, D. (2004). *Einführung in die Wirtschaftspädagogik* (2. Aufl.). Paderborn: Eusl.

Sloane, P. F. E. (2008). *Zu den Grundlagen eines Deutschen Qualifikationsrahmens (DQR)*. Bonn: hrsg. v. Bundesinstitut für Berufsbildung.

Voß, G. G. & Pongratz, H. J. (1998). Der Arbeitskraftunternehmer. *Kölner Zeitschrift für Soziologie und Sozialpsychologie*, 1, S. 131–158.

**Strukturbegriff:
Zielsetzungen**

- Rahmenbedingungen
- Berufsbildungspolitik
- Beruf, Wirtschaft, Pädagogik
- Ausbildung der Lehrer/innen und der Ausbilder/innen
- **Zielsetzungen**
- Lernort Schule
- Lernort Betrieb
- Didaktik beruflichen Lernens und Lehrens

1 Problematik wissenschaftlicher Zielsetzungen

Ziele und Zielsetzungen in der beruflichen Bildung sind sicherlich notwendig. Aber welchen Sinn macht es, sich wissenschaftlich damit zu beschäftigen? Eine scheinbar klare und einfache Antwort findet sich in folgender Feststellung von Bunk (1982, S. 21):

> „Berufserziehung als Praxis ist ein komplexes Geschehen ... mit jeweils besonderen Zielen. Die Aufstellung dieser Ziele kann nicht Gegenstand der Wissenschaft sein, weil hier die intersubjektive Überprüfbarkeit fehlt ... Wer pädagogische Ziele und Normen setzt, muß diese begründen und rechtfertigen ... Wirken Wissenschaftler bei Zielfindungen und Zielsetzungen mit, so tun sie dies in ihrer Rolle als Politiker".

Das Setzen von Zielen beruflicher Bildung fällt hiernach nicht in den Aufgabenbereich einer Berufs- und Wirtschaftspädagogik. Ziele beruflicher Bildung werden ihr vielmehr vorgegeben. Wenn sie sich dennoch damit befasst, muss sie sich auf einige Aspekte dieses Problemfeldes beschränken. Sie kann vorfindliche Ziele der beruflichen Bildung beschreiben und zu systematisieren versuchen, z. B. um sich zu vergewissern, woran sie sich als Wissenschaft orientieren muss oder zumindest orientieren sollte. Sie kann mit Hilfe wissenschaftlicher Methoden Zusammenhänge von Zielsetzungen beruflicher Bildung deutlich machen: Wer verfolgt vergleichbare, wer konkurrierende Ziele der beruflichen Bildung? Berufs- und Wirtschaftspädagogik als Wissenschaft kann Ziele darüber hinaus logisch und empirisch auf Widersprüche untersuchen. Sie kann Ansprüche beruflicher Bildung auf deren Realisierbarkeit hin überprüfen und praktische Folgewirkungen von Zielen aufzeigen.

Ein anderer Zugang zur Frage der Zielsetzung entsteht dadurch, dass konkret danach gefragt wird, wer aus den Ergebnissen wissenschaftlicher Betätigung einen Nutzen ziehen soll: Wer soll beispielsweise aus der Lehrer/innen-Bildung einen Nutzen ziehen? Sicherlich sind es in erster Linie die angehenden Lehrer/innen, die damit auf ihren Beruf vorbereitet werden. Wird aber auch der Nutzen, den Schüler/innen, das Schulsystem, die Gesellschaft aus der Lehrer/innen-Bildung ziehen können, mitbedacht? Werden diese Ziele auch in der Wirtschaftsdidaktik genauer in den Blick genommen? (vgl. Euler & Hahn 2004, S. 13 ff.). – Nicht erst die unerfreulichen Ergebnisse der PISA-Studien lassen Zweifel daran aufkommen, dass der bisherige Horizont der Zielreflexion so weit reicht!

Eine Beschränkung der wissenschaftlichen Auseinandersetzung mit Zielen und Zielsetzungen auf diese Aspekte des Problemfeldes markiert die Position des Kritischen Rationalismus. Der Kritische Rationalismus ist ein wissenschaftliches Selbstverständnis, das sich in den 1970er Jahren stark verbreitete und in dieser Zeit auch für die Berufs- und Wirtschaftspädagogik sehr bedeutsam wurde. Diesem Selbstverständnis liegt die Erkenntnis zugrunde, dass Zielsetzungen letztlich immer auf Wertentscheidungen beruhen, die Werte selbst aber grundsätzlich nicht objektiv überprüfbar sind. Ziele beruflicher Bildung können deshalb nicht „gut an sich" sein. Sie sind es immer nur für konkrete Menschen oder Gruppen von Menschen in bestimmten Zeiten und im Hinblick auf bestimmte Ereignisse oder Folgen menschlichen Handelns.

Wird dieser Wissenschaftsauffassung gefolgt, wäre das Thema „Zielsetzungen der beruflichen Bildung" tatsächlich wissenschaftlich uninteressant, es sei denn, die Wissenschaftler/innen schlüpfen in die Rolle der Politiker/innen. Aber genau hier liegt ein Problem, auf das uns Vertreter/innen eines anderen wissenschaftlichen Selbstverständnisses, Vertreter/innen des so genannten Konstruktivismus, aufmerksam gemacht haben.

Zwei Kernaussagen, auch Aphorismen genannt, kennzeichnen das wissenschaftliche Selbstverständnis des Konstruktivismus (Maturana & Varela 1990, S. 32):

„Jedes Tun ist Erkennen, und jedes Erkennen ist Tun."

„Alles Gesagte ist von jemandem gesagt."

Der erste Satz „Jedes Tun ist Erkennen, und jedes Erkennen ist Tun" besagt, dass Erkennen und Tun in einem zirkulären Zusammenhang stehen. Dieser zirkuläre Zusammenhang beschreibt also eine operationale Einheit von Erkennen und Tun. Wenn wir unter Tun gemeinhin eine zielorientierte Handlung verstehen, dann ist auch Erkennen notwendigerweise zielorientiert, sonst würde sich die operationale Einheit von Erkennen und Tun auflösen. Und wie die biologische Gehirnforschung eindrucksvoll nachweisen konnte, ist ein Tun ohne Zielorientierung – biologisch und neurophysiologisch betrachtet – tatsächlich nicht vorstellbar (vgl. von Foerster 1985, S. 25 ff.). Es muss daher wohl akzeptiert werden, dass auch dann, wenn über Berufs- und Wirtschaftspädagogik geforscht wird, dieses nicht nur zur Erkenntnisgewinnung beiträgt, sondern immer schon zielorientiert auf Handeln ausgelegt ist. Zielsetzungen und zielorientiertes Handeln einerseits und Erkenntnisgewinnung andererseits gehören also untrennbar zusammen. Sie bilden in jedem Menschen eine operationale Einheit. Egal, ob sich jemand als Wissenschaftler betätigt oder in die Rolle des Politikers schlüpft, die operationale Einheit wird nicht aufgelöst, es sei denn, er hört auf, als Mensch zu existieren. Wer folglich vom Wissenschaftler verlangt, auf Zielsetzungen zu verzichten, fordert von ihm streng genommen, wie ein nicht biologisches Konstrukt zu operieren, nämlich die Einheit von Denken und Handeln aufzugeben. Dies schaffen aber weder Wissenschaftler/innen noch Politiker/innen.

Der zweite Satz „Alles Gesagte ist von jemandem gesagt" bedeutet Folgendes: Auch eine Wissenschaftlerin, die Untersuchungen über Ziele und Zielsetzungen durchführt und ihre Untersuchungsergebnisse beschreibt, vermag diese Beschreibungen nur im Rahmen ihrer eigenen kognitiven und sprachlichen Möglichkeiten anzufertigen. Immer bleiben wissenschaftliche Erkenntnisse letztlich an ihre persönlichen Möglichkeiten gebunden, sie zu generieren, sprachlich zu fassen und zu kommunizieren. Außerhalb dieser subjektiven Möglichkeiten von Sprache und Kommunikation zu „objektiven" Erkenntnissen zu gelangen, ist erkenntnistheoretisch und empirisch nicht zu begründen. Mit jeder wissenschaftlichen Erkenntnis beschreibt sich eine Wissenschaftlerin deshalb letztlich selbst. Auch dieser Satz begründet noch einmal, dass Ziele und Zielsetzungen untrennbar von der Person zu sehen sind, die diese kognitiven Prozesse von Erkennen und Tun generiert.

2 Vergesellschaftung und soziale Integration

Jedes gesellschaftliche Teilsystem liefert Beiträge zur Stabilisierung und Weiterentwicklung der Gesellschaft insgesamt: So koordiniert das Politiksystem die verschiedenen Interessen der Gesellschaftsmitglieder und ihrer Gruppierungen, das Rechtssystem formuliert Rahmenbedingungen als Gesetze und Verordnungen und kontrolliert gesellschaftliches Handeln durch die Rechtsprechung. Das Erziehungssystem übernimmt Aufgaben der Erziehung und Bildung, das Wirtschaftssystem die Sicherung der materiellen Voraussetzungen für unser Leben in der Gesellschaft und das Berufssystem die Aufgabe der Vergesellschaftung von Individuen und deren soziale Integration (→ BWP, Systemzusammenhänge).

In der berufspädagogischen Diskussion wird deshalb immer wieder gefordert, dass berufliche Bildung nicht nur für den Arbeitsmarkt zu qualifizieren habe, sondern einen Überschuss an Qualifikationen für private und außerbetriebliche Aufgaben zu erzeugen habe. Im nationalen Bildungsbericht (2006) des Konsortiums Bildungsberichterstattung wird dieser Anspruch als „individuelle Regulationsfähigkeit" und „Förderung von sozialer Teilhabe und Chancengleichheit" sehr pointiert vorgetragen (zit. nach Euler 2008, S. 165). Dieser Überschuss an Qualifikationen kann dann als Mitbestimmung und Mitgestaltung von sozialen Systemen in die Gesellschaft eingebracht werden (vgl. Lukesch & Peetz 2001). Berufliche Bildung soll demnach aus dieser Sicht auch Prozesse der Vergesellschaftung und sozialen Integration unterstützen (vgl. Lempert 2002) (→ BWP, Beruf). Heute bedeutet dies, dass berufliche Bildung die Jugendlichen stützen soll, wenn sie ihren schwierigen und wenig trittfesten Weg über das so genannte Übergangssystem zwischen allgemeinbildender Schule und Berufsausbildung in unsere „Risikogesellschaft" suchen (Beck 1986) (→ B, Entwicklungslinien).

„Risikogesellschaft" ist zu einem Schlagwort geworden, mit dem wir unsere postindustrielle Gesellschaftsformation bezeichnen, die sich deutlich von der Klassengesellschaft der Nachkriegszeit unterscheidet. Waren in der industriellen Klassengesellschaft Schulbildung und Berufswahl noch weitgehend durch die Zugehörigkeit zu einer sozialen Schicht bestimmt, sind in der heutigen Risikogesellschaft die Zugänge zu Schul- und Berufsbildung für alle sozialen Schichten offener geworden. Aber sie sind auch riskanter geworden. Die auf Schulbildung und Berufswahl aufsetzende Erwerbsarbeit ist in ihrer Funktion für die materielle Sicherung des Einkommens, für eine sinngebende Lebensplanung und als ordnende Struktur des alltäglichen Lebens ins Wanken geraten (vgl. Lerch 2008, S. 611). Beschäftigungsfähigkeit scheint Berufsfähigkeit allmählich zu verdrängen. Der Auszubildende als „*Ausbildung*skraftunternehmer" (Lerch 2008, S. 612) scheint den späteren „*Arbeits*kraftunternehmer" (Voß 2001), der seine Arbeitskraft eigenverantwortlich zu entwickeln und zu vermarkten weiß, vorzubereiten (→ BWP, Beruf).

Niemand kann heute mehr sagen, dass eine höhere Schulbildung dauerhaft das Einkommen sichert. Niemand vermag heute sicher anzugeben, wie viele und welche Berufsausbildungen für künftige Jobs noch gebraucht werden und wie viele Jobs in Zukunft überhaupt noch angeboten werden. Gleichwohl haben Jugendliche heute diese Unsicherheiten in ihren Lebensentwürfen zu berücksichtigen und in riskanten Entscheidungen über ihren Lebensweg zu bearbeiten.

Traditionelle Zielsetzungen der beruflichen Bildung, die trotz der erkennbaren Tendenzen vom Ende des Berufs als strukturbildendes Prinzip für Arbeit und Gesellschaft dennoch von einer nach wie vor gültigen Funktion der sozialen Integration und gesellschaftlichen Differenzierung ausgehen, können wie folgt markiert und erläutert werden:

- Vorbereiten auf die Eingliederung in die „Risikogesellschaft" und Mitgestalten von Sozialsystemen und des sozialen Zusammenlebens,
- dauerhafte Sicherung eines Einkommens, um erwachsen werden zu können,
- Sicherung der (horizontalen) beruflichen Mobilität durch berufs- und berufsfeldübergreifende Qualifikationen und Kompetenzen,
- Sicherung des sozialen Aufstiegs (bzw. Verhinderung des sozialen Abstiegs) durch lebenslanges Lernen,
- Beförderung von Akzeptanz, Toleranz und Verständigung zwischen Menschen mit anderen Wertesystemen und aus anderen Kultur- und Sozialsystemen,
- soziale Integration von Randgruppen,
- soziale Integration von Frauen.

Um überhaupt erwachsen handeln zu können, müssen junge Menschen über eigenes Einkommen verfügen. Sie müssen den gesellschaftlich angeforderten häufigeren Berufswechsel bewältigen. Dies erfordert berufliche Mobilität, die über den Erwerb von berufs- und berufsfeldübergreifenden Qualifikationen und Kompetenzen zu sichern ist. Junge Menschen sollen aber auch die beträchtlich verbesserten gesellschaftlichen Chancen zum sozialen Aufstieg, die nicht mehr allein schon durch die Schichtzugehörigkeit der Eltern verteilt sind, nutzen. Diese Sicherung des sozialen Aufstiegs bzw. der Vermeidung des sozialen Abstiegs erfordert Bereitschaft und Fähigkeit zum lebenslangen Lernen.

Junge Menschen sollen zudem erkennen, dass die Risikogesellschaft nur erhalten und weiterentwickelt werden kann, wenn akzeptiert wird, dass wir in einer multikulturellen Gesellschaft leben, in der die verschiedensten Wert- und Kultursysteme aufeinander treffen und zu gesamtgesellschaftlichem Handeln verknüpft werden müssen. Jugendliche sollen nicht nur wissen, dass soziale Ausgrenzung von Randgruppen und Benachteiligung von Frauen in einer „Zweidrittelgesellschaft" letztlich das Ende dieser Gesellschaft und damit auch ihrer eigenen spezifischen Chancen für Entwicklung ist (→ LS, Berufliches Schulwesen; → BWP, Beruf). Sie sollen sich auch mit den Möglichkeiten beruflichen Handelns gegen jede soziale Ausgrenzung solidarisch zur Wehr setzen können.

3 Funktionalität und berufliche Tüchtigkeit

Die Ziele „Funktionalität und berufliche Tüchtigkeit" weisen auf eine Dominanz beruflicher Bildung durch privatwirtschaftlich organisierte Ausbildungsbetriebe hin (→ BWP, Wirtschaft). Diese Dominanz ist in der beruflichen Ausbildung besonders durch die Ankoppelung der beruflichen Schulen an betriebliche Qualifizierungsprozesse befördert worden, mit der eine anforderungsgerechte Qualifizierung für Arbeitsplätze und betriebliche Produktion und Dienstleistung gesichert werden soll. Funktionalität und berufliche Tüchtigkeit sind primär ökonomisch begründbare Ziele.

Durch technologische und ökonomische Entwicklungen und damit einhergehender arbeitsorganisatorischer Veränderungen haben sich auch bestimmte Vorstellungen von beruflicher Tüchtigkeit eingestellt. Eine größtmögliche Funktionalität erreicht berufliche Bildung heute durch die konsequente Einbeziehung auch der extrafunktionalen Qualifikationen in die Verwertung von Arbeitskraft. Durch die Vielzahl immer neuer Materialien, Herstellungsverfahren und Dienstleistungsanforderungen, durch die Möglichkeiten elektronisch gesteuerter Arbeitsgeräte, durch die Nutzung von Informationssystemen bei Planung und Steuerung der Arbeit und durch die flexible Vernetzung der Verwaltungs- und Fertigungsbereiche haben sich auch die Anforderungen an die Arbeitskräfte geändert: Neben den unmittelbar anwendbaren und verwertbaren Qualifikationen werden von den Arbeitnehmer(inne)n in immer stärkerem Maße extrafunktionale Qualifikationen erwartet, wie z. B. das Denken in Systemzusammenhängen oder die Fähigkeit und Bereitschaft zur Mitarbeit an einer kontinuierlichen Verbesserung der Arbeitsprozesse und -produkte. Insbesondere durch hohen Zeit- und Kostendruck sowie die gewachsenen Anforderungen der Kunden an die Güte der Arbeitsausführung ist auch die Qualitätssicherung direkt durch die Facharbeiter/innen immer wichtiger geworden. Damit spielen im Zusammenhang mit der beruflichen Tüchtigkeit neben den fachlichen zunehmend auch überfachliche Kompetenzen und Werthaltungen eine große Rolle bei der Zielsetzung für berufliche Bildung.

In die Problemsicht auf diese Veränderungen und der Suche nach neuen Wegen des Umgangs mit den veränderten ökonomischen Anforderungen und den dadurch sich verschärfenden sozialen Problemlagen, ist *Employability* als Ziel der beruflichen Bildung neu in die Diskussion eingetreten. Es wird die Frage diskutiert: *Employability* oder Beruflichkeit? (vgl. Bolder 2009, S. 826). Diese Diskussion fordert mindestens eine Öffnung des Berufskonzeptes gegenüber anderen Leitideen für die berufliche Bildung. So schlägt Gonon (2001) vor, den Beruf aus seiner politischen Bindung an die Bearbeitung von Problemen auf dem Arbeits- und Beschäftigungsmarkt zu lösen und in erster Linie als eine Kategorie für die *Vermittlung* von Arbeit und Pädagogik anzuerkennen. Einer solchen Stellung von Beruf muss aber aus einer systemtheoretischer Perspektive, wie sie in diesem Buch entfaltet wurde (→ BWP, Beruf), widersprochen werden. Aus einer sozialtheoretischen Perspektive betrachtet ist Beruf ein eigenes Sinnsystem, das kaum Vermittlungsaufgaben für andere Sinnsysteme übernehmen kann. Die für Vermittlung zwischen Arbeit und Pädagogik notwendige Kommunikation und Handlung müssen diese Systeme selbst übernehmen.

Andere Vorschläge wollen Berufsausbildung flexibilisieren, durchlässiger in das Bildungssystem integrieren und damit erneut an das Berufsprinzip binden (vgl. Kutscha 1992; Weiß 2006), Beruf über den Zusammenhang mit beruflicher Professionalisierung modernisieren (vgl. Meyer 2001, 2004), moderne Beruflichkeit mit Arbeitsprozesswissen in Verbindung bringen (vgl. Fischer 2006; Rauner 2000, 2007), individuelle und funktionale Aspekte beruflichen Lernens im lernförderlichen Arbeiten bzw. arbeitsorientierten Lernen miteinander verbinden (vgl. Dehnbostel 2003), aber auch Beruflichkeit wieder als organisierendes Prinzip bei der Institutionalisierung des Berufskonzepts re-interpretieren (vgl. Deißinger 1998) und das Berufskonzept zur regulativen Idee für Lebens- und Lernbiografien weiterentwickeln. Dies sind nur einige der diskutierten Alternativen zur traditionellen Auslegung des Berufskonzepts als Leitidee von Funktionalität und berufliche Tüchtigkeit (vgl. auch Kraus 2005).

Hinter der Diskussion über Funktionalität und berufliche Tüchtigkeit stehen also erhebliche Zweifel an der weiteren Tragfähigkeit des Berufskonzeptes für die anstehenden Reformen der beruflichen Bildung, die Baethge (2004, S. 345) folgendermaßen auf den Punkt bringt:

> „die spezifische Verbindung von (Berufs-)Fachlichkeit, sozialer Integration im Betrieb und gesellschaftlichem Status, die das traditionelle deutsche Berufskonzept ausgezeichnet hat, löst sich immer mehr auf und unterminiert damit das Berufskonzept in seiner Gültigkeit."

Damit stieß er erneut die Diskussion über das Verhältnis von Beruf und Beschäftigungsfähigkeit an, das aber jetzt mehr als ein Spannungsverhältnis gedeutet wird, in dem Beruflichkeit zwar noch ein Gestaltungselement, keineswegs aber das strukturierende Prinzip für Berufsausbildung darstellt. Im Gegenteil: Es wird nunmehr unterschieden zwischen dem *Berufs*prinzip einerseits und dem *Betriebs*prinzip andererseits. Das Berufsprinzip steht noch für einen von Staat und Tarifpartnern verantworteten Bildungsauftrag und der rechtlich regulierten beruflichen Qualifizierung im öffentlichen Bildungssystem, das Betriebsprinzip dagegen heißt *Employability* und steht für Rekrutierung, Qualifizierung und Karriereplanung auf unternehmens- und betriebsinternen Arbeitsmärkten nach den jeweiligen Anforderungen der Unternehmensstrategien und den betrieblichen Arbeits- und Geschäftsprozessen.

Dementsprechend wird auch unterschieden zwischen Berufsfähigkeit als Handlungsfähigkeit und der Arbeitsfähigkeit, die mit individuellen Kompetenzbegriffen umschrieben wird (vgl. Drexel 2005, S. 41 f.; Kraus 2005, S. 579). *Employability*, die im Kontext der britischen Sozial- und Arbeitsmarktpolitik schon seit etwa 70 Jahren einen festen Stellenwert hat und von dort im Zuge der Europäisierung der Berufsbildung auch im deutschen Sprachgebrauch verankert wurde, ist konnotiert mit funktionaler Tüchtigkeit, aber auch mit Entgrenzung von Arbeit und Freizeit sowie dem Zwang zur selbstverantwortlichen Erhaltung und Vermarktung der Arbeitskraft. Gleichsam als Gegenentwurf zu dieser Selbstökonomisierung der Arbeitskraft steht das Festhalten an Leitideen und Zielen beruflicher Bildung, die wieder eine Beförderung der *beruflichen* Tüchtigkeit fokussieren. In den Blick gerät wieder die Bewältigung von *Lebens*situationen – und nicht nur der Arbeitssituationen. Dazu zählen auch die individuellen Entwicklungsbedürfnisse und Entwicklungsmöglichkeiten des Einzelnen, die es in *Bildungs*prozessen zu befördern gilt.

4 Subjektivität und Persönlichkeitsentwicklung

Als wohl bedeutender Bezugspunkt für Reflektionen über Ziele und Zielsetzungen in der beruflichen Bildung aus einer pädagogischen Perspektive gilt seit der (deutschen) Aufklärung und Klassik mit Beginn der zweiten Hälfte des 19. Jahrhunderts der Bildungsbegriff (→ BWP, Pädagogik). Er wurde besonders von Wilhelm von Humboldt geprägt. Humboldt entwickelte seinen Bildungsbegriff im Kontext seiner Vorstellungen von einer neuhumanistischen Pädagogik. In diesen Vorstellungen von Bildung ist der Auftrag der Pädagogik zur Entwicklung aller Kräfte des Menschen zentral. Bildung, verstanden als Allgemeinbildung, wurde in der neuhumanistischen Pädagogik zur Grundlage der sittlichen Menschwerdung schlechthin erklärt. Die Vorstellung von Bildung im Sinne der neuhumanistischen Pädagogik trennte aber die Idee der Allgemeinen Bildung von der Berufsbildung ab, der pure Ausrichtung des Menschen auf Nützlichkeit unterstellt wurde. Sie grenzte sich scharf ab von den Erwartungen und Ansprüchen von Wirtschaft und Gesellschaft ihrer Zeit, in der sie nur Einschränkungen von individueller Freiheit und Subjektwerdung erkennen konnte.

Nach wie vor bedeutsam für pädagogisches Reflektieren über Ziele und Zielsetzungen der beruflichen Bildung ist die pädagogische Anthropologie vor allem in ihrer Fassung durch Heinrich Roth (1971). Auch sie geht vom Bildungsgedanken aus und transformiert ihn im Bild vom „reifen Menschen", dessen verwirklichte Lebensform die mündige Handlungsfähigkeit ist. Die Befreiung des Menschen, das Freiwerden für menschliche Handlungsmöglichkeiten, für Freiheit und Mündigkeit ist auch in der pädagogischen Anthropologie leitende Zielvorstellung für berufliche Bildung. Diese leitende Vorstellung findet ihren Ausdruck in der Unterscheidung zwischen materialer Bildung und formaler Bildung.

Unter materialer Bildung wird das *Was* der Bildung verstanden. Dieses Was bezeichnet den Kanon von Bildungsinhalten. Mit Bildungsinhalten sind solche Bildungsgüter gemeint, die als Kulturgüter einen Gehalt aufweisen. Bildungsinhalte, die diese Bildungskraft entfalten, spiegeln deshalb das ideale Selbstverständnis einer Kultur wider (vgl. Blankertz 1973, S. 37). Mit dieser Unterscheidung von Bildungsinhalten, die als Bildungsgüter gelten können, und solchen, die keine Bildungskraft entfalten können, entsteht ein Auswahlproblem für die didaktische Planung und Gestaltung von Lehr-Lernsituationen. Dieses Auswahlprinzip muss auch auf die Inhalte der beruflichen Bildung angewandt werden, wenn diese den Anspruch auf Bildung erheben. Mit diesem Anspruch, dass auch Inhalte des politisch-gesellschaftlichen Lebens, der Ökonomie, der Technik, des Berufs und der Politik als Kulturgüter gewertet werden können, begründet berufliche Bildung ihren allgemeinen Bildungsanspruch (vgl. Blankertz 1973, S. 38).

Bildung kann auch als formale Bildung verstanden werden. Als formale Bildung des *Wie* stellt sie sich als Vermittler zwischen dem objektivem Bildungsgehalt und der Aneignung dieses Bildungsgehalts durch den Lernenden dar. Formale Bildung stellt sicher, dass die Ansprüche der Bildungsinhalte den Lernenden nicht überfordern und ihn befähigen, sich diese Bildungsinhalte selbst zu erschließen. In einer aktuelleren Sprache lässt sich deshalb formale Bildung beschreiben als ein Set von Methoden und Kompetenzen, mit deren Hilfe der Lernende Bildungsprozesse initiiert, die ihn handlungs- und entwicklungsfähig machen oder seine Fähigkeiten, sich durch Handlungen selbstständig zu entwickeln, absichern (vgl. Jank & Meyer 2002, S. 213).

Gleichsam quer zu der Unterscheidung von formaler Bildung und materialer Bildung liegen fünf Ausprägungen des Bildungsbegriffes (vgl. Langewand 2002, S. 69). (1) Bildung gründet in Bildungsinhalten („Stoffe"). Diese Ausprägung bezeichnet die sachliche Dimension von Bildung. In dieser Dimension lässt sich Bildung inhaltlich und qualitativ begründen. (2) Bildung hat immer eine persönliche Geschichte, mit der die temporäre Dimension von Bildung beschrieben wird. Bildung ist immer Teil einer individuellen Lebens- und Lerngeschichte und nicht als ein singuläres Ereignis zu begreifen. Letztendlich ist Bildung immer nur zu verstehen als ein lebenslanger Prozess der Aneignung eines Verhältnisses zwischen dem Selbst und der Welt. (3) Bildung ist für die Gestaltung von Bildungsprozessen immer eine normative Vorgabe. Sie braucht deshalb gesellschaftliche Akzeptanz und zeichnet sich durch soziale Verbindlichkeit aus. Diese Verbindlichkeit markiert die soziale Dimension von Bildung. (4) Bildung weist eine wissenschaftliche Dimension insoweit aus, als Bildungsforschung die Umsetzung des Anspruchs auf Bildung in Bildungsprozessen überprüfen kann. (5) Wenn Bildung eine normative Vorgabe für Bildungsprozesse ist, bedeutet dies nicht, dass dem Lernenden keine Interpretations- und Gestaltungsmöglichkeiten eingeräumt werden. Im Gegenteil: Bildung verschafft ihm erst den Raum für die Gestaltung seiner eigenen Persönlichkeit.

Als berufspädagogische Kategorie schließt die pädagogische Anthropologie der Bildung Verantwortung in doppeltem Sinne ein: Verantwortung für die individuelle Entwicklung im Sinne der neuhumanistischen Pädagogik und Verantwortung für die gesellschaftliche Mitgestaltung durch Respekt der Freiheit des anderen.

Eine an diesen Kategorien und Dimensionen von Bildung orientierte Persönlichkeitsentwicklung steht in einem natürlichen Spannungsverhältnis zur Zielsetzung der beruflichen Tüchtigkeit, da Bildungsziele hier nicht aus ökonomischen Interessen der Betriebe, sondern aus den Bedürfnissen und Bildungsambitionen der lernenden Subjekte abgeleitet werden. Die Frage, inwieweit durch Veränderungen der Arbeitsverhältnisse und der Qualifikationsanforderungen dieses Spannungsverhältnis zwischen funktionaler Berufsbildung und Persönlichkeitsbildung im Begriff ist, aufgehoben zu werden, ist seit einiger Zeit Gegenstand berufspädagogischer Kontroversen. Zum einen erhöhen sich zweifellos die Handlungsspielräume der Arbeitnehmer/innen und deren Möglichkeiten beziehungsweise Notwendigkeiten zu stärkerer Eigenverantwortung und Mitgestaltung, zum anderen steht jedoch gegenwärtig die berufliche Bildung unter einem enormen wirtschaftlichen Verwertungsdruck, der alle Zielsetzungen in den Hintergrund zu drängen scheint, die nicht mit einer primär ökonomischen Rationalität begründet werden können.

5 Berufliche Handlungskompetenz

Funktionalität und Disponibilität, Vergesellschaftung und soziale Integration, Subjektivität und Persönlichkeitsentwicklung bezeichnen Ansprüche an die berufliche Bildung, die über Wirtschaft, Beruf und Pädagogik an die berufliche Bildung herangetragen werden (vgl. Abbildung 17).

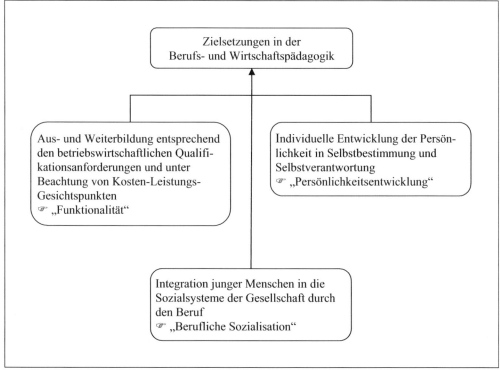

Abbildung 17:
Zielsetzungen in der Berufs- und Wirtschaftspädagogik

Betrachten wir diese unterschiedlichen Zielsetzungen „Funktionalität", „Berufliche Sozialisation" und „Persönlichkeitsentwicklung", können wir uns fragen, wie wir sie in einem Überschneidungsbereich zusammenführen können (→ BWP, Systemzusammenhänge). Die Frage verweist auf Möglichkeiten der Berufs- und Wirtschaftspädagogik als Wissenschaft. Als Berufs- und Wirtschaftspädagog(inn)en können wir diese Zielsetzungen nicht einfach gegen unsere eigenen Zielsetzungen austauschen. Wir können aber versuchen, solche Zielformeln zu entwickeln, über die wir diese unterschiedlichen Zielsetzungen einander näher bringen können, so dass von den drei verschiedenen Standpunkten aus aufeinander bezogen kommuniziert und gehandelt werden kann. Vertreter/innen einer ökonomischen Sichtweise der beruflichen Bildung kooperieren also mit Vertreter(inne)n, denen vor allem an einer gelingenden Sozialisation durch Berufsbildung liegt, und auch mit solchen, die vor allem eine Pädagogisierung von beruflicher Bildung im Blick haben. Sollen diese Ansprüche nicht bloß nebeneinander stehen bleiben, wird eine Zielformel benötigt, auf die diese verschiedenen Ansprüche bezogen werden können. Diese Zielformel kann lauten: Beförderung beruflicher Handlungsfähigkeit. Sie bietet derzeit wohl immer noch die größte Chance, alle an der Gestaltung beruflicher Bildung beteiligten Interessengruppen in den Prozess einer gegenseitigen Orientierung auf Ziele beruflicher Bildung einzubinden. Ob und inwieweit dies möglich erscheint, soll nun an drei Beispielen untersucht werden: am Deutschen Bildungsrat, am Berufsbildungsgesetz und an den Schulgesetzen sowie an der Personalwirtschaftslehre.

Der Deutsche Bildungsrat (→ B, Institutionen, Organisationen und Konfliktlinien) war in den Jahren 1965 bis 1975 ein Beratungsgremium der Bundesregierung in Bildungsfragen. Im Strukturplan des Deutschen Bildungsrates wurde 1970 ein Vorschlag für eine weitreichende Reform des gesamten Bildungswesens vorgelegt (S. 29):

> „Das umfassende Ziel der Bildung ist die Fähigkeit des einzelnen zu individuellem und gesellschaftlichem Leben, verstanden als seine Fähigkeit, die Freiheit und die Freiheiten zu verwirklichen, die ihm die Verfassung gewährt und auferlegt."

Der Deutsche Bildungsrat bezog sich dabei auf das Grundgesetz und besonders auf Artikel 2, der das Recht auf freie Entfaltung der Persönlichkeit und den Schutz der Person garantiert. Ziele der Bildung insgesamt – und damit auch der beruflichen Bildung – sind also gemäß dem Deutschen Bildungsrat die freie Entfaltung der Persönlichkeit und die Verwirklichung von Freiheit. Damit hat er sehr wichtige Aspekte herausgearbeitet, die in spätere Fassungen des Begriffs von der beruflichen Handlungsfähigkeit eingegangen sind.

Auch wenn der Deutsche Bildungsrat nur Empfehlungen aussprechen konnte, war die Erinnerung an die grundgesetzlich verankerten Ziele von Bildung wichtig. Empfehlungen sind jedoch keine Gesetze, haben also keinen bindenden Charakter. Dies ist jedoch anders mit dem Berufsbildungsgesetz, das 1969 verabschiedet wurde (→ R, Rechtlich-institutionelle Grundlagen). Ziele, die im § 1 Berufsbildungsgesetz festgeschrieben wurden, sind:

> „(1) ...
> (2) Die Berufsausbildungsvorbereitung dient dem Ziel, durch die Vermittlung von Grundlagen für den Erwerb beruflicher Handlungsfähigkeit an eine Berufsausbildung in einem anerkannten Ausbildungsberuf heranzuführen.

(3) Die Berufsausbildung hat die für die Ausübung einer qualifizierten beruflichen Tätigkeit in einer sich wandelnden Arbeitswelt notwendigen beruflichen Fertigkeiten, Kenntnisse und Fähigkeiten (berufliche Handlungsfähigkeit) in einem geordneten Ausbildungsgang zu vermitteln. Sie hat ferner den Erwerb der erforderlichen Berufserfahrungen zu ermöglichen.
(4) Die berufliche Fortbildung soll es ermöglichen, die berufliche Handlungsfähigkeit zu erhalten und anzupassen oder zu erweitern und beruflich aufzusteigen.
(5) ..."

Diese Ziele sind im Vergleich zu den Zielen des Deutschen Bildungsrates konkreter gefasst und beziehen sich allesamt auf die Beförderung der beruflichen Handlungsfähigkeit. Sie unterscheiden sich jedoch in einem Punkt sehr deutlich von der Umschreibung, die der Deutsche Bildungsrat bereits lieferte: In diesen Zielen ist von der freien Entfaltung der Persönlichkeit zur Teilhabe am gesellschaftlichen Leben, wie es noch der Deutsche Bildungsrat mit dem Blick auf unser Grundgesetz vortrug, nicht die Rede.

Das Berufsbildungsgesetz regelt allerdings nur den Teil der betrieblichen Bildung. Wer über Ziele der beruflichen Bildung nachforscht, muss deshalb auch in den Schulgesetzen der Länder nachschauen. Dabei kann es durchaus vorkommen, dass sich die in den Gesetzen eingeschriebenen Ziele deutlich in Qualität, Akzentuierung spezifischer Aspekte der beruflichen Handlungsfähigkeit, Differenziertheit und Präzision der Zielbeschreibungen unterscheiden.

Differenzen in der Auslegung des Konzepts beruflicher Handlungsfähigkeit werden noch deutlicher, wenn nicht nur die Ziele des Deutschen Bildungsrates, des Berufsbildungsgesetzes und der Schulgesetze der Länder betrachtet werden, sondern auch die Ziele der beruflichen Bildung in Wirtschaftsbetrieben in den Blick genommen werden. Dann wird sehr schnell deutlich, dass Wirtschaftsbetriebe keine Einrichtungen für die allgemeine Wohlfahrt sind. Sie operieren am Markt und unterliegen Marktgesetzen. Wirtschaftsbetriebe müssen Marktanteile erobern, Umsätze steigern, Produktivität und Rentabilität sichern, Gewinne erzielen. So lauten ihre Zielformeln. Berufsausbildung wird deshalb auch aus der Perspektive der Personalwirtschaftslehre als eine Investition in das Betriebskapital betrachtet. Für die betriebliche Personalforschung der 1990er Jahre formulierte Kossbiel (1991, S. 247) diese Position einmal pointiert:

„Aus betriebswirtschaftlicher Sicht wird Weiterbildung weder im Sinne von „l´art pour l´art" noch von „just for fun" betrieben. Selbst Weiterbildungen ohne direkten Bezug zu bestimmten betrieblichen Aufgaben – z. B. als freiwillige Sozialleistung konzipiert – sind nicht zweckfrei und wohl auch nicht das reine

Vergnügen. Wenn aber schon **solche** Bildungsmaßnahmen in den Zusammenhang betrieblicher Zweckerfüllung gestellt sind, um wieviel mehr muß dies für die üblichen betrieblichen Anpassungs- und Aufstiegsweiterbildungen gelten? ... Für die Vorstellung vom betrieblichen (Weiter-)Bildungswesen als einem relativ selbständigen, primär an Zielen der Mitarbeiter orientierten „eigenen Gesetzen unterliegenden Bereich" personalwirtschaftlicher Betätigung, bleibt kein Raum."

Diese Sichtweise verweist in besonderem Maße auf Funktionalität und ökonomische Verwertbarkeit von Arbeitskraft. Die besondere Betonung des Verwertungsaspekts lässt deshalb im Kontext der Personalwirtschaftslehre die Verwendung des folgenden Qualifikationsbegriffs als angemessen erscheinen: Unter Qualifikation versteht man das Arbeitsvermögen als

„Gesamtheit individueller Fähigkeiten, Kenntnisse, Fertigkeiten und Verhaltensmuster, die dem einzelnen die Erfüllung von Anforderungen in bestimmten Arbeitssituationen auf Dauer ermöglichen und bestimmte Arbeitsfunktionen bewältigen lassen" (Gmelch 2001, S. 430).

Diese Sichtweise macht aber auch deutlich, dass darin die Vorstellung beruflicher Handlungsfähigkeit im Sinne der freien Entfaltung der Persönlichkeit und der sozialen Integration keinen hervorragenden Stellenwert einnehmen wird.

Diese drei Beispiele zeigen bereits an, dass berufliche Handlungsfähigkeit **nicht** der gemeinsame Nenner sein kann für die unterschiedlichen Zielvorstellungen von beruflicher Bildung. Vielmehr handelt es sich um eine Kommunikationsformel, über die koordinierte Handlungen generiert werden können. Dies zeigt sich auch in den folgenden Interpretationen der Leitidee der beruflichen Handlungsfähigkeit.

Die Leitidee der beruflichen Handlungsfähigkeit wird z. B. mit den für die Bewältigung spezifischer Aufgaben notwendigen Fähigkeiten, Fertigkeiten und Kenntnissen des Subjekts in Verbindung gebracht (vgl. Bolder 2009, S. 821 ff.). In einer anderen Sichtweise kann sie einschließen: Handeln können, Handeln wollen und Handeln dürfen (vgl. Straka & Macke 2009). Davon zu unterscheiden ist die Sichtweise, dass Kompetenzen Handlungen generieren und diese beobachtbaren Handlungen als Ausprägung beruflicher Handlungsfähigkeit interpretiert werden können. Hier wird berufliche Handlungsfähigkeit als eine Leistungsdisposition in einem Anwendungskontext, wie den zu gestaltenden Arbeits- und Geschäftsprozessen im Betrieb, betrachtet. Werden die in diesen Arbeits- und Geschäftsprozessen erbrachten Leistungen systematisch beschrieben, lassen sich Rückschlüsse auf Kompetenzen als Leistungsdispositionen ziehen. Streng genommen werden dann aber nicht mehr Kompetenzen als Handlungspotentiale beschrieben, sondern als Performanzen in einem spezifischen Anforderungsbereich (vgl. Becker et al. 2007, S. 20; Sloane & Dilger 2005, S. 4).

Wird berufliche Handlungsfähigkeit über deren Performanz beschrieben, lassen sich diese Beschreibungen auch gut in Ausbildungsordnungen einarbeiten (vgl. Hensge, Lorig & Schreiber 2008; Lorig & Schreiber 2007) und schließlich messen (vgl. Winther & Achtenhagen 2010). Zu beachten ist jedoch, dass die als Handlungsanforderungen in den Ausbildungsordnungen eingeschriebenen Performanzen nicht mit Kompetenzen als Leistungsdisposition verwechselt werden dürfen.

Für die Beschreibung von Kompetenzen haben sich folgende Definitionen in der beruflichen Bildung als brauchbar erweisen (vgl. Abbildung 18).

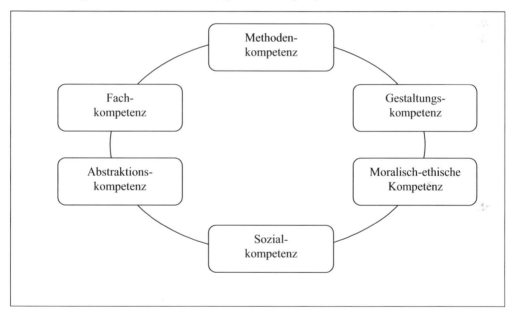

Abbildung 18:
Kompetenzmodell

Berufsrelevantes Wissen (Sachkompetenz); Fähigkeit, berufsrelevantes Wissen im praktischen Handeln überprüfen und berufliche Praxis beschreiben und erklären zu können (Methodenkompetenz); Fähigkeit, an der Gestaltung beruflicher Praxis sachkompetent und orientiert an moralischen und ethischen Leitvorstellungen mitzuwirken (Gestaltungskompetenz); Entwickeln eigener Wertvorstellungen, Orientierung beruflichen Handelns und Gestaltens an gemeinsamen Wertvorstellungen, Solidarität mit anderen, aber auch Kritikfähigkeit (moralisch-ethische Kompetenz); Entwicklung von beruflichem Selbstbewusstsein und Ich-Identität, Beförderung von Sprache und Kommunikation (Sozialkompetenz); Entwickeln sprachlicher Verallgemeinerungen, Fähigkeit zur sprachlichen Verständigung mit anderen über Fachgrenzen hinweg (Abstraktionsfähigkeit).

Wie diese Kompetenzen auf der Performanzebene als Handlungen beschrieben werden können, soll nun an einem Beispiel einer sozial und ökologisch verantwortlichen, d. h. nachhaltigen Veranstaltungsplanung in der Tourismuswirtschaft erläutert werden (vgl. Kehl, Rebmann & Schlömer 2009, S. 23 ff.):

Zur Sachkompetenz: Mit der Ausrichtung betrieblicher Arbeitsstrukturen auf nachhaltiges Wirtschaften werden erweiterte Fachkenntnisse benötigt. Dieses sind umfassende Kenntnisse zu Umweltstandards und Umweltzertifizierungen. Außerdem wird fachübergreifendes Wissen über ökologische Folgeschäden eines nicht nachhaltigen Tourismus angefragt.

Zur Methodenkompetenz: Im Tourismusbetrieb müssen Mitarbeiter/innen spezifische Methoden anwenden, dies sind z. B. klassische Verfahren der Angebotskalkulation. Es kommen auch zum Einsatz Methoden zur Bewertung einer ökologisch verträglichen und sozial gerechten Dienstleistung, z. B. verschiedene Bewertungsverfahren zur CO^2-Belastung durch Freizeitmobilität.

Zur Gestaltungskompetenz: Anwendung von Kreativität bei der Gestaltung von Programmen eines sanften Tourismus, die die Umwelt möglichst wenig belasten und eingefahrene Routinen der Programmplanung in Frage stellen.

Zur moralisch-ethischen Kompetenz: Bei nachhaltigkeitsorientierten Programmplanungen treten häufig Konflikte zwischen ökonomischen und ökologisch verträglichen Lösungen auf. In diesem Dilemma gilt es, die dennoch zu treffenden Entscheidungen nach moralisch-ethischen Prinzipien zu begründen.

Zur Sozialkompetenz: Bei der Durchführung von Veranstaltungen bringen sich die beteiligten Akteure (Hotels, Restaurants und örtliche Vereine) mit ihren unterschiedlichen Vorstellungen von einem sanften Tourismus ein und handeln diese Vorstellungen zu einem gemeinsamen Veranstaltungsprogramm aus.

Zur Abstraktionsfähigkeit: Die vereinbarten Dienstleistungen im Rahmen eines sanften Tourismus gilt es auf den Begriff zu bringen, zu kommunizieren, um auf dieser Basis gemeinsam handeln zu können.

Literatur

Baethge, M. (2004). Entwicklungstendenzen der Beruflichkeit – neue Befunde aus der industriesoziologischen Forschung. *Zeitschrift für Berufs- und Wirtschaftspädagogik*, 3, S. 336–347

Beck, U. (1986). *Risikogesellschaft*. Frankfurt am Main: Suhrkamp.

Becker, M. et al. (2007). Berufliche Kompetenzen sichtbar machen. *Berufsbildung in Wissenschaft und Praxis*, 3, S. 17–21.

Blankertz, H. (1973). *Theorien und Modelle der Didaktik* (7. Aufl.). München: Juventa.

Bolder, A. (2009). Arbeit, Qualifikation und Kompetenzen. In R. Tippelt & B. Schmidt (Hrsg.), *Handbuch Bildungsforschung* (S. 813–843). Wiesbaden: VS Verlag.

Bunk, G. P. (1982). *Einführung in die Arbeits-, Berufs- und Wirtschaftspädagogik*. Heidelberg: Quelle und Meyer.

Dehnbostel, P. (2003). Neue Konzepte zum Lernen im Prozess der Arbeit: Den Arbeitsplatz als Lernort erschließen und gestalten. *Grundlagen der Weiterbildung*, 14, S. 5–9.

Deißinger, T. (1998). *Beruflichkeit als „organisierendes Prinzip" der deutschen Berufsausbildung*. Paderborn: Eusl.

Deutscher Bildungsrat (1970). *Empfehlungen der Bildungskommission* (2. Aufl.). Stuttgart: Klett.

Drexel, I. (2005). Die Alternative zum Konzept des Berufs: das Kompetenzkonzept – Intentionen und Folgeprobleme am Beispiel Frankreichs. In M. Jacob & P. Kupka (Hrsg.), *Perspektiven des Berufskonzepts – Die Bedeutung des Berufs für Ausbildung und Arbeitsmarkt* (S. 39–53). Nürnberg: IAB der Bundesagentur für Arbeit.

Euler, D. & Hahn, A. (2004). *Wirtschaftsdidaktik*. Bern: Haupt.

Euler, D. (2008). Vieles bewegt sich – aber wohin? *Zeitschrift für Berufs- und Wirtschaftspädagogik*, 2, S. 161–167.

Fischer, M. (2006). Arbeitsprozesswissen. In F. Rauner (Hrsg.), *Handbuch Berufsbildungsforschung* (2. Aufl., S. 308–315). Bielefeld: Bertelsmann.

Foerster, H. von (1985). *Sicht und Einsicht*. Braunschweig: Vieweg.

Gmelch, A. (2001). Qualifikationsforschung. In H. May (Hrsg.), *Lexikon der ökonomischen Bildung* (4. Aufl., S. 430–434). München: Oldenbourg.

Gonon, P. (2001). Ende oder Wandel der Beruflichkeit? *Zeitschrift für Berufs- und Wirtschaftspädagogik*, 3, S. 404–414.

Hensge, K.; Lorig, B. & Schreiber, D. (2008). Ein Modell zur Gestaltung kompetenzbasierter Ausbildungsordnungen. *Berufsbildung in Wissenschaft und Praxis*, 4, S. 18–21.

Jank, W. & Meyer, H. (2002). *Didaktische Modelle*. Berlin: Cornelsen.

Kehl, V.; Rebmann, K. & Schlömer, T. (2009). *Nachhaltigkeit in der Fortbildung betrieblicher Ausbilder/innen und ausbildender Fachkräfte in der Tourismuswirtschaft*. München: Hampp.

Kossbiel, H. (1991). Personalplanung und betriebliche Weiterbildung. In K. Aschenbrücker & U. Pleiß (Hrsg.), *Menschenführung und Menschenbildung* (S. 247–266). Baltmannsweiler: Schneider.

Kraus, K. (2005). Employability versus Beruf? *Zeitschrift für Berufs- und Wirtschaftspädagogik*, 4, S. 574–592.

Kutscha, G. (1992). „Entberuflichung" und „Neue Beruflichkeit". *Zeitschrift für Berufs- und Wirtschaftspädagogik*, 4, S. 536–548.

Langewand, A. (2002). Bildung. In D. Lenzen (Hrsg.), *Erziehungswissenschaft* (5. Aufl., S. 69–98). Reinbek: Rowohlt.
Lempert, W. (2002). *Berufliche Sozialisation oder was Berufe aus Menschen machen* (2. Aufl.). Baltmannsweiler: Schneider.
Lerch, S. (2008). Beschäftigungsfähigkeit ist heute, Beruflichkeit war gestern. *Zeitschrift für Berufs- und Wirtschaftspädagogik*, 4, S. 611–615.
Lorig, B. & Schreiber, D. (2007). Ausgestaltung kompetenzbasierter Ausbildungsordnungen. *Berufsbildung in Wissenschaft und Praxis*, 6, S. 5–9.
Lukesch, H. & Peetz, H. (2001). *Erziehung, Bildung und Sozialisation in Deutschland*. Regensburg: Roderer.
Maturana, H. R. & Varela, F. J. (1990). *Der Baum der Erkenntnis*. Bern: Goldmann.
Meyer, R. (2001). *Qualifizierung für moderne Beruflichkeit*. Münster: Waxmann.
Meyer, R. (2004). Entwicklungstendenzen der Beruflichkeit – neue Befunde aus der industriesoziologischen Forschung. *Zeitschrift für Berufs- und Wirtschaftspädagogik*, 3, S. 348–354.
Rauner, F. (2000). Zukunft der Facharbeit. In J. P. Pahl, F. Rauner & G. Spöttl (Hrsg.), *Berufliches Arbeitsprozesswissen* (S. 49–66). Baden-Baden: Nomos.
Rauner, F. (2007). Praktisches Wissen und berufliche Handlungskompetenz. *Europäische Zeitschrift für Berufsbildung*, 1, S. 57–72.
Roth, H. (1971). *Pädagogische Anthropologie* (Bd. 1 und 2). Hannover: Schroedel.
Sloane, P. F. E. & Dilger, B. (2005). The competence clash – Dilemmata bei der Übertragung des „Konzepts der nationalen Bildungsstandards" auf die berufliche Bildung. *bwp@*, 8, S. 1–32.
Straka, G. A. & Macke, G. (2009). Berufliche Kompetenzen: Handeln können, wollen und dürfen. *Berufsbildung in Wissenschaft und Praxis*, 3, S. 14–17.
Voß, G. (2001). Auf dem Weg zum Individualberuf? In T. Kurz (Hrsg.), *Aspekte des Berufs in der Moderne* (S. 287–314). Opladen: Leske & Budrich.
Weiß, R. (2006). Beruflichkeit und Modularisierung schließen sich nicht aus: Die Alpenländer machen es vor! *Berufsbildung in Wissenschaft und Praxis*, 4, S. 3–4.
Winther, E. & Achtenhagen, F. (2010). Berufsfachliche Kompetenz: Messinstrumente und empirische Befunde zur Mehrdimensionalität beruflicher Handlungskompetenz. *Berufsbildung in Wissenschaft und Praxis*, 1, S. 18–21.

Strukturbegriff: Lernort Schule

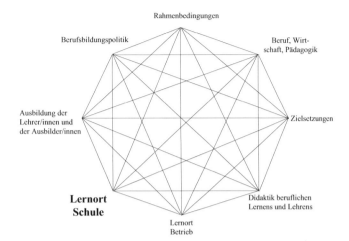

1 Berufliches Schulwesen

Seit dem Gutachten über das berufliche Ausbildungs- und Schulwesen des Deutschen Ausschusses für das Erziehungs- und Bildungswesen von 1964 wird der Begriff duales System für das deutsche berufliche Ausbildungsmodell verwendet. Es soll darunter das Zusammenwirken von Betrieb und Berufsschule in der Berufsausbildung junger Erwachsener verstanden werden. Im Gegensatz hierzu wird europaweit außerdem in einem vollzeitschulischen System (z. B. in Frankreich) und in einem rein betrieblichen Ausbildungssystem (z. B. in Großbritannien) sowie in so genannten Mischsystemen (z. B. in Dänemark) ausgebildet (→ R, Internationalisierung; → R, Finanzierung).

Das duale System durchlaufen bundesweit jeweils etwa zwei Drittel aller Jugendlichen eines Geburtenjahrganges. Die Berufsausbildung findet in Deutschland jedoch nicht nur im dualen System statt. Eine andere Möglichkeit – jedoch weitaus seltener – besteht im Besuch einer berufsbildenden Vollzeitschule. Hierunter fällt zum Beispiel die berufliche Ausbildung an den Berufsfachschulen und an den Schulen des Gesundheitswesens.

Neben der Berufsausbildung in einem staatlich anerkannten Ausbildungsberuf im Rahmen des dualen Systems und der Berufsausbildung in einem vollzeitschulischen Bildungsgang existieren in manchen Bundesländern noch alternative Ausbildungsgänge im tertiären Bereich (z. B. Berufsakademien). Das berufliche Schulwesen besteht ferner noch aus weiteren

Schulformen und ist in das Gesamtbildungssystem der Bundesrepublik Deutschland eingebunden.

Gemäß Beschluss der Kultusministerkonferenz vom 08.12.1975 werden im beruflichen Schulwesen bundeseinheitlich folgende Schulformen unterschieden: die Berufsschule, die Berufsfachschule, die Berufsaufbauschule, die Fachoberschule sowie die Fachschule. Daneben existieren noch länderspezifische berufliche Schulen, wie z. B. die Berufsoberschule, das Berufskolleg, die Berufsakademie und das Fachgymnasium.

Diese Schulformen werden in der Praxis zumeist nach Wirtschaftsbereichen bzw. Berufsfeldern in Schulzentren zusammengefasst. Insgesamt können seit 1995 16 Berufsfelder unterschieden werden: Wirtschaft und Verwaltung, Metalltechnik, Elektrotechnik, Bautechnik, Holztechnik, Textiltechnik und Bekleidung, Chemie/Physik/Biologie, Drucktechnik, Farbtechnik und Raumgestaltung, Gestaltungstechnik, Gesundheit, Körperpflege, Ernährung und Hauswirtschaft sowie Agrarwirtschaft, Sozialpädagogik und Pflege.

Berufsschulen werden von Berufsschulpflichtigen bzw. -berechtigten besucht. Berufsschulen lassen sich je nach beruflicher Fachrichtung in kaufmännische, gewerbliche, hauswirtschaftliche, landwirtschaftliche und gemischtberufliche differenzieren. Der Unterricht erfolgt in Teilzeitschule oder als Blockunterricht.

Berufsaufbauschulen sind Schulen, die neben einer Berufsschule oder nach erfüllter Berufsschulpflicht besucht werden. Es gibt sie in Vollzeit- und Teilzeitform. In der Vollzeitform wird die Berufsaufbauschule in einem Schuljahr nach abgeschlossener Berufsausbildung besucht. In der Teilzeitform wird sie von Jugendlichen neben der Lehre oder einer Berufstätigkeit abends besucht. Die Berufsaufbauschule führt zum Realschulabschluss bzw. zur Fachschulreife.

Fachoberschulen setzen den Realschulabschluss voraus. Sie führen nach erfolgreichem Besuch von einem Jahr (12. Klasse) in Vollzeitform und von zwei Jahren (11. und 12. Klasse) in Teilzeitform zur Fachhochschulreife. Sie vermitteln keine eigenständige Berufsausbildung, beinhalten jedoch Betriebspraktika.

Die **Fachschulen** sind in der Regel ein- bis zweijährige Bildungsgänge in Vollzeitform, die bereits einen abgeschlossenen Beruf oder eine praktische Berufstätigkeit voraussetzen. In Teilzeitform handelt es sich um vierjährige Bildungsgänge. Fachschulen stellen eher Schulen der beruflichen Fortbildung dar (z. B. Meisterschulen, Technikerschulen und Fachschulen für Betriebswirtschaftslehre) und schließen die Fachhochschulreife ein.

Berufsfachschulen sind Vollzeitschulen mit mindestens einjähriger Dauer, die in der Regel den Hauptschulabschluss voraussetzen, jedoch keine Berufstätigkeit oder eine Berufsausbildung. Berufsfachschulen sind nach Fachrichtungen gegliedert und streben an (vgl. Sekretariat der Ständigen Konferenz der Kultusminister 2007a): erstens einen Abschluss in einem Beruf, der nur an Schulen erlernt werden kann (dann ist der Lehrgang dreijährig; z. B. staatlich geprüfter Assistent für Freizeitwirtschaft, für Tourismus, für Mode und Design), zweitens – und das ist weitaus seltener – einen Abschluss in einem anerkannten Ausbildungsberuf (auch dreijährig) (z. B. Ausbildung zum Uhrmacher, Ausbildung zum Goldschmied, Ausbildung in den Bereichen Kinderpflege, Altenpflege, Haus- und Familienpflege), drittens Bildungsgänge, die eine berufliche Grundbildung vermitteln und auf eine spätere Berufsausbildung im dualen System angerechnet werden können (1-2 Jahre Dauer) oder viertens Bildungsgänge, die eine berufliche Grundbildung vermitteln, deren erfolgreicher Besuch aber nicht auf die Ausbildungszeit in anerkannten Ausbildungsberufen angerechnet wird (1-2 Jahre Dauer).

Von 1960 bis 2007 stieg die Zahl der Schüler/innen in Berufsfachschulen von 125.700 auf 530.300 an, dabei liegt der Anteil an Schülerinnen derzeit bei etwa 60 % (vgl. Bundesministerium für Bildung und Forschung 2009, S. 192). Die Zunahme an Schüler(inne)n in dieser Schulform erklärt sich vor dem Hintergrund des angespannten Lehrstellenmarktes. Der besonders hohe Anteil an Schülerinnen ist in historisch bedingten differenten Berufskonzepten für Männer und Frauen begründet (vgl. Mayer 1996). Während das Berufskonzept des Mannes aus der Tradition der Handwerkslehre und des Handels entspringt, stellt sich das der Frauen je nach Schichtzugehörigkeit entweder als Konzept des Berufes als Hausfrau, Mutter und Ehefrau oder als Konzept der Erwerbsarbeit im pädagogischen, sozialen oder typisch haushaltsbezogenen Bereich (z. B. Näherin, Wäscherin, Weberin etc.). Gefördert wurde diese Herausbildung unterschiedlicher Berufskonzepte auch dadurch, dass es Frauen noch bis in die 1920er Jahre rechtlich untersagt war, eine Lehre im Handwerk oder Handel aufzunehmen. So befinden sich auch heute nur etwa 40 % Frauen in einer Ausbildung im Rahmen des dualen Systems. Durch den Einfluss der ersten Frauenbewegung und der Berufsverbände für Frauen wurden schließlich berufliche Schulen für Frauen gegründet. Dabei dominierte die schulbezogene Erziehung und Ausbildung in hausbezogenen Tätigkeiten noch bis in die 1960er Jahre hinein und erst langsam trat die Beschäftigung auch außerhalb des Hauses hinzu (vgl. Mayer 1996, S. 40).

Dieses sich insgesamt von Männerberufen unterscheidende Berufskonzept für Frauen wirkte auf die Entwicklung der modernen Berufsausbildung ein, wie es sich noch heute an zwei Hauptmerkmalen zeigen lässt: erstens im System der beruflichen Bildung und Ausbildung, namentlich in Form von beruflichen Vollzeitschulen, wie insbesondere den Berufsfachschulen und den Schulen des Gesundheitswesens, in denen der Frauenanteil bei durchschnittlich 83 % liegt (vgl. Bundesministerium für Bildung und Forschung 2004, S. 282). Und zweitens in der Struktur der von Frauen aufgenommenen Berufstätigkeiten. So zählen zu den am häufigsten von jungen Frauen gewählten Ausbildungsberufen z. B. Kauffrau im Einzelhandel, die Ausbildung zur Bürokauffrau, Verkäuferin, Friseurin, Medizinische Fachangestellte, Industriekauffrau, Fachverkäuferin im Lebensmittelhandwerk, Kauffrau für Bürokommunikation, Zahnmedizinische Fachangestellte sowie Hotelfachfrau (vgl. Bundesministerium für Bildung und Forschung 2009). Das darin zum Ausdruck kommende Bild ist zwar das Ergebnis der Berufswahlentscheidung von jungen Frauen, diese wird aber durch das entsprechende Angebotsverhalten der Ausbildungsbetriebe gestützt. Beurteilend lässt sich zusammenfassen, dass es sich hierbei um Berufe handelt, die eine eher problematische Berufsperspektive bieten (→ BWP, Beruf). Denn es handelt sich um stark belastende Berufe mit relativ ungünstigen Einkommens- und Aufstiegschancen, mit ungünstigen Arbeitszeitregelungen sowie einem geringen Transferpotential für einen möglichen Berufswechsel (vgl. Arbeitsgruppe Bildungsbericht 1994, S. 613).

Neben den Berufsfachschulen gibt es noch eine weitere schulische Form der Berufsausbildung, die von den Schulen für die Berufe des Gesundheits- und Sozialwesens angeboten wird. Diese stellen die zweitgrößte Gruppe von Schulen dar, welche eine volle berufliche Erstausbildung vermitteln und überwiegend von jungen Frauen besucht werden. Die Ausbildung verbindet theoretischen und praktischen Unterricht mit praktischer Ausbildung. Die Schulen des Gesundheits- und Sozialwesens stehen außerhalb des Geltungsbereiches des Berufsbildungsgesetzes und sind in Folge davon sehr uneinheitlich und unübersichtlich hinsichtlich ihrer Prüfungen, ihrer Bezeichnung, ihrer Eingangsvoraussetzung und ihrer Träger geregelt (vgl. Münch 1994, S. 57). Als Träger kommen meist Krankenhäuser und damit Kommunen, Kirchen und karitative Einrichtungen in Frage. Im Bereich des Gesundheitswesens werden Ausbildungen z. B. zum Gesundheits- und Krankenpfleger, zur Hebamme und zum Logopäden durchgeführt. Im Bereich des Sozialwesens werden z. B. Erzieher/innen und Altenpfleger/innen ausgebildet.

Zum Teil bundesländerspezifisch gibt es neben den im Kultusministerkonferenz-Beschluss benannten Schulformen noch weitere berufliche Schularten. Hierzu zählen die **Beruflichen**

Gymnasien bzw. **Fachgymnasien** in Form der Wirtschafts- und technischen Gymnasien, die zur allgemeinen oder zur fachgebundenen Hochschulreife führen, den Realschulabschluss voraussetzen und in der Regel dreijährig ausgelegt sind.

Weiterhin gehören dazu die **Berufsvorbereitungs- bzw. Berufseinstiegsklasse** sowie das **Berufsgrundbildungsjahr**, die jeweils eine Vorbereitung auf eine Berufsausbildung leisten. Hier werden Jugendliche ohne Hauptschulabschluss oder ohne Ausbildungsvertrag in einem Vollzeitschuljahr auf einen Beruf vorbereitet. Zum Teil ist es möglich, den Hauptschulabschluss nachzuholen. Der Unterricht wird größtenteils über Projekte gestaltet, also in einer sehr praxisorientierten Lernform. Das Berufsgrundbildungsjahr kann als schulisches oder kooperatives in Abstimmung zwischen Betrieb und Berufsschule durchgeführt werden und zählt als Grundstufe der Berufsschule.

Die **Berufsoberschule** ist ein zweijähriger Bildungsgang, der zur (fachgebundenen) Hochschulreife führt.

Eine weitere landesspezifische Schulform ist die **Kollegschule** (ursprünglich Kollegstufe). Kollegschulen gibt es nur in Nordrhein-Westfalen. Sie haben das Ziel, die Trennung zwischen allgemeinbildenden und berufsbildenden Schulbereichen aufzuheben. Hierfür wurden in der Regel bereits bestehende berufsbildende Schulen um die gymnasiale Oberstufe erweitert (vgl. Arbeitsgruppe Bildungsbericht 1994, S. 585). Der erfolgreiche Besuch dieser Schule in Vollzeitform führt zu einer Doppelqualifizierung: Erstens wird ein beruflicher Abschluss vermittelt und zweitens berechtigt der Schulabschluss zu einem Studium an einer Fachhochschule bzw. zum Studium an einer wissenschaftlichen Hochschule.

Als weitere länderspezifische Einrichtungen werden in dem Kultusministerkonferenz-Beschluss die **Berufsakademien** genannt. Berufsakademien sind streng genommen Einrichtungen des tertiären Bildungsbereiches außerhalb und unterhalb der Hochschulebene, setzen die Fachhochschulreife voraus und führen in drei Jahren zu einem wissenschaftlichen und berufsqualifizierenden Abschluss. Die Ausbildung findet wie in der dualen Ausbildung alternierend in einem Ausbildungsbetrieb und in der Akademie statt. Mögliche Berufsabschlüsse führen u. a. zum Diplom-Betriebswirt (BA), Diplom-Ingenieur (BA), Mathematisch-technischen Assistenten (BA), Wirtschaftsassistenten (BA) und Ingenieurassistenten (BA).

Die aufgeführten berufsbildenden Schulen umfassen also berufsvorbereitende, berufsqualifizierende, studienqualifizierende oder doppelqualifizierende Schulformen. Zu den berufsvorbereitenden Angeboten zählen neben sechs- bis zwölfmonatigen Maßnahmen des Arbeitsamtes das Berufsvorbereitungsjahr bzw. die Berufseinstiegsklasse und – faktisch, aber nicht geplant – das Berufsgrundbildungsjahr. Zu den berufsqualifizierenden Bildungsgängen gehören die Ausbildung im dualen System sowie die Angebote der Berufsfachschulen. Zu den studienqualifizierenden Bildungsgängen gehören die Fachoberschulen und die Fachgymnasien, deren erfolgreicher Besuch zum Studium an Fachhochschule oder Universität berechtigt. Im Rahmen der doppelqualifizierenden Bildungsgänge wird sowohl ein allgemeiner Schulabschluss als auch eine berufliche Qualifikation vermittelt.

2 Berufsschule

Zu den direkten Vorläufern der Berufsschule gehören die religiösen und gewerblichen Sonntagsschulen, die im 18. Jahrhundert gegründet wurden und sich im späten 19. Jahrhundert zu den Fortbildungsschulen allgemeiner und beruflicher Art hin entwickelten (vgl. Thyssen 1954, S. 48). Diese beiden Fortbildungsschularten haben sich schließlich im Verlaufe des 19. Jahrhunderts angeglichen in Richtung Teilzeitschule, die ausbildungsbegleitend in der Regel abends stattfand. Zu Beginn des 20. Jahrhunderts etablierten sich schließlich die nach Berufen gegliederten Fortbildungsschulen. Etwa 1920 setzte sich für diesen schulischen Lernort der Begriff der Berufsschule durch. Mit dem Reichsschulpflichtgesetz vom 06.07.1938 wurde in Deutschland schließlich für alle Jugendliche die allgemeine Berufsschulpflicht, in der Regel drei Jahre, eingeführt. In den Jahren nach dem 2. Weltkrieg wurde die Berufsschule als fester Bestandteil des Ausbildungssystems in der Bundesrepublik Deutschland allgemein anerkannt. Mit dem 01.10.1990 traten das Berufsbildungsgesetz und damit auch das duale Ausbildungssystem für das Gebiet der DDR in Kraft.

Als Ziele der Berufsschule gelten die Vermittlung von Berufsfähigkeit, die Beförderung der Bereitschaft, sich fortzubilden sowie bei der individuellen Lebensgestaltung und der Teilhabe am gesellschaftlichen Leben verantwortungsbewusst zu handeln (vgl. Sekretariat der Ständigen Konferenz der Kultusminister 2007b). Die Berufsschule ist in der Regel in eine Grundstufe und in Fachstufe(n) gegliedert. Die Grundstufe ist das erste Jahr der Berufsschule und kann als Berufsgrundbildungsjahr in vollzeitschulischer oder in kooperativer Form stattfinden oder auch in einer mindestens einjährigen Berufsfachschule. Der Unterricht an Berufsschulen umfasst mindestens zwölf Wochenstunden, davon regelhaft acht Wochenstunden berufsbezogenen Unterricht.

In Folge der zum Teil grundlegend veränderten Rahmenbedingungen für die berufliche Erstausbildung (Internationalisierung der Märkte, Globalisierung, starker und rasanter technologischer Wandel, Selbstverwirklichungsanspruch an die Arbeit, demografische Entwicklung etc.) sieht sich die Berufsschule vor verschiedene Problembereiche gestellt (vgl. Rebmann 1996). Hierbei ist zu beachten, dass es sich weitgehend um sich überlagernde, einander bedingende Problembereiche handelt, die daher auch gleiche Lösungsprozeduren bzw. -versuche erfordern.

Ein erster Problembereich besteht in der zunehmend erkennbaren Gewichtsverlagerung von der beruflichen Erstausbildung hin zur betrieblichen Weiterbildung. Ursächlich für den

Bedeutungsgewinn der betrieblichen Weiterbildung ist zum einen, dass sich diese für das Unternehmen als eine kostengünstigere Alternative zur Erstausbildung darstellt, die zudem eine flexiblere Planung für die Betriebe erlaubt (vgl. Kau 1995, S. 63). Zum anderen fordern die raschen technologischen Veränderungen, die damit verbundene geringere „Halbwertzeit" des Wissens sowie die bislang eher unflexible berufliche Erstausbildung zusätzliche Weiterbildungsmaßnahmen ein. Dies hat zur Folge, dass das Ausbildungsengagement sowie das Angebot an Ausbildungsplätzen der Betriebe reduziert werden, damit wird sich die Zahl der Schüler/innen in den Berufsschulen verringern und der Wettbewerb der Schulen um die Schüler/innen steigen.

Ein zweiter Problembereich stellt die Vollendung des Europäischen Binnenmarktes dar und die damit verbundene Gewährleistung der Freizügigkeit beim Zugang zu Bildung und Beruf. Hierdurch werden die bestehenden Berufsbildungssysteme der Mitgliedstaaten in Konkurrenz zueinander gestellt. Mit anderen Worten, das deutsche duale Modell muss gegenüber einer überwiegend vollschulischen Berufsausbildung und einer überwiegend betrieblichen Berufsausbildung seine Konkurrenzfähigkeit unter Beweis stellen (→ R, Internationalisierung). Weiterhin stellt sich in einem internationalen Vergleich die Frage nach der Gleichwertigkeit der erreichbaren Abschlüsse. Mit dem Europäischen Qualifikationsrahmen (→ R, Internationalisierung) liegt mittlerweile ein Bezugssystem vor, mit dessen Hilfe erstens Qualifikationen verglichen und in Beziehung zueinander gesetzt werden können und zweitens Kompetenzen beschrieben und systematisch geordnet werden können.

Einen dritten Problembereich stellen die veränderten gesellschaftlichen sowie individuellen Wertorientierungen dar, die den Anspruch auf mehr persönliche Autonomie, auf Persönlichkeitsbildung und Selbstbestimmung der eigenen Zukunft für den Einzelnen zur Folge haben. Nicht nur die unterschiedlichen Wertvorstellungen der Klientel der beruflichen Bildung bilden eine Herausforderung, sondern auch die Vielfalt dieser Klientel. Diese *Diversity* umfasst wahrnehmbare Dimensionen, wie z. B. Alter, Geschlecht, ethnisch-kulturelle Herkunft, Bildungsniveau, und kaum wahrnehmbare Dimensionen, wie u. a. religiöse Orientierung, Weltanschauung, Lebensstil, situatives Verhalten (vgl. Baumann 2010, S. 5; Kimmelmann 2009, S. 8). Insgesamt haben sich durch diese Veränderungen die Bildungsorganisation, die die institutionellen und rechtlichen Rahmenbedingungen, Zertifizierungen, Lehrpläne und Lerninhalte umfasst, und die Bildungsbedeutung, die der Einzelne mit seiner Ausbildung sinnhaft verbindet, voneinander abgelöst und gegeneinander verselbstständigt (vgl. Beck 1986, S. 242 f.). Hierdurch sieht sich die Berufsschule verstärkt vor die Aufgabe gestellt, neben ihren institutionellen und rechtlichen Gegebenheiten und ihrer Einbindung ins Berechtigungswesen ihre Lehrpläne und Lerninhalte kritisch zu reflektieren, ein stärker differenziertes Lernangebot für die gespaltene Klientel im Sinne einer *Diversity Education* zu entwerfen sowie die didaktisch-methodische Ausgestaltung des Unterrichts auf die unterschiedlichen Lernbedingungen und Lernvoraussetzungen dieser Klientel abzustimmen.

Grundlegende technologische, organisatorische und strukturelle Veränderungen, die neue bzw. neu akzentuierte Anforderungen an Arbeitskräfte und deren Qualifikationen mit sich bringen, sind ein weiterer, vierter Problembereich. Insbesondere im kaufmännisch-verwaltenden Berufsfeld nehmen die entsprechenden Tätigkeiten an Abstraktheit und Komplexität zu. Für die Lernenden werden hierdurch betriebliche Abläufe zunehmend intransparenter und unanschaulicher. Zudem wird trotz systemischer Rationalisierung und Verschlankung die Möglichkeit reduziert, ganzheitliche Erfahrungen in der Ausübung der jeweiligen Tätigkeit zu erwerben. Als Ursache hierfür werden häufig angeführt: die strikte arbeitsteilige Trennung von bestimmten Tätigkeiten (Planung, Ausführung und Kontrolle) sowie die Zerschneidung von organisatorischen, betrieblichen und gesamtwirtschaftlichen Zusammenhängen. Wie beim letztgenannten Problembereich ist auch durch diese Entwicklungen ein Überdenken traditioneller Lerninhalte und traditioneller Unterrichtsgestaltung der Berufsschule gefordert – und insbesondere durch die Einführung des Lernfeldkonzepts (→ D, Lernfelder) bereits eingeläutet.

Ein fünfter aufzuführender Problembereich ist darin zu sehen, dass die berufsschulischen Lerninhalte als theorielastig und nicht praxisrelevant vor allem von betrieblicher Seite angesehen bzw. als solche erfahren werden. Dem kann man entgegensetzen: „So wichtig das Erfahrungslernen in authentischen (betrieblichen) Situationen auch ist, so wichtig bleibt die kognitive Verarbeitung (Reflexion) und die emotionale Integration von Erfahrungen, Erlebnissen und Erkenntnissen, die einander oft widersprechen" (Reetz 1995, S. 190). Und gerade die Berufsschule kann sich zu dem Ort etablieren, an dem diese Reflexion und Integration „gefahrlos" erfolgen kann und mögliche Widersprüche aufgelöst werden können.

Welche Handlungsperspektiven hat die Berufsschule angesichts dieser Problembereiche?

Zunächst ist eine verstärkte Durchlässigkeit der Ausbildungs- und Berufswege zu fördern. Hierzu gehört eine Durchlässigkeit in Richtung auf höhere Positionen auch für Absolvent(inn)en mit berufsbildenden Abschlüssen (vgl. Adler, Dybowski & Schmidt 1993, S. 6). Diese Forderung setzt voraus, dass es zur gesellschaftlichen Anerkennung der Gleichwertigkeit von allgemeiner und beruflicher Bildung kommt, dass die Berufsbildung generell an Ansehen und Attraktivität gewinnt und dass in der dualen Ausbildung Abschlüsse erworben werden können, die zum Hochschulzugang berechtigen (vgl. Frömsdorf 1995, S. 82; Greinert 1994, S. 391). Die Forderung nach Durchlässigkeit ist nunmehr in Teilen eingelöst. So ist es z. B. nach dem im Jahre 2010 novellierten Niedersächsischen Hochschulgesetz möglich, nach Abschluss einer mindestens dreijährigen Ausbildung in einem anerkannten Ausbildungsberuf ein fachlich einschlägiges Studium aufzunehmen.

Ungeachtet der rechtlichen und bildungspolitisch tradierten Voraussetzungen scheint eine verstärkte gesellschaftliche Akzeptanz der Berufsschule dadurch erreichbar zu sein, dass sich deren Image verändert. Hierzu kann die Berufsschule beitragen, indem sie sich neue Aufgabenbereiche erschließt. So kann innerhalb der Berufsschule eine Verzahnung von beruflicher Erstausbildung und Weiterbildung erfolgen. Eine entsprechende formale Basis hierfür wurde bereits 1991 mit einem Beschluss der Kultusministerkonferenz geschaffen, wonach die Berufsschule „zusätzlich bei Aufgaben der beruflichen Fort- und Weiterbildung mitwirken" kann (Münch 1994, S. 70). So soll die Berufsschule in ihren Angeboten auch Kompensations- und Korrektivfunktionen übernehmen, sie soll allgemeinbildende Berechtigungen nachliefern, bestehende Qualifikationsdefizite ausgleichen, Umschulungen fördern, Fördermaßnahmen anregen sowie berufliche Aufstiegsmöglichkeiten eröffnen (vgl. Pukas 1990, S. 10). In der Praxis sind die berufsbildenden Schulen bereits durch die Fachschulen originär schon lange erfolgreich im Feld der Weiterbildung tätig (vgl. Dobischat 2005, S. 13). Weiterhin kann die Berufsschule in Kooperation mit der regionalen Wirtschaft Bildungsangebote entwickeln, um Leistungsschwache, Leistungsstarke und junge Menschen mit Migrationshintergrund (→ D, Berufspädagogische Hilfen) gezielt zu fördern. Dies kann umfassen ihr Engagement im Rahmen von Berufsfachschulen und Berufseinstiegsklassen für marktbenachteiligte Lehrstellenbewerber/innen, die Vermittlung von arbeitsmarktrelevanten Zusatzqualifikationen (→ B, Entwicklungslinien), von interkulturellen und fremdsprachlichen Kompetenzen, z. B. über die Organisation und Betreuung von Auslandsaufenthalten im Rahmen von Austauschmaßnahmen (vgl. Sekretariat der Ständigen Konferenz der Kultusminister 2009).

Eng mit obiger Aufgabenerweiterung verknüpft, gilt es, die Kooperationsbeziehungen mit betrieblichen und außerbetrieblichen Ausbildungsstätten auf- bzw. auszubauen und althergebrachte Arbeitsteilungen neu zu überdenken. Damit werden die aktuelle Diskussion der Lernortkooperationen und damit das technisch-organisatorische und pädagogische Zusammenwirken des Lehr- und Ausbildungspersonals der an der Berufsbildung beteiligten Lernorte berührt (vgl. Pätzold 1995, S. 3). Dabei zeichnen sich die jeweiligen Lernorte durch ganz spezifische Aufgabenbereiche und rechtliche Grundlagen aus. Allerdings gibt es schon längst keine klare Abgrenzung zwischen der traditionellen Funktionszuschreibung, fachpraktischer Ausbildung im Betrieb (Handeln/Praxis) und fachtheoretischem Unterricht in der Berufsschule (Denken/Theorie), was die Forderung nach Informationsaustausch und Lernortkooperation verstärkte. Erstens scheint mit dem Prinzip der Handlungsorientierung eine Möglichkeit gefunden zu sein, diese getrennt gedachten Ansätze zu überwinden bzw. Denken und Handeln zu verbinden (→ D, Leitideen und Ansätze). Denn solchermaßen innovative Lerninhalte und -methoden lassen sich nicht in ihren jeweiligen Theorie- und Praxisanteil aufteilen. Zweitens erhofft man sich von einem entsprechenden Zusammenwirken, das über die bloße Informations- und Abstimmungsebene hinausgeht, neben allgemeinen Impulsen für die Berufsausbildung, eine Öffnung der Berufsschule für betriebliche Belange (und umgekehrt!), eine erfolgreiche Implementierung innovativer Konzepte sowie eine schnellere und einfachere Aufgabenbewältigung (vgl. Pätzold 1995, S. 4).

In der Praxis zeigt sich, dass „die Berufsausbildung im Dualen System offenbar derart organisiert (ist), daß sie ohne umfassende Kommunikation und enge Kooperation zwischen den Lehrenden an den einzelnen Lernorten auskommt" (Pätzold 1995, S. 4). So belegen Untersuchungen, dass Kontakte in der Regel nur in Not- bzw. Ausnahmefällen zustande kommen und dass sich die Lehrenden an den verschiedenen Lernorten eine Verbesserung der Zusammenarbeit im Sinne einer zeitlichen und thematischen Abstimmung der Lerninhalte wünschen (vgl. Frömsdorf 1995, S. 90 f.). Ursachen einer mangelnden Zusammenarbeit können zum einen in gegenseitigen Vorurteilen gesehen werden, im unterschiedlichen Selbstverständnis der Lehrenden sowie in den unterschiedlichen Rahmenbedingungen der Lernorte. So hat der Betrieb rechtlich und faktisch ein größeres Gewicht bei der Berufsausbildung. Eine Verbesserung der dauerhaften Beziehungen auf informeller Ebene könnte z. B. durch folgende Maßnahmen bewirkt werden (vgl. Frömsdorf 1995, S. 90 f.; Pätzold 1995, S. 5): Informationsveranstaltungen und Betriebserkundungen, gemeinsame regionale Weiterbildungs- und Fortbildungsprojekte und die Einrichtung von gemeinsamen Arbeitskreisen. Darüber hinaus werden die gegenseitige Achtung der jeweiligen Autonomiebereiche, gegenseitiges Vertrauen und die Überlassung von Gestaltungsfreiräumen bedeutsam.

Weiterhin könnte in zunehmendem Maße eine (binnen)differenzierte und zugleich individualisierte Gestaltung der Ausbildung in der Berufsschule neue attraktive Perspektiven öffnen (vgl. Adler, Dybowski & Schmidt 1993, S. 9; Greinert 1994, S. 393). Diese scheint nicht nur für die Wettbewerbsfähigkeit innerhalb der europäischen Bildungssysteme förderlich, sondern scheint auch angesichts der Heterogenität der Klientel in der Berufsschule (aufgrund unterschiedlicher soziokultureller, anthropogener und motivationaler Lernvoraussetzungen etc.) generell eine angemessene Antwort zu sein. Denn mit einer Individualisierung geht eine Zielgruppenorientierung einher, das heißt, es können die ganz spezifischen Ausgangslagen der einzelnen Betroffenen bzw. ganzer Gruppen von Betroffenen berücksichtigt werden (vgl. Keune & Zielke 1992, S. 34). Bei einer Differenzierung schließlich sollen zu Kern- bzw. Basisqualifikationen spezielle zusätzliche Ausbildungsinhalte und Ausbildungsanforderungen treten, die eine gezielte individuelle Leistungsförderung, z. B. leistungsstarker und leistungsschwacher junger Erwachsener (→ D, Berufspädagogische Hilfen), ermöglichen (vgl. Keune & Zielke 1992, S. 35). Wenn insgesamt mit der „Diversifizierung des Lernangebots ein erfolgversprechender Weg aus der Misere der Berufsschule" gefunden zu sein scheint (Kutscha 1992, S. 153), sind an eine entsprechende Umsetzung einige Bedingungen geknüpft, wie eine generelle Flexibilisierung der Ausbildung, eine grundlegende Umstrukturierung und größere Eigenständigkeit der Berufsschule sowie ein neues Lernendenbild und ein neues Lehrerselbstverständnis (vgl. Keune & Zielke 1992, S. 35).

Dieses neue Selbstverständnis der Lehrenden hebt sich ab vom Bild des Lehrers als Fachmann und Stoffvermittler. Die Rolle des Lehrenden wird sich in zunehmendem Maße hin zum Beobachter, Betreuer, Berater (Moderator) und Organisator von verstärkt schülerorientierten Lernprozessen entwickeln. Hier zeigt sich, dass die bisherigen folgenden Veränderungen gemeinsam durchgesetzt werden müssen. Zum Beispiel muss mit einer veränderten Lehrer/innen-Rolle eine Kompetenzerweiterung für Lehrende einhergehen, die vorheriger Organisationsveränderungen der Institution Schule bedarf. Weiterhin beinhaltet diese neue Rolle auch Austausch, Kooperation und Teamarbeit untereinander, das heißt, der Lehrende ist hier als Lernender gefordert. Zugleich muss sich auch das bestehende Lerner/innen-Bild des Lehrenden ändern, das von Reetz (1994, S. 13) als ein pessimistisches beschrieben wird. Der Lernende im Unterricht wird als passives, rezeptives Objekt begriffen und nicht als aktives, handelndes, kooperatives, selbst bestimmendes Subjekt. Damit verbindet sich zugleich, dass Schulen, Lehrer/innen und Schüler/innen mehr Möglichkeit zur Selbstorganisation erhalten und dass der Lehrende in diesem Zusammenhang den Lernprozessen einen höheren Stellenwert einräumt als den Lernprodukten (vgl. Reetz 1994, S. 34). Darüber hinaus muss Schule zu dem Ort werden, in dem die Vermittlung allgemeinen Handlungswissens im Mittelpunkt steht, das als komplementär zu dem in den Betrieben zu vermittelnden berufsbezogenen, speziellen Handlungswissen aufzufassen ist.

Eine Einlösung dieser Forderungen ist in der zielstrebigen und konsequenten Umsetzung handlungsorientierter schulischer Lehr-Lernprozesse zu sehen, die nachgefragte Qualifikationen wie Team- und Kooperationsfähigkeit, Problemlösefähigkeit, Flexibilität, Systemkenntnis etc. berücksichtigen. Solche Lehr-Lernprozesse können durch den Einsatz von Planspielen, Fallstudien, Projekten etc. initiiert werden. Allerdings zeigt sich, dass sie noch nicht ausreichend eingesetzt werden und dass auch auf der Ebene der gesamten Schulorganisation weitere Veränderungen vonnöten sind (vgl. dazu Klusmeyer 2003). Solche Veränderungen haben längst eingesetzt; dafür sprechen auch die zahlreichen Neuentwicklungen der gesetzlichen Verordnungen für die berufsbildenden Schulen.

Eine weitere Handlungsperspektive wird in den letzten Jahren verstärkt unter dem Stichwort „Schulautonomie" an den beruflichen Schulen diskutiert und umgesetzt. Mit diesem Begriff verbindet sich die Vorstellung, den Betroffenen in der Schule mehr Handlungsfreiräume sowie mehr Eigenverantwortlichkeit im Rahmen eines unverändert politisch wie rechtlich zu bestimmenden und zu verantwortenden Auftrages zu ermöglichen (vgl. Lange 1995, S. 21). Diese Handlungsfreiheit bezieht sich zum einen auf pädagogisch-unterrichtliche Entscheidungen und zum anderen auf organisatorische sowie finanzielle Fragestellungen (vgl. Lange 1995, S. 24). Dabei soll jede Schule je nach regionalen Erfordernissen ein eigenständiges pädagogisches Schulprofil entwickeln können. Angeregt wurde diese Diskussion nicht nur aus den bereits genannten veränderten Rahmenbedingungen für die berufliche Ausbildung allgemein. Sondern gerade die permanente Verschlechterung der Schulwirklichkeit, die sich mit den Stichworten Gewalt an Schulen, Schulmüdigkeit, Burnout-Syndrom, Knappheit an finanziellen Mitteln etc. umreißen lässt, führte zum Nachdenken über äußere und innere Schulreformen an den beruflichen Schulen (vgl. Kallbach 1994, S. 345). Die Bestrebungen hinsichtlich der äußeren Schulreform beziehen sich auf Schulbehörde und Schulgesetze. Die inneren Reformen sind z. B. in organisatorischen Veränderungen und in didaktischen Umgestaltungen zu sehen. Mittlerweile sind diese Handlungsalternativen bereits weitergeführt worden durch die Einführung von Schulprogrammen, von schulinternen Qualitätsmanagementsystemen und von Schulinspektion.

Weiterentwicklungen der Berufsschulen liegen auch darin, sie zu berufsbildenden Kompetenzzentren im Rahmen regionaler Bildungsnetzwerke zu entwickeln (vgl. Pahl 2008). Damit sollen bildungsbereichs- und trägerübergreifende Kooperationen in der Region auf- und ausgebaut werden, mit denen erstens Informationsaustausch und Zusammenarbeit von Akteur(inn)en aus verschiedenen gesellschaftlichen Handlungsfeldern gestärkt und zweitens die bildungsbezogene Infrastruktur gemeinsam gestaltet werden sollen (vgl. Dobischat 2005, S. 16).

Sie sollen also zu multifunktionalen Einrichtungen der beruflichen Aus- und Weiterbildung der Region ausgebaut und mit der dafür erforderlichen rechtlichen Handlungsfähigkeit ausgestattet werden (vgl. Avenarius 2002, S. 86). Der Berufsschule als Kernstück eines solchen Kompetenzzentrums fiele ein beträchtlich erweitertes Aufgabengebiet zu. Nach wie vor wird der schulische Teil der Erstausbildung, die vorberufliche Qualifizierung, die Vermittlung allgemeiner Berechtigungen im Zentrum der zu erbringenden Leistungen stehen. Die Berufsschule wird sich aber auch im Rahmen von Kompetenzzentren auf die Vorbereitung junger Menschen auf den Prozess des lebensbegleitenden Lernens konzentrieren müssen. Dies könnte erreicht werden, wenn das bereits etablierte System von Lernberatungen an den Berufsschulen weiter ausgebaut wird. Weitere Aufgabenfelder im Rahmen regionaler Kompetenzzentren sind die pädagogische Begleitung in Selbstlernphasen sowie eine fachkompetente Beteiligung an Prüfungen (vgl. Kehl 2002, S. 15).

Damit die Berufsschule diese Herausforderungen und Aufgaben erfüllen kann, muss die Qualität ihrer Bildungsleistungen unter Beachtung und Zuhilfenahme von interner und externer Evaluation, von Qualitätssicherungssystemen und von Bildungsstandards gesichert und fortentwickelt werden (vgl. Sekretariat der Ständigen Konferenz der Kultusminister 2009).

Festgehalten werden kann: Für die Berufsschulen eröffnet sich ein großes Entwicklungspotential durch die dargestellten Reaktionsmöglichkeiten auf die veränderten Rahmenbedingungen, wie

- Verstärkung der Durchlässigkeit der Ausbildungs- und Berufswege,
- Erschließung neuer Aufgabenbereiche in der Weiterbildung,
- Verstärkung der Kooperationsbeziehungen zu den Partnern in der Berufsausbildung,
- differenzierte und individualisierte Gestaltung der Ausbildung in der Schule,
- Verfestigung eines neuen Selbstverständnisses von Lehrenden und Lernenden,
- Stärkung der gegenwärtigen Entwicklung nach Schulautonomie,
- Stärkung der Qualitätssicherung und -fortentwicklung,
- Entgrenzung und Erweiterung des bisherigen Tätigkeitsfeldes im Rahmen regionaler Kompetenzzentren.

Die Nutzung dieses Entwicklungspotentials obliegt auch und gerade jeder Schule selbst, und damit den dort Lehrenden und der Schulleitung. Von deren Lernbereitschaft, Engagement und Kooperationsfähigkeit sowie der entsprechenden bildungspolitischen, wissenschaftlichen und betrieblichen Unterstützung wird es wesentlich abhängen, ob sich die aufgezeigten Perspektiven langfristig erfüllen lassen.

3 Konzepte schulischen Lernens

Welches sind die vorfindbaren Konzepte schulischen Lernens? Basierend auf den Merkmalen schulischen Lernens sind es insbesondere Simulationskonzepte für die Ausbildung im kaufmännisch-verwaltenden Bereich (Bürosimulationen sowie Simulationsspiele). Hierunter fallen – aufgeführt nach ihrer abnehmenden Simulationsstärke – Übungsfirmen, Lernbüros, Planspiele sowie Rollenspiele. Für den gewerblich-technischen Bereich lassen sich noch die Produktionsschulen benennen. Sie können sowohl dem schulischen als auch dem betrieblichen Lernen zugerechnet werden (→ LB, Betriebliche Lernorte). Gerade für die Simulationskonzepte gilt, dass sie aufgrund ihres Modellbezugs grundsätzlich ein Lernen im Modell, aber auch ein Lernen am Modell erlauben.

Es finden sich noch weitere Formen des schulischen Lernens. Diese sind vor allem das Lernen mit Fällen, das Lernen an Projekten, das Lernen mit Lern- und Arbeitsaufgaben, das Lernen mit Experimenten, das Lernen anhand von Leittexten, das Lernen durch Betriebserkundungen, das Lernen in und durch Zukunftswerkstätten sowie das E-Learning.

Bereits im vergangenen Jahrhundert entstanden die ersten **Übungsfirmen**, in denen kaufmännische Funktionen wie Einkauf, Verkauf, Lagerhaltung und Verwaltung durch die Nachbildung der Praxis dargestellt und vermittelt werden sollten. Dabei soll in den Übungsfirmen der Ernstfall betrieblichen Handelns eingeübt werden, ohne dass Produkte oder Dienstleistungen tatsächlich erzeugt werden. In den deutschsprachigen Ländern sind die Übungsfirmen zum Deutschen Übungsfirmenring zusammengeschlossen, der insbesondere die Außenbeziehungen für die Übungsfirmen, z. B. in Form von Banken, Finanzamt, Versicherungen, Post etc. simuliert. Übungsfirmen können in aller Regel entweder praxisergänzend oder praxisersetzend in ihrer Funktion sein. Praxisergänzend sind sie für die kaufmännische Erstausbildung vorwiegend in Großunternehmen. Durch eine Übungsfirma sollen Arbeitsabläufe und Arbeitszusammenhänge, die durch die zunehmende Technisierung ansonsten nicht mehr überschaubar und verständlich sind, verdeutlicht werden. Praxisersetzend werden Übungsfirmen z. B. in der Erstausbildung von Behinderten in Berufsbildungswerken (→ LB, Betriebliche Lernorte) und in der Umschulung von Erwachsenen in Berufsförderungswerken (→ LB, Betriebliche Lernorte) eingerichtet.

Lernbüros sind an kaufmännischen Schulen (insbesondere Berufsfachschulen) eingerichtete Räume der Bürosimulation eines Unternehmens. Die meisten Lernbüros werden meist nach einem real existierenden Firmenvorbild konstruiert, allerdings stellen sie reduzierte Abbilder dieser Originalmodelle dar. Dadurch können betriebliche Abläufe und Geschäftsvorfälle transparenter und überschaubarer nachgebildet werden. Lernbüros wollen die Arbeiten aus dem kaufmännisch-verwaltenden Bereich handlungs- und praxisorientiert gestalten (vgl. Achtenhagen & Schneider 1993, S. 170). Die notwendige Realitätsnähe wird u. a. dadurch erreicht, dass diese Büros eine der Realität entsprechende Ausstattung sowie authentische Arbeitsaufträge haben. Die Außenbeziehungen des Lernbüros, z. B. zu den Kunden, werden meist von den Lehrpersonen simuliert. Die Arbeit im Lernbüro kann arbeitsgleich und arbeitsteilig erfolgen. Die Einführung in die Lernbüroarbeit wird in der Regel im Rahmen einer arbeitsgleichen Phase durchgeführt: Alle Schüler/innen bearbeiten die Geschäftsvorfälle und Belege zur selben Zeit. In der arbeitsteiligen Phase bearbeiten die Schüler/innen in Gruppen ihren jeweils spezifischen Anteil an einem oder mehreren Geschäftsvorfällen.

Es wird den Chinesen zugeschrieben, Erfinder des **Planspiels** zu sein; sie entwickelten bereits um 3000 v. Chr. ein Brettspiel, welches militärische Kräfte simulierte. Planspiele stellen dynamische Modelle der Realität dar, in denen die Spieler/innen simulierte Problemsituationen zielgerichtet und selbsttätig lösen müssen. Bis heute wurde das Planspiel aus dem militärischen Bereich auch auf den ökonomischen und administrativen Bereich übertragen, um simulierte problemhaltige Ausgangssituationen auf ihre Lösungswege hin zu untersuchen, sich für einen Lösungsweg zu entscheiden und diesen umzusetzen. Das Planspiel bietet die Möglichkeit, die Konsequenzen dieser Entscheidungen und Umsetzungsmaßnahmen zu erleben. Ein idealtypischer Ablauf eines Planspieleinsatzes stellt sich folgendermaßen dar (vgl. Rebmann 2001): In der Konstruktions- und Designphase fällt zunächst die Entscheidung für den Zugriff auf ein bereits existierendes Planspiel oder für die Eigenentwicklung eines Planspiels. Daran schließt sich die Vorbereitung des Spielleiters bzw. der Spielleiterin auf das Spiel an und die Einführung der Spieler/innen auf Inhalt und Verfahren durch die Spielleitung. Nach der eigentlichen Spiel- oder Durchführungsphase folgen abschließend die Auswertung der Ergebnisse sowie die notwendige Reflexion über die Ergebnisse, die Spielerverhaltensweisen etc.

Das **Rollenspiel** wurde in den 1920er Jahren entwickelt. Es ist ein Spielverfahren, in dem die Spieler/innen vor eine Konflikt- bzw. Problemsituation gestellt werden und diese in einer ihnen zugewiesenen Rolle handelnd innerhalb vorgegebener Regeln bewältigen müssen. Es handelt sich also um eine Methode, die eher personenorientiert als sachorientiert ist. Das bedeutet, es sollen in erster Linie Verhaltensweisen trainiert werden, die Vermittlung von Sach- und Fachwissen tritt in den Hindergrund. Vor dem eigentlichen Rollenspiel müssen in einer so genannten Motivationsphase die Spieler/innen vorbereitet werden. Diese

Phase umfasst neben einer Spieleinführung und der Rollenübertragung auch mögliche Beobachteraufträge für die Zuschauer/innen sowie die Vorbereitung der Rollenargumentation. Nach der Rollenspielphase schließlich, die nicht länger als etwa zehn Minuten dauern sollte, folgt – ähnlich wie beim Planspiel – die Reflexionsphase.

Mit der Gründung der Harvard Business School in Cambridge, USA, 1908 fand die **Fallstudienmethode** Eingang in die Managementausbildung. Reale Fälle aus dem Wirtschaftsleben mussten von Studierenden bearbeitet und gelöst werden. Anleihen wurden bei der typisch fallbasierten Ausbildung der Juristen gemacht. In Deutschland wurden zuerst Führungskräfte der Wirtschaft mit Hilfe des Einsatzes realer Fälle aus dem Wirtschaftsalltag aus- und weitergebildet, bevor diese Unterweisungsform seit einigen Jahren zunehmend in Schulen verwendet wird. Nach Kaiser und Kaminski (1999, S. 137) liegt die Grundstruktur einer Fallstudie darin,

> „daß die Schüler mit einem aus der Praxis bzw. Lebensumwelt gewonnenen Fall konfrontiert werden, den Fall diskutieren, für die Fallsituation nach alternativen Lösungsmöglichkeiten suchen, sich für eine Alternative entscheiden, diese begründen und mit der in der Realität getroffenen Entscheidung vergleichen".

Bei der Auswahl und der Konstruktion von Fällen ist darauf zu achten, dass diese für die Lernenden subjektiv bedeutsam, problemhaltig und fassbar sowie realitätsnah und widerspruchsfrei sind (vgl. Reetz 1988, S. 148 ff.).

Eng verknüpft mit dem Lernen anhand von Fällen ist der so genannte **Anchored-Instruction-Ansatz**, der Anfang der 1990er Jahre von der Cognition and Technology Group an der Universität Vanderbilt in den USA entwickelt wurde. Das wohl bekannteste Umsetzungsbeispiel sind die Abenteuer des Jasper Woodbury. Es handelt sich um eine videodiskgestützte Serie für das Fach Mathematik, um Problemfindung, kooperatives Problemlösen sowie effektive Kommunikation bei Schüler(inne)n zu befördern (vgl. Cognition and Technology Group at Vanderbilt 1992, S. 291). Hierzu werden so genannte Makrokontexte konzipiert und auf Videoformat gebracht. Makrokontexte bieten komplexe Problemsituationen an, die über einen längeren Zeitraum aus verschiedenen Perspektiven von den Lernenden aktiv und selbstständig bearbeitet werden können. Diese Makrokontexte stellen darüber hinaus Umwelten für kooperatives Lernen bereit und unterstützen eine lehrergeleitete Vermittlung in authentischen Zusammenhängen und Kontexten (vgl. Cognition and Technology Group at Vanderbilt 1994, S. 167). Charakteristisch ist neben dem Videoformat und der Bearbeitung eines komplexen Problems auch das Erzählformat der Makrokontexte, die als „narrativer Anker" für die Lernenden dienen und interdisziplinäre Aspekte und Themen beinhalten (vgl. Goldman et al. 1994). Darüber hinaus sind die Lernenden gefordert, Lösungen für die Probleme selbst zu erzeugen („generatives Format"). Die für die Problemlösung nötigen Informationen sind zumeist in irgendeiner Form im Makrokontext enthalten.

Die Idee des Lernens am **Projekt** entstand Anfang des 18. Jahrhunderts in den Kunstakademien in Italien und Frankreich und wurde ein Jahrhundert später in den technischen Hochschulen aufgegriffen. Das Projekt stellt hier jeweils die von den Studierenden selbstständig zu erstellende Abschlussarbeit dar. Demnach stellt ein Projekt ein Vorhaben dar, bei dem die Lernenden in Gruppen ein Problem bzw. eine authentische und komplexe Aufgabenstellung weitgehend selbstständig und selbsttätig planen, realisieren und auswerten. Nach Gudjons (1986, S. 57 ff.) lassen sich zehn Merkmale von Projektunterricht ausmachen. Hierzu zählen u. a. der Situationsbezug, die Selbstorganisation und Selbstverantwortung, die zielgerichtete Projektplanung, die Produktorientierung, das soziale Lernen, das Einbeziehen vieler Sinne und die Interdisziplinarität. Der Verlauf eines Projektes lässt sich in Form von Phasen beschreiben. Nach der Projektinitiative, die nicht nur vom Lehrenden, sondern auch von den Lernenden ausgehen sollte, wird eine Projektskizze angefertigt. Auf die Auseinandersetzung mit dem Ergebnis der Projektskizze folgen schließlich die Schritte der Projektplanung, Projektdurchführung und Projektbewertung.

Eine besondere Form des Lernens am Projekt stellen die so genannten **Wirtschaft-live-Projekte** dar. Es sind Lernvorhaben mit realem Bezug zu außerhalb des Projekts stehenden Bezugsgruppen (vgl. Nolte 2003). Wirtschaft-live Projekte wollen konkrete kaufmännische Erfahrungen durch realen Kontakt und Umgang mit Lieferanten, Kunden, Behörden, Geld, Waren etc. ermöglichen. Dabei handelt es sich aber nicht um reale Unternehmen, sondern um Projekte besonderer Ausprägungen, die im Schonraum der Schule stattfinden. Dies zeigt sich z. B. daran, dass der Personaleinsatz nicht dem ökonomischen Prinzip entspricht, die Räumlichkeiten von der Schule gestellt werden und die Haftungsfrage anders als in der realen Wirtschaft geregelt ist. Insgesamt zeigt sich bei Wirtschaft-live-Projekten eine große Ähnlichkeit zur Juniorfirma, wenngleich diese bisher vor allem im betrieblichen Ausbildungsbereich anzutreffen ist und deren Verlauf in der Regel nicht den Projektphasen entspricht.

Lern- und Arbeitsaufgaben werden vorzugsweise dann eingesetzt, wenn es gilt, einen technischen Sachverhalt zu erschließen. Sie erfordern das instrumentelle Handeln und in

Verbindung mit einer teamorientierten Gestaltung des Lernprozesses auch das kommunikative Handeln. Wird beruflicher Unterricht durch Lern- und Arbeitsaufgaben gestützt, können Schüler/innen über den zu bearbeitenden technischen Sachverhalt Kenntnisse erwerben, deren Einbettung in berufsförmig organisiertes Arbeiten erfahren und Fertigkeiten in der sach- und fachgerechten Handhabung und Bedienung von Werkzeugen und Maschinen entwickeln. Didaktisch tragfähig werden Lern- und Arbeitsaufgaben dann, wenn sie einen Problemgehalt aufweisen und auch zu persönlich sinnstiftendem Handeln auffordern. Dies ist in der Regel der Fall, wenn sie nicht nur technisch zweckrationales Handeln anfordern, sondern auch Fragen zur Bedeutung dieses Handelns für die Gestaltung der beruflichen Lern- und Arbeitsumgebung aufwerfen (vgl. z. B. Bloemen & Porath 2009). Im Idealfall finden Lern- und Arbeitsaufgaben ihre Entsprechung im tatsächlichen Ablauf z. B. technischer Prozesse im Betrieb (vgl. Pahl 1997, S. 64 ff.). Lern- und Arbeitsaufgaben waren in der DDR sehr verbreitet. Derzeit werden sie im Zusammenhang mit der Entwicklung dezentraler Konzepte des beruflichen Lernens verwendet, in denen Arbeiten und Lernen wieder verknüpft werden (→ LB, Arbeiten und Lernen). Lern- und Arbeitsaufgaben stellen dort die Bindeglieder dar, mit denen Lernen am Arbeitsplatz mit dem Anspruch eines systematischen Lernens vermittelt werden soll, indem Erfahrungswissen, das am Arbeitsplatz erworben wurde, theoriegeleitet zum strukturierten Fachwissen verallgemeinert wird.

Das technische **Experiment** wird vorzugsweise in gewerblich-technischen Berufsausbildungen angewendet (vgl. Pahl 1997, S. 84 f.). Es ist die geplante und kontrollierte Einwirkung auf einen technischen Gegenstand. Angeleitet durch Hypothesen, Theorien und systemisch entwickelte Handlungsstrategien gewinnt das technische Experiment die Qualität eines wissenschaftsorientierten Lernens. Beim technischen Experiment gilt es also, das technische Verhalten eines Gegenstandes theoriegeleitet zu beobachten, zu beschreiben und zu erklären. Es unterscheidet sich vom naturwissenschaftlichen Experiment, das Kausalzusammenhänge erforscht, indem es auf Finalität angelegt ist: Beim technischen Experiment gilt es, Wissen über die Voraussetzungen und Bedingungen des Verhaltens von technischen Gegenständen zu erwerben, um dieses Wissen dann auf die praktische Bearbeitung von Realaufgaben zu übertragen. In einem weiten Sinne ist das technische Experiment deshalb dem entwickelnden und forschenden Lernen im Unterricht zuzurechnen.

Die **Leittextmethode** wird seit den 1970er Jahren vor allem im gewerblich-technischen Ausbildungsbereich eingesetzt. Ursprünglich war sie integrativer Bestandteil der aufkommenden Projektausbildung in Großunternehmen (→ LB, Konzepte betrieblichen Lernens). Mittlerweile werden Leittexte auch im kaufmännisch-verwaltenden Ausbildungsbereich angewendet. Der Leittextmethode liegt der Gedanke der vollständigen Handlung mit den Elementen des Informierens, Planens, Entscheidens, Ausführens, Kontrollierens und Aus- bzw. Bewertens zugrunde. Um Auszubildende zu entsprechenden Handlungen zu befähigen, werden Leittexte eingesetzt. Leittexte sind meist schriftliche Materialien, die den Lernprozess der einzelnen Lernenden insoweit strukturieren, dass der Einzelne weitgehend selbstständig im eigenen Lerntempo die ihm gestellte Arbeitsaufgabe lösen kann. Anstelle von schriftlichen Unterlagen oder als Kombination mit diesen können z. B. auch Bilder, Kassetten, Filme und Computer(lern)programme als Leittexte herangezogen werden. Leittexte haben neben der gestellten Arbeitsaufgabe noch folgende Bestandteile, die gemeinsam einen vollständigen Handlungsablauf befördern sollen: Leitfragen, Arbeitspläne, Kontrollbögen und Leitsätze (vgl. Koch & Selka 1991, S. 20). Leitfragen als zentrale Elemente sollen die Lernenden anleiten, sich ziel- und zweckgerichtet Informationen zu beschaffen. Auf der Basis der beschafften Informationen und der vorliegenden Unterlagen müssen die Lernenden dann einen Arbeitsplan entwickeln, den der Ausbilder oder die Ausbilderin begutachtet. Kontrollbögen dienen der Beurteilung der Arbeitsergebnisse. Hierfür enthalten die Kontrollbögen zu beachtende Qualitätsmerkmale. Leitsätze schließlich enthalten alle Sachinformationen, die zur Aufgabenbewältigung notwendig sind. Während der gesamten Leittextausbildung können die Auszubildenden darüber hinaus durch fest integrierte Fachgespräche mit dem Ausbilder oder der Ausbilderin unterstützt und gefördert werden.

Bei **Betriebserkundungen** sollen sich Lernende methodisch angeleitet und unter einer spezifischen Fragestellung Informationen im Betrieb einholen, auswerten und diese kommunizieren. Die Beobachtungen und Befragungen „vor Ort" werden im Unterricht vorbereitet, begleitet, nachbereitet und systematisiert (vgl. Fürstenau 1999). In der Vorbereitung müssen z. B. die Ziele der Betriebserkundung festgelegt und die Lernenden inhaltlich und methodisch eingeführt und vorbereitet werden. Auch müssen organisatorische und inhaltliche Absprachen mit dem Betrieb erfolgen. Während der eigentlichen Durchführung der Betriebserkundung müssen z. B. Interviews und Beobachtungs- und Begehungsbögen entwickelt und selbstständig durchgeführt bzw. eingesetzt, ausgewertet und präsentiert werden. Der Lehrende begleitet diese Aktivitäten seiner Lernenden. In der Auswertungsphase sollen die gewonnenen erfahrungsbasierten Vorstellungen der Lernenden an den nachfolgenden Unterricht angeschlossen werden und sollen die Lernenden über ihre Erfahrungen reflektieren. Betriebserkundungen wollen besonders die Orientierungs- und Handlungsfähigkeit der Lernenden befördern. Zugleich kann mit Betriebserkundungen die Kooperation zwischen Schule und Betrieb in didaktischer Hinsicht verbessert werden: „Abgestimmte Maßnahmen sollen es Lernenden erleichtern, verschiedene Perspektiven zu einem Thema kennen zu lernen und zueinander in Beziehung zu setzen" (Fürstenau 1999, S. 26).

Zukunftswerkstätten eignen sich besonders, wenn es gilt, zu den aktuellen und vorfindlichen Problemlagen und Problemlösungen zufriedenstellendere Alternativen zu entwickeln. Kennzeichnend für den didaktischen Stellenwert der Zukunftswerkstatt ist, dass die gesuchte Alternative noch eine „offene Frage" ist und deshalb Subjektivität, Kreativität, Originalität, Phantasie, Spekulation und utopisches Denken anfordert bzw. anregt (vgl. Rebmann & Tenfelde 1999, S. 44). Zukunftswerkstätten sollen den Lernenden Lernanlässe bieten und sie an der Lösung dringender Probleme beteiligen. Da Zukunftswerkstätten „offene Fragen" aufgreifen, wollen sie Gestaltungsfähigkeit befördern, aber auch moralisch-ethische Kompetenzen, wie die Fähigkeit zur Auseinandersetzung, die Kritikfähigkeit und Solidarität mit anderen, sowie soziale Kompetenzen, wie Sprache und Kommunikation (→ Z, Berufliche Handlungskompetenz). Zukunftswerkstätten können sein Problemlöse- und Ideenfindungswerkstätten, Lernwerkstätten, Kommunikationswerkstätten oder auch Strategiewerkstätten. Trotz der gebotenen Offenheit und Flexibilität, mit denen offene Fragen aufgegriffen werden müssen, lassen sich Zukunftswerkstätten dennoch phasenweise strukturieren. Eine Zukunftswerkstatt kann aus folgender Stufenfolge bestehen: Situationsbeschreibung und Kritiksammlung, Situationsanalyse, Erzeugen von Phantasien und Utopien, Überprüfen auf Verwirklichungschancen sowie Reflexion von Lernergebnissen, Lernprozessen und Lernerfahrungen.

Im Zusammenhang mit den sich rasch entwickelnden Computertechnologien ist die Entstehung der Idee des **computerunterstützten Lernens** zu sehen. Insbesondere mit der Entwicklung der Mikrocomputer Ende der 1970er Jahre setzte die Diskussion um Möglichkeiten und Grenzen des computerunterstützten Lernens verstärkt ein. Mit dem Begriff des computerunterstützten Lernens verbindet sich die Vorstellung, dass der Computer ein Werkzeug des Lernens ist, das den Lernprozess unterstützt (vgl. Euler 1992, S. 11). Ein einheitliches computerunterstütztes Lernen existiert nicht. Es gibt vielmehr verschiedene Varianten des Lernens mit Hilfe des Computers (vgl. Greinert 1997, S. 156 f.). Es lassen sich tutorielle Ansätze finden, die dem Lernen und Üben nach definierten Programmen zuzuordnen sind, und in der Tradition der Programmierten Unterweisung stehen. Darüber hinaus existieren Varianten, deren Kernstück die Interaktion der Lernenden mit dem Computer ist. Ferner lassen sich Formen differenzieren, die auf der Grundlage selbstständiger Lernsteuerung und Lernkontrolle der Lernenden basieren. Aktuell wird das Lernen im Internet und Intranet verstärkt diskutiert. Man spricht mittlerweile auch vom **E-Learning**.

Darunter versteht man jegliche Form elektronisch gestützten Lernens. Dazu zählt neben dem computerunterstützten Lernen und dem web-basierten Lernen auch das Lernen in so genannten Lernplattformen, das interaktiv zwischen den Lernenden stattfindet. Es besteht die Tendenz beim E-Learning, das Lernen und Arbeiten in virtuellen Räumen („Online-Elementen") mit Präsenzelementen zu verbinden. Man spricht dann auch vom **Blended Learning**. Damit eröffnen sich auch für den Lernort Schule weitere Möglichkeiten der pädagogischen Begleitung von Lernprozessen. Sie kann Lernende beim E-Learning unterstützen, wenn diese ihre eigenen Lernwege probieren und beschreiten und sich Lerngegenständen und Lerninhalten zuwenden, die ihren eigenen Lerninteressen und Lernvoraussetzungen entsprechen (vgl. Rebmann & Tenfelde 2003, S. 2). Hierin unterscheiden sich die Potentiale des Lernorts Schule deutlich von den Möglichkeiten des Lernorts Betrieb.

4 Teilautonomisierung und Qualitätsentwicklung

Die Entwicklung und Steuerung des deutschen Schulwesens hat in den letzten zwei Jahrzehnten einen bemerkenswerten Wandel erfahren: Die traditionelle Top-Down-Steuerung von Schule durch zentrale Vorgaben für Lehrpläne, Stundentafeln, Schulbudgets, Schulorganisation und auch für das pädagogische Handeln wird zunehmend relativiert durch Leitkonzepte einer Schulautonomie bzw. eigenverantwortlichen Schule (vgl. Brockmann 2007; Holtappels 2008, S. 219). Damit verbindet sich die Vorstellung, den Schulleitungen und dem Lehrpersonal mehr Handlungsfreiräume und mehr Eigenverantwortlichkeit zu ermöglichen. Diese Handlungsfreiheit bezieht sich auf erhöhte Verfügungsrechte beim Budgeteinsatz, auf erweiterte Gestaltungsmöglichkeiten bei der Personalentwicklung, Personalplanung und -führung, auf die Organisationsentwicklung von Schulen, auf die pädagogische Gestaltungsfreiheit in der Unterrichtsumsetzung, auf die Schulprofilierung sowie auf die eigenständige Entwicklung von Bildungsangeboten (vgl. Altrichter & Rürup 2010, S. 114). Mit der Ausweitung von Entscheidungsrechten und Ressourcenverantwortungen bei den Schulen sollen die schulspezifische Leistungsfähigkeit besser für lokale bzw. regionale Rahmenbedingungen genutzt, mehr demokratische Mitbestimmung bei der Gestaltung von Bildung ermöglicht und auch stärkerer Wettbewerb zwischen den Schulen initiiert werden (vgl. Altrichter & Rürup 2010, S. 116).

Ein auf diese Ziele von Schulautonomisierung gerichtetes Rahmenkonzept wird bildungspolitisch seit Ende der 1990er Jahre mit der Weiterentwicklung beruflicher Schulen zu **regionalen Kompetenzzentren** verfolgt (vgl. Roggenbrodt & Rütters 2007). Die beruflichen Schulen erhalten dabei ein erweitertes Aufgabenspektrum: berufliche Weiterbildung, Berufsbildung behinderter und benachteiligter Jugendlicher, Ausbildungs- und Umschulungsmaßnahmen im Auftrag der Arbeitsagenturen, Kooperationsverbünde mit anderen regionalen Bildungsträgern, Entwicklung neuer nachfragegerechter Bildungsangebote und Serviceleistungen für die Wirtschaft. Darüber hinaus wird ihnen mehr finanzielle Autonomie und Budgetierung hinsichtlich Sach- und Personalmittel zugestanden. Mit dieser Entwicklungslinie, die bereits in vielen Modellversuchen erprobt wurde, sollen berufsbildende Schulen ihre Rolle in **regionalen Berufsbildungsnetzwerken** qualitativ neu definieren (vgl. BLK 2006, S. 99 f.). So können sie ihre schulischen Bildungsangebote effektiv verbinden mit denen von Betrieben, überbetrieblichen Ausbildungsstätten und sonstigen Bildungsträgern. In diesen Netzwerken können berufliche Schulen beratend und gestaltend sowohl für Bildungsabnehmer als auch für andere Bildungsanbieter aktiv werden.

Angeregt wurde die Diskussion um eine Reform der Schulsystemsteuerung in erster Linie durch die Befunde zu der als unzureichend bewerteten Qualität des Bildungssystems und der einzelnen Schulen, die sich mit den Stichworten „mangelnde Ausbildungsreife von Jugendlichen", „Gewalt an Schulen", „Schulmüdigkeit", „Burnout-Syndrom bei Lehrkräften", „wenig Bildungschancen wegen sozialer Herkunft" etc. umschreiben lässt. Aus den Befunden wurde geschlussfolgert, dass eine strikt zentralistische Schuladministration auf diese Probleme keine pädagogische Antwort finden kann. Die desolaten Ergebnisse der internationalen Vergleichsstudien untermauerten schließlich den bildungspolitischen Reformbedarf von einer reinen Input-Steuerung zu einer stärker auf Outcome von eigenverantwortlichen Bildungsprozessen bezogenen Schulsteuerung. Von Bildungspolitik und Bildungsadministration wurden seither im Bildungssystem zahlreiche Konzepte und Instrumente implementiert, mit denen eine Teilautonomisierung von Schulen vorangetrieben wird (vgl. van Buer, Köller & Klinke 2008). Idealtypisch sind Steuerungsinstrumente danach zu unterscheiden, ob sie innere oder äußere Reformprozesse anstoßen. Schulprogramme und schulinternes Qualitätsmanagement setzen an den inneren Prozessen von eigenverantwortlicher Schule- und Qualitätsentwicklung an. Äußere Reformen nehmen dagegen ihren Ausgangspunkt in externen Strukturen und Prozessen: Hierbei sind vor allem die bundeslandspezifischen Qualitätsrahmenvorgaben und das daran gekoppelte Instrument der Schulinspektion sowie Bildungsstandards zu nennen, die außerhalb von Schule Qualitätsentwicklung steuern und kontrollieren.

Das Instrument des **Schulprogramms** stellt ein seit Mitte der 1990er Jahre verstärkt eingesetztes und inzwischen in vielen Bundesländern verbindlich im Schulgesetz eingeschriebenes Steuerungs- und Entwicklungsinstrument dar (vgl. van Buer & Hallmann 2007). Mit einem Schulprogramm bringen Schulen ihre pädagogische Grundorientierung, ihre Visionen und Zielsysteme, ihren Ist-Zustand, ihre Schwerpunkte in Unterricht, Schulleben, Organisation und externer Vernetzung, ihre Maßnahmenpläne sowie auch ihre Zielerreichungskriterien zum Ausdruck. Schulprogramme bieten folglich ein Informations- und Steuerungsangebot, das auf schulischer Selbstevaluation basiert und zur Selbstregulierung und Umsetzung der Eigenverantwortlichkeit von Schulen genutzt werden kann. Es bietet zugleich der Schulaufsicht eine wissensbasierte Möglichkeit der externen Kontrolle und Einsichtnahme in innere Reformprozesse (vgl. Heinrich & Kussau 2010).

Die ersten Erfahrungen aus den Versuchen der Umsetzung von Schulentwicklung führten zur Einsicht, dass diese zu wenig ganzheitlich, zu unsystemisch und nicht langfristig nachwirkend in der Schulpraxis betrieben wird (vgl. Roggenbrodt & Rütters 2007, S. 72 f.). Als

Antwort auf diese Befunde können Systeme eines **schulinternen Qualitätsmanagements** verstanden werden, mit denen die Schulentwicklung als Ganzes wirkungsvoll unterstützt werden soll. In vielen Bundesländern ist inzwischen die Implementierung von schulinternem Qualitätsmanagement verbindlich im Schulgesetz vorgeschrieben. So hat das Bundesland Niedersachsen seine berufsbildenden Schulen im Jahr 2005 durch einen Erlass verpflichtet, ein System gemäß dem Modell der *European Foundation for Quality Management* (EFQM) einzuführen. Das EFQM-Modell basiert auf dem Leitgedanken von Selbstevaluation, indem es die Bestandsaufnahme der Schul- und Unterrichtsqualität mittels neun Kriterien in miteinander verzahnten Befähiger- und Ergebnisfeldern anleitet: In den fünf Befähigerfeldern von „Schulleitung bzw. Führung", „Schulpolitik und -strategie", „Schulpersonal", „Partnerschaften und Ressourcen" sowie „Schulorganisation" wird durch datengestützte Bestandsaufnahme ermittelt, inwieweit die darin ablaufenden organisationalen und unterrichtlichen Prozesse eine exzellente Schulqualität befördern und wo Ansatzpunkte für Verbesserungen liegen. Der erwünschte Qualitätsoutcome wird in den vier Ergebnisfeldern „mitarbeiterbezogene Ergebnisse", „kundenbezogene Ergebnisse", „gesellschaftsbezogene Ergebnisse" und „Schlüsselergebnisse" dokumentiert und ebenfalls nach erreichter Prozessqualität bewertet. Aus der Bestandsaufnahme werden dann Maßnahmenpläne priorisiert und initiiert. Damit das Qualitätsmanagement zu einem langfristigen Programm wird, werden die einmal gesetzten Ziele bzw. gewünschten Ergebnisse auf der Folie kontinuierlicher Verbesserungsprozesse stets re-formuliert und als Auslöser eines neuen Planungs- und Umsetzungskreislaufs begriffen. Diese Prozesse einer Selbstevaluation werden innerhalb des EFQM-Modells mit der so genannten RADAR-Logik begründet.

Mit der Dezentralisierung von Schulsteuerung und der Betonung von Eigenverantwortlichkeit der Einzelschulen wurde zugleich die Notwendigkeit einer zentralen Überwachung und Überprüfung als notwendig erachtet. So ist bildungspolitisch keineswegs eine Vollautonomisierung bzw. Entstaatlichung von Schule gewollt (vgl. z. B. für Niedersachsen: Brockmann 2007; Busemann 2007). Vielmehr sieht die staatliche Deregulierung regional- und kontextspezifische Schulentwicklungsprozesse vor, deren Ergebnisse anhand bundeslandspezifischer Qualitätsziele von außen evaluiert werden. In den Bundesländern sind dabei unterschiedliche Bestrebungen hinsichtlich der Entwicklung und Einführung von externer Evaluation durch **Schulinspektion** zu beobachten. Mit ihren bundeslandspezifischen Inspektionsmodellen will die Bildungsadministration ihren jeweiligen Anspruch von Schulqualität und gutem Unterricht in die Einzelschulen hineintragen (vgl. Kotthoff & Böttcher 2010, S. 295 f.). Die datenbasierte und standardisierte Erhebung von Schul- und Unterrichtsqualität erfasst dabei alle wesentlichen Schulprozesse, indem Unterrichtsbesuche und

Schulrundgänge stattfinden, Interviews mit Eltern, Schülervertreter(inne)n und Schulträgern durchgeführt sowie Dokumente analysiert werden (vgl. Brockmann 2007, S. 37). Mit dem am Ende der Inspektion entwickelten Dokumentationsbericht legen die Schulen ihrer übergeordneten Schulaufsicht Rechenschaft ab. Zudem ermöglicht der Bericht innerhalb der Bundesländer den interschulischen Vergleich. Andersherum soll Inspektion auch als Dienstleistung verstanden werden, indem sie unterstützend für die Schulleitungen und das Lehrpersonal wirken kann, weil sie Rückmeldung über die Qualitätsbestrebungen gibt und Impulse für einzelschulische Verbesserungen auslösen kann (vgl. Bos et al. 2007, S. 241).

Die **Bildungsstandards** stellen ein weiteres Instrument zur Qualitätssicherung und Qualitätssteuerung im Schulwesen dar. Nachdem 2002 die Kultusministerkonferenz die Einführung nationaler Bildungsstandards für den allgemeinbildenden Bereich beschlossen hatte – auch unter dem Eindruck des schlechten Abschneidens deutscher Schüler/innen in den internationalen Schulleistungsstudien –, sind seit 2004 Bildungsstandards von der Primarstufe über den Hauptschulabschluss bis für den mittleren Abschluss entwickelt worden. Bildungsstandards „definieren, was genau Schüler lernen sollen, was also im Erziehungs-, Bildungs- und Qualifizierungsprozess mittels absichtsvoller, methodisch angelegter, organisierter und professionell ausgeführter pädagogischer Intervention erreicht werden soll" (Böttcher & Dicke 2008a, S. 104). Erwartungen, die sich mit der Einführung der Bildungsstandards und vor allem mit der tatsächlichen Umsetzung in Unterricht verbinden, liegen u. a. darin, Unterricht so zu verändern, dass sich Schüler/innen-Leistungen verbessern und Bildungsbenachteiligungen reduzieren lassen, die Leistungsfähigkeit des Schulsystems insgesamt zu steigern, Leistungsunterschiede zwischen den einzelnen Bundesländern abzubauen, die Gleichwertigkeit schulischer Abschlüsse zu sichern, Schüler/innen-Leistungen vergleichbar zu machen und eindeutige Maßstäbe für die interne und externe Evaluation des Schulwesens und einzelner Schulen anzubieten (vgl. Böttcher & Dicke 2008a, S. 104; 2008b, S. 143).

Im Bereich der beruflichen Bildung wird derzeit diskutiert, ob Bildungsstandards des allgemeinbildenden Bereichs auch für die Berufsbildung zu entwickeln sind, um auch über Schulevaluation und Bildungsmonitoring die Qualität beruflicher Handlungskompetenz als Leitziel der beruflichen Bildung abzusichern und zu befördern (vgl. z. B. Baethge et al. 2005; Dilger & Sloane 2005; Hensge, Lorig & Schreiber 2009; Zlatkin-Troitschanskaia 2007). Eine Verankerung des Kompetenzkonzepts wird gleichwohl nicht in Frage gestellt, wurde dies doch durch das Leitziel der beruflichen Bildung, nämlich der Beförderung beruflicher Handlungskompetenz, bereits seit langem konsensfähig anerkannt, durch die

Lernfeldeinführung in den 1990er Jahren in die schulischen Ordnungsmittel bestätigt und auch ins Berufsbildungsgesetz explizit aufgenommen. Dennoch steht die Berufsbildung vor der Herausforderung, diese vorhandenen Standards outputorientiert weiterzuentwickeln und anschlussfähig an EQR und ECVET (→ R, Internationalisierung) zu gestalten (vgl. Frank & Schreiber 2006, S. 10). In der Berufsbildungsforschung lassen sich derzeit zwei Kompetenzmodelle differenzieren (vgl. Hensge, Lorig & Schreiber 2009): Kompetenzstrukturmodelle, die eine Differenzierung von unterschiedlichen Dimensionen von Kompetenzen vornehmen – in aller Regel in Anlehnung an Roth (1971), und Kompetenzentwicklungsmodelle, die den Verlauf des Kompetenzerwerbs in einen bestimmten Kontext darstellen. In allen diesen Modellen wird berufliche Handlungskompetenz stets in Dimensionen differenziert und als mehrdimensional konzeptualisiert.

Die Bildungsstandarddiskussion hat schließlich auch den Bereich der Lehrer/innen-Ausbildung erreicht (→ LA, Professionalisierung der Lehrer/innen-Ausbildung). So hat bereits 2004 die Kulturministerkonferenz Standards für die Lehrer/innen-Bildung vorgelegt. Diese „beschreiben Anforderungen an das Handeln von Lehrkräften. Sie beziehen sich auf Kompetenzen und somit auf Fähigkeiten, Fertigkeiten und Einstellungen, über die eine Lehrkraft zur Bewältigung der beruflichen Anforderungen verfügt" (Sekretariat der Ständigen Konferenz der Kultusminister 2004, S. 4).

Literatur

Achtenhagen, F. & Schneider, D. (1993). *Stand und Entwicklungsmöglichkeiten der Lernbüroarbeit unter Berücksichtigung der Nutzung Neuer Technologien.* Bd. 21 der Berichte aus dem Seminar für Wirtschaftspädagogik der Georg-August-Universität Göttingen.

Adler, T.; Dybowski, G. & Schmidt, H. (1993). Kann sich das duale System behaupten? *Berufsbildung in Wissenschaft und Praxis,* 1, S. 3–10.

Altrichter, H. & Rürup, M. (2010). Schulautonomie und die Folgen. In H. Altrichter & K. Maag Merki (Hrsg.), *Handbuch Neue Steuerung im Schulsystem* (S. 111-144). Wiesbaden: VS Verlag.

Arbeitsgruppe Bildungsbericht am Max-Planck-Institut für Bildungsforschung (1994). *Das Bildungswesen in der Bundesrepublik Deutschland.* Reinbek: Rowohlt.

Avenarius, H. (2002). Berufliche Schulen als Kompetenzzentren regionaler Bildungsnetzwerke. *Die berufsbildende Schule,* 54(3), S. 86–90.

Baethge, M. et al. (2005). *„Wie könnte eine internationale Vergleichsstudie zur beruflichen Bildung aussehen?" Machbarkeitsstudie.* Göttingen: Soziologisches Forschungsinstitut der Universität Göttingen.

Baumann, C. (2010). *Diversity in der Wahrnehmung von Lehrerinnen und Lehrens an berufsbildenden Schulen. Einstellungen zum Umgang mit ethnisch-kultureller Vielfalt.* Unveröff. Masterarbeit, Universität Oldenburg.

Beck, U. (1986). *Risikogesellschaft.* Frankfurt am Main: Suhrkamp.

BLK (2006). *Berufsbildende Schulen als eigenständig agierende lernende Organisationen.* Heft 135. Bonn.

Bloemen, A. & Porath, J. (2009). *Testaufgaben für die Diagnose von Kompetenzentwicklung im Modellversuch HaBiNa. Werkstatt- und Forschungsberichte zum Modellversuch handwerkliche Aus- und Weiterbildung für Nachhaltigkeit.* Hamburg: Universität Hamburg.

Böttcher, W. & Dicke, J. N. (2008a). Bildungsstandards und Controlling – eine Einführung. In W. Böttcher et al. (Hrsg.), *Bildungsmonitoring und Bildungscontrolling in nationaler und internationaler Perspektive* (S. 103–106). Münster: Waxmann.

Böttcher, W. & Dicke, J. N. (2008b). Implementation von Standards. In W. Böttcher et al. (Hrsg.), *Bildungsmonitoring und Bildungscontrolling in nationaler und internationaler Perspektive* (S. 143–156). Münster: Waxmann.

Bos, W. et al. (2007). Schulinspektion in Deutschland. In J. van Buer & C. Wagner (Hrsg.), *Qualität von Schule* (S. 241–257). Frankfurt am Main: Lang.

Brockmann, H.-W. (2007). Neue Steuerungsarchitektur in Niedersachsen. In B. Busemann, J. Oelkers & H. S. Rosenbusch (Hrsg.), *Eigenverantwortliche Schule – ein Leitfaden* (S. 31–39). Köln: Luchterhand.

Bundesministerium für Bildung und Forschung (2004). *Berufsbildungsbericht 2004.* Bonn.

Bundesministerium für Bildung und Forschung (2009). *Datenreport zum Berufsbildungsbericht 2009.* Bonn.

Busemann, B. (2007). Eigenverantwortliche Schulen. In B. Busemann, J. Oelkers & H. S. Rosenbusch (Hrsg.), *Eigenverantwortliche Schule – ein Leitfaden* (S. 3–10). Köln: Luchterhand.

Cognition and Technology Group at Vanderbilt (1992). The Jasper Series as an Example of Anchored Instruction. *Educational Psychologist*, 27, S. 291–315.

Dilger, B. & Sloane, P. F. E. (2005). The Competence Clash – Dilemmata bei der Übertragung des ‚Konzepts der nationalen Bildungsstandards' auf die berufliche Bildung. *bwp@*, 8, S. 6–10.

Dobischat, R. (2005). Neue Aufgaben für berufsbildende Schulen? *Zeitschrift für Berufs- und Wirtschaftspädagogik*, 1, S. 10–18.

Euler, D. (1992). *Didaktik des computerunterstützten Lernens*. Nürnberg: Bildung und Wissen.

Frank, I. & Schreiber, D. (2006). Bildungsstandards – Herausforderungen für das duale System. *Berufsbildung in Wissenschaft und Praxis*, 4, S. 6–10.

Frömsdorf, O. (1995). Bericht aus dem Bundesinstitut für Berufsbildung (BIBB). *Erziehungswissenschaft und Beruf*, 1, S. 82–98.

Fürstenau, B. (1999). Karteikarte „Betriebserkundung". *berufsbildung*, 53, S. 25–26.

Goldman, S. R. et al. (1994). Multimedia Environments for Enhancing Science Instruction. In S. Vosniadou, E. de Corte & H. Mandl (Hrsg.), *Technology-Based Learning Environments* (S. 89–96). Berlin: Springer.

Greinert, W.-D. (1994). Die Berufsschule am Ende ihrer Entwicklung. *Die berufsbildende Schule*, 46(12), S. 389–395.

Greinert, W.-D. (1997). *Konzepte beruflichen Lernens unter systematischer, historischer und kritischer Perspektive*. Stuttgart: Holland + Josenhans.

Gudjons, H. (1986). *Handlungsorientiert lehren und lernen*. Bad Heilbrunn: Klinkhardt.

Heinrich, M. & Kussau, J. (2010). Das Schulprogramm zwischen schulischer Selbstregelung und externer Steuerung. In H. Altrichter & K. Maag Merki (Hrsg.), *Handbuch Neue Steuerung im Schulsystem* (S. 171–194). Wiesbaden: VS Verlag.

Hensge, K.; Lorig, B. & Schreiber, D. (2009). *Kompetenzstandards in der Berufsausbildung. Abschlussbericht des Forschungsprojekts 4.3.201*. Bonn.

Holtappels, H. G. (2008). Externe Evaluation durch Schulinspektion und zentrale Prüfungen – eine Einführung. In W. Böttcher et al. (Hrsg.), *Bildungsmonitoring und Bildungscontrolling in nationaler und internationaler Perspektive* (S. 219–222). Waxmann: Münster.

Kaiser, F.-J. & Kaminski, H. (1999). *Methodik des Ökonomie-Unterrichts* (3. Aufl.). Bad Heilbrunn: Klinkhardt.

Kallbach, M. (1994). Untersuchungen zur Qualität von Schule – Einführung in einen aktuellen Forschungsansatz. *Pädagogik und Schulalltag*, 49(3), S. 344–353.

Kau, W. (1995). Herausforderungen des dualen Systems in den 90er Jahren. In G. Pätzold & G. Walden (Hrsg.), *Lernorte im dualen System der Berufsbildung* (S. 53–74). Bielefeld: Bertelsmann.

Kehl, W. (2002). Die Entwicklung der berufsbildenden Schulen zu Kompetenzzentren. *Wirtschaft und Berufserziehung*, 8, S. 15–16.

Keune, S. & Zielke, D. (1992). Individualisierung und Binnendifferenzierung: eine Perspektive für das duale System. *Berufsbildung in Wissenschaft und Praxis*, 21(1), S. 32–37.

Kimmelmann, N. (2009). Diversity Management – (k)ein Thema für die berufliche Bildung? *Berufsbildung in Wissenschaft und Praxis*, 1, S. 7–10.

Klusmeyer, J. (2003). Der Methodeneinsatz im kaufmännischen Unterricht. In K. Rebmann (Hrsg.), *Oldenburger Forschungsbeiträge zur Berufs- und Wirtschaftspädagogik* (S. 51–63). Oldenburg: BIS.

Koch, J. & Selka, R. (1991). *Leittexte – ein Weg zu selbständigem Lernen*. Berlin: Bundesinstitut für Berufsbildung.

Kotthoff, H.-G. & Böttcher, W. (2010). Neue Formen der Schulinspektion. In H. Altrichter & K. Maag Merki (Hrsg.), *Handbuch Neue Steuerung im Schulsystem* (S. 295–325). Wiesbaden: VS Verlag.

Kutscha, G. (1992). Das Duale System der Berufsausbildung in der Bundesrepublik Deutschland – ein auslaufendes Modell? *Berufsbildende Schule*, 44(3), S. 145–156.

Lange, H. (1995). Schulautonomie. *Zeitschrift für Pädagogik*, 41(1), S. 21–37.

Mayer, C. (1996). Vocational education in Germany in a historical gender-oriented perspective. In A. Heikkinen (Hrsg.), *Gendered History of (Vocational) Education – European Comparisons* (S. 29–46). Hämeenlinna: Tampereen yliopiston ope Hojankoulutuslaitos.

Münch, J. (1994). *Das Berufsbildungssystem in der Bundesrepublik Deutschland*. Luxemburg: Amt für amtliche Veröffentlichungen der Europäischen Gemeinschaften.

Nolte, M. (2003). *Wirtschaft-live-Projekte*. Hamburg: Kovac.

Pätzold, G. (1995). Lernortkooperation im Dualen System. *berufsbildung*, 32, S. 3–7.

Pahl, J.-P. (1997). *Curriculum Instandhaltung. Teil 1 Grundlagen*. Dresden: VMS.

Pahl, J.-P. (2008). *Berufsschule* (2. Aufl.). Bielefeld: Bertelsmann.

Pukas, D. (1990). Zur Rolle der Berufsschule im auslaufenden 20. und beginnenden 21. Jahrhundert. *Berufsbildung in Wissenschaft und Praxis*, 2, S. 7–10.

Rebmann, K. (1996). Die Berufsschule im dualen System der Berufsausbildung. In W. Seyd & R. Witt (Hrsg.), *Situation, Handlung, Persönlichkeit* (S. 259–269). Hamburg: Feldhaus.

Rebmann, K. (2001). *Planspiel und Planspieleinsatz*. Hamburg: Kovac.

Rebmann, K. & Tenfelde, W. (1999). *Umweltschutz in der Berufsausbildung. Kaufmännische Berufe*. Bonn: hrsg. v. Bundesinstitut für Berufsbildung.

Rebmann, K. & Tenfelde, W. (2003). E-Learning im Studienprofil „Betriebliche Aus- und Weiterbildung": ein Beispiel. *bwp@Profile* 1, S. 1–14.

Reetz, L. (1988). Fälle und Fallstudien im Wirtschaftslehre-Unterricht. *Wirtschaft und Erziehung*, 5, S. 148–156.

Reetz, L. (1994). Schlüsselqualifikationen für Kaufleute im Einzelhandel – Anmerkungen und Berichte der wissenschaftlichen Beratung zum gleichnamigen BLK-Modellversuch. In M. Schopf (Hrsg.), *Modellversuch „Schlüsselqualifikationen für Kaufleute im Einzelhandel" Abschlussbericht* (S. 11–34). Hamburg: Amt für Schule.

Reetz, L. (1995). Zur Relevanz von Kooperationsfähigkeit als Lernziel in der Berufsbildung. In C. Metzger & H. Seitz (Hrsg.), *Wirtschaftliche Bildung* (S. 180–194). Zürich: Verlag des Schweizerischen Kaufmännischen Verbandes.

Roggenbrodt, G. & Rütters, K. (2007). Schulisches Qualitätsmanagement und Verbesserung der Unterrichtsqualität durch Evaluation. In S. Basel, D. Giebenhain & J. Rützel (Hrsg.), *Peer-Evaluation an beruflichen Schulen* (2. Aufl., S. 68–87). Paderborn: Eusl.

Sekretariat der Ständigen Konferenz der Kultusminister (2004). *Standards für die Lehrerbildung: Bildungswissenschaften*. URL: http://www.kmk.org/fileadmin/veroeffentlich ungen_beschluesse/2004/2004_12_16-Standards-Lehrerbildung.pdf [10.07.2010].

Sekretariat der Ständigen Konferenz der Kultusminister (2007a). *Rahmenvereinbarung über die Berufsfachschulen*. URL: http://www.kmk.org/fileadmin/veroeffentlichungen _beschluesse/1997/1997_02_28-RV-Berufsfachschulen.pdf [10.07.2010].

Sekretariat der Ständigen Konferenz der Kultusminister (2007b). *Die Berufsschule. Zusammenfassende Darstellung einschlägiger Beschlüsse der Kultusministerkonferenz.* URL: http://www.kmk.org/fileadmin/veroeffentlichungen_beschluesse/2007/2007_ 07_20-Zusammenf-Beschluesse-Berufsschule.pdf [10.07.2010].

Sekretariat der Ständigen Konferenz der Kultusminister (2009). *Erklärung der Kultusministerkonferenz zur zukünftigen Stellung der Berufsschule in der dualen Berufsausbildung.* URL: http://www.kmk.org/fileadmin/veroeffentlichungen_beschluesse/2009/ 2009_12_10-Berufsschule-in-der-dualen_Berufsausbildung.pdf [10.07.2010].

Thyssen, S. (1954). *Die Berufsschule in Idee und Gestaltung*. Essen: Girardet.

van Buer, J. & Hallmann, P. J. (2007). Schulprogramme – Konstruktions- und Implementationsbefunde. In J. van Buer & C. Wagner (Hrsg.), *Qualität von Schule* (S. 317–344). Frankfurt a. M.: Lang.

van Buer, J.; Köller, M. & Klinke, S. (2008). Schulprogramme an beruflichen Schulen. *Zeitschrift für Berufs- und Wirtschaftspädagogik*, 3, S. 358–384.

Zlatkin-Troitschanskaia, O. (2007). Bildungsstandards in der beruflichen Bildung – Paradigmenwechsel für die Entwicklungspraxis beruflicher Schulen und Folgen für die Berufsbildungsforschung. *Zeitschrift für Berufs- und Wirtschaftspädagogik*, 1, S. 75–100.

**Strukturbegriff:
Lernort Betrieb**

Rahmenbedingungen
Berufsbildungspolitik
Beruf, Wirtschaft, Pädagogik
Ausbildung der Lehrer/innen und der Ausbilder/innen
Zielsetzungen
Lernort Schule
Didaktik beruflichen Lernens und Lehrens
Lernort Betrieb

1 Betriebliche Lernorte

Der Betrieb ist umgangssprachlich betrachtet eine wirtschaftliche und organisatorische Einheit, in der Güter produziert und Dienstleistungen erbracht werden. Solche Betriebe sind Handwerksbetriebe, Industriebetriebe, Bankbetriebe, Handelsbetriebe, Versicherungsbetriebe u. a. Wenn diese Betriebe auch ausbilden oder weiterbilden, dann handelt es sich offenbar um einen Lernort. Mit dieser Vorstellung vom Lernort Betrieb kommen wir allerdings in Schwierigkeiten, wenn sie an der Praxis überprüft wird.

Nahezu jede Arbeit im Betrieb bietet zugleich auch Lernchancen. Gelernt wird auch am Arbeitsplatz und nicht nur in der betrieblichen Aus- und Weiterbildung. Ein Betrieb mit Arbeitsplätzen ist deshalb immer auch ein Ort des Lernens, auch dann, wenn das Lernen dort nicht institutionalisiert ist zum Beispiel in der Form von Ausbildungsplätzen oder in der Lehrwerkstatt. Ein Ort des Lernens ist ein Betrieb auch dann, wenn dieses Lernen nicht geregelt ist beispielsweise durch Ausbildungsordnungen oder Weiterbildungsprogramme.

Es gibt nun aber auch Einrichtungen der beruflichen Bildung, z. B. Berufsbildungswerke oder Berufsförderungswerke, die Ausbildungsvorbereitung, berufliche Ausbildung, Fortbildung und Umschulung leisten, ohne Betriebe im oben genannten Sinne zu sein. Und wie sind Rechtsanwalts-, Notar-, Arzt- bzw. Zahnarztpraxen, Apotheken und Steuerberatungsbüros zu verstehen? Dort wird auch ausgebildet. Zählen sie deshalb auch zum Lernort Betrieb? Wie sind öffentliche Verwaltungen einzuordnen? Wie verhält es sich mit der Produktionsschule? Ist diese Einrichtung eine Schule, wie der Name sagt? Oder ist sie ein Betrieb, weil dort Güter und Dienstleistungen produziert bzw. erstellt und vermarktet werden?

Außerdem gibt es das Berufsbildungsgesetz, dessen § 5 (2) Nr. 6 besagt: Die Ausbildungsordnung kann vorsehen, ...

> „dass Teile der Berufsausbildung in geeigneten Einrichtungen außerhalb der Ausbildungsstätte durchgeführt werden, wenn und soweit es die Berufsausbildung erfordert (überbetriebliche Berufsausbildung)".

Dies ist z. B. der Fall in den überbetrieblichen Ausbildungsstätten. Ungefähr 80 % der Auszubildenden im Handwerk besuchen zeitweise solche überbetrieblichen Ausbildungsstätten. Sind sie deshalb auch als Lernort Betrieb anzusehen, obwohl sie doch nichts produzieren und keine Dienstleistungen auf einem Markt anbieten, sondern nur ausbilden?

In dieser misslichen Situation, den Lernort Betrieb auf Anhieb nicht genau bestimmen zu können, vermag das Berufsbildungsgesetz weiterzuhelfen. Es nimmt in § 2 (1) zumindest einige Festlegungen vor:

> „Berufsbildung wird durchgeführt
> 1. in Betrieben der Wirtschaft, in vergleichbaren Einrichtungen außerhalb der Wirtschaft, insbesondere des öffentlichen Dienstes, der Angehörigen freier Berufe und in Haushalten (betriebliche Berufsausbildung),
> 2. in berufsbildenden Schulen (schulische Berufsausbildung) und
> 3. in sonstigen Berufsbildungseinrichtungen außerhalb der schulischen und betrieblichen Berufsausbildung (außerbetriebliche Berufsbildung)."

Abbildung 19 zeigt die Lernorte der Berufsbildung im Überblick.

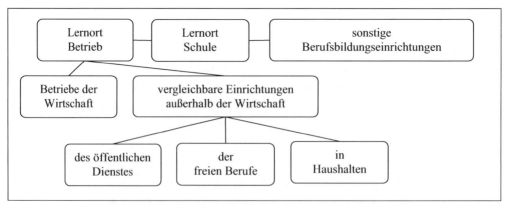

Abbildung 19
Lernorte der Berufsbildung gemäß § 2 (1) Berufsbildungsgesetz

Als Lernort Betrieb im Sinne des Berufsbildungsgesetzes gelten Wirtschaftsbetriebe (einschließlich überbetrieblicher Ausbildungsstätten, soweit diese mit einem Betrieb verbunden sind), der öffentliche Dienst, die freien Berufe und die Haushalte. Zum Lernort Betrieb zählen hingegen nicht die sonstigen Berufsbildungseinrichtungen, wie z. B. Berufsbildungswerke und Berufsförderungswerke. Auch die Produktionsschule zählt nicht zum Lernort Betrieb im Sinne des Gesetzes.

Berufsbildungswerke sind außerbetriebliche und überregionale Einrichtungen zur beruflichen Erstausbildung von Jugendlichen, die wegen einer körperlichen, geistigen oder seelischen Behinderung Einschränkungen hinsichtlich ihrer Berufstätigkeit hinnehmen müssen und die keinen Ausbildungsplatz in einem Betrieb erhalten haben (vgl. Seyd 1999, S. 112). Ihr Ziel ist die Eingliederung der Rehabilitand(inn)en in den Arbeitsmarkt, aber auch deren individuelle, soziale und gesellschaftliche Integration. Hierfür bieten die Berufsbildungswerke Maßnahmen zur Berufsvorbereitung und zur Berufsausbildung in anerkannten Ausbildungsberufen an.

Derzeit gibt es 50 Berufsbildungswerke, die etwa 13.000 Ausbildungsplätze und eine Vielzahl von weiteren Förderplätzen anbieten. Die Finanzierung wird in der Regel von der Bundesagentur für Arbeit übernommen. Neben der Ausbildung werden die Auszubildenden noch medizinisch, psychologisch und sozialpädagogisch betreut. Berufsbildungswerke verfügen in der Regel über eine eigene Berufsschule und stellen ihren Rehabilitand(inn)en während ihrer Ausbildung berufspraktische Erfahrungen in mehrwöchigen Betriebspraktika bereit. Lehrer/innen an Berufsbildungswerken verfügen mehrheitlich über eine sozialpädagogische Ausbildung. Sie werden durch sozialpädagogische, sonderpädagogische, medizinische und psychologische Fachdienste unterstützt.

Berufsförderungswerke sind spezielle Einrichtungen der beruflichen Rehabilitation, in denen Maßnahmen zur beruflichen Umschulung und Neuorientierung von behinderten Erwachsenen durchgeführt werden, die wegen ihrer gesundheitlichen Schädigung oder Behinderung nicht mehr in der Lage sind, ihren zuvor erlernten Beruf oder ihre bisherige Tätigkeit auszuüben (vgl. Kipp 1999, S. 116). Im Gegensatz zu den Berufsbildungswerken geht es hier nicht um die berufliche Ersteingliederung von Jugendlichen, sondern um die berufliche Neuorientierung und Wiedereingliederung von erwachsenen Menschen. Derzeit gibt es 28 Berufsförderungswerke mit insgesamt 15.000 Ausbildungsplätzen für alle Berufsfelder. Die Finanzierung erfolgt über die Bundesagentur für Arbeit sowie die Rehabilitationsträger, wie z. B. die Deutsche Rentenversicherung und die Berufsgenossenschaften.

Das Angebot umfasst: die Vermittlung berufsspezifischer Kenntnisse und Fertigkeiten, Hilfen für eine angemessene Bewältigung von Behinderungsauswirkungen in Ausbildung, Beruf und Freizeit. Neben Qualifizierungen mit anerkannten Abschlüssen besteht auch die Möglichkeit, Zusatz- bzw. Teilqualifikationen zu erwerben.

Die Berufsförderungswerke verfolgen eine ganzheitliche Rehabilitation Erwachsener. Deshalb werden die Rehabilitand(inn)en durch ein so genanntes Reha-Team betreut. Dies setzt sich aus Ausbilder(inne)n, Ärzt(inn)en, Psycholog(inn)en, Heilpädagog(inn)en und Sozialarbeiter(inne)n zusammen. Das Reha-Team ist für jeden Rehabilitanden und jede Rehabilitandin eine feste Bezugsgruppe, die ihnen während der gesamten Qualifizierungsmaßnahme zur Verfügung steht.

Produktionsschulen sind Schulen, die Waren und Dienstleistungen produzieren und vermarkten. Die Waren werden nicht für den Eigenbedarf hergestellt. Sie werden auf dem Markt angeboten. Deshalb müssen sie professionellen Ansprüchen an die Qualität entsprechen. Die Produktionsschüler/innen erhalten für ihre Leistungen ein Entgelt. Produktionsschulen verfügen über Werkstätten, in denen Güter und Dienstleitungen hergestellt werden. Die Arbeitszeit der Produktionsschüler/innen entspricht in etwa derjenigen von Beschäftigten in vergleichbaren Branchen. Produktionsschulen sind Ganztagsschulen.

2 Lernort „Betriebe der Wirtschaft"

Mit der Einschränkung auf den Lernort „Betriebe der Wirtschaft" wird zugleich auch festgelegt, dass sich dessen Bedeutung aus dem wirtschaftlichen Handeln der Betriebe ergibt. Anders und pointiert formuliert: Berufliche Bildung ist, soweit sie über den Lernort Betrieb vermittelt wird, dann effektiv, wenn sie auch wirtschaftlich ist. Und wirtschaftlich ist sie, wenn sie nachweislich eine rentable Investition in „Betriebskapital" ist, mit der der Betrieb seine wirtschaftlichen Ziele, nämlich Sachgüter zu produzieren und Dienstleistungen zu erbringen, mit dem geringst möglichen Einsatz von Ressourcen erreicht.

Betriebliche Qualifizierung orientiert sich deshalb nicht etwa primär an einem Naturrecht des Menschen auf Bildung im Sinne eines Individualrechtes oder an einem gesellschaftlichen Auftrag zur Integration junger und auch alter Menschen in unsere Sozialsysteme ($\rightarrow$ BWP, Beruf; $\rightarrow$ BWP, Pädagogik). Sie bedeutet primär ökonomisch sinnvolle Verwertung von Arbeitskraft. Beispiele aus der Entwicklung der industriellen Produktion und der kaufmännischen Verwaltung können diese Ansicht bekräftigen. Ein erstes Beispiel ist der (teil)automatisierten Produktion entnommen, wie sie zumindest noch in den 1970er Jahren als typischer Fall industrieller Produktion angesehen wurde.

Die Industrialisierung in der Nachkriegszeit wurde geprägt durch eine rigorose Taylorisierung. Mit Taylorisierung ist die konsequente Umsetzung der „Grundsätze einer wissenschaftlichen Betriebsführung" gemeint, die der amerikanische Ingenieur Frederick W. Taylor im Jahre 1913 vorlegte. Die einfache Logik dieser Prinzipien liegt in der Erkenntnis begründet, dass durch die Automatisierung von gleichartigen Tätigkeiten die Wirtschaftlichkeit betrieblicher Prozesse der Produktion und Dienstleistung verbessert wird. Besonders eindrucksvoll wurden diese Prinzipien in der Fließfertigung der Automobilindustrie vorgeführt, die für andere Funktionsbereiche und Branchen Modellcharakter hatte, auch wenn dort das Ideal einer Fließfertigung nicht ganz erreicht wurde. Beispiele für die Übertragung tayloristischer Prinzipien einer Automatisierung von gleichartigen Tätigkeiten auf andere betriebliche Funktionsbereiche sind die Einrichtung von Arbeitsplätzen für Steno- bzw. Phonotypist(inn)en und deren räumliche Zusammenfassung in einem Schreibsaal sowie die strikte Trennung von kaufmännischer Sachbearbeitung und elektronischer Datenverarbeitung gewesen.

Soweit die Prinzipien einer „wissenschaftlichen Betriebsführung" auf Produktion und kaufmännische Verwaltung angewandt wurden, verschärfte sich das Problem einer Kluft zwischen Ausbildung und betrieblicher Realsituation, in der Lernpotentiale und Lernchancen eines ganzheitlichen und erfahrungsbezogenen Lernens schwerlich auszumachen waren (vgl. Abbildung 20).

Produktions-, Arbeits- und Organisationskonzepte in der (teil)automatisierten Produktion:

- Trennung von Kopf- und Handarbeit
- Rigorose Arbeitsteilung (Arbeitszerlegung mit dem Idealfall der Fließfertigung)
- Spezialisierung
- Koordination über Pläne und Programme
- Konfiguration der Weisungs- und Leitungsbeziehungen: Bürokratiemodell mit tief gestaffelten Hierarchien
- Generelles Ziel: kostengünstige Massenproduktion

Konsequenzen für die Berufsausbildung am Lernort Betrieb:

- Zentralisierung der Berufsausbildung in der Ausbildungsabteilung und Abkoppelung von der Produktion bzw. den Geschäftsprozessen
- Zentralisierte Ausbildungsaufteilung
- Systematisierung der Berufsausbildung in Lehrgängen
- Orientierung der Ausbildung an fachwissenschaftlicher und fachlicher Systematik
- Stufenmodell des betrieblichen Lernens

Abbildung 20:
Trennung des Lernorts Betriebs von der (teil)autonomisierten Produktion

Die betriebswirtschaftlich begründeten Anforderungen einer auf Arbeitsteilung, Spezialisierung und Massenproduktion begründeten Arbeitsorganisation an die Berufsausbildung haben sich seit den 1980er Jahren jedoch nachhaltig geändert. Auslöser waren wohl die mit den neuen Technologien möglichen, aber auch notwendigen Umstellungen auf neue Produktions-, Arbeits- und Organisationskonzepte. Auch hier waren es wieder produktionswirtschaftliche Ziele, auf die der Lernort Betrieb zu reagieren hatte (vgl. Abbildung 21).

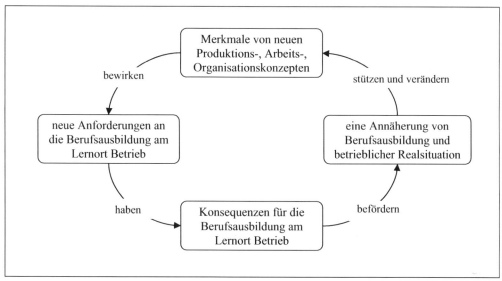

Abbildung 21:
Aktuelle betriebswirtschaftliche Anforderungen am Lernort Betrieb

Um auf den Weltmärkten konkurrenzfähig zu bleiben, muss heute permanent Produktinnovation betrieben werden. Betriebe müssen bei aller Spezialisierung dennoch flexibel genug sein, ihre Produktion kurzfristig umstellen zu können. Kund(inn)en sind heute nicht mehr mit Produkten aus der Massenfertigung zufriedenzustellen. Gefragt ist die variantenreiche Produktion mit kurzfristiger Lieferbereitschaft.

Die Umsetzung dieser neuen Produktionskonzepte geht einher mit beweglichen Arbeitsabläufen und Arbeitsstrukturen. Je nach wechselnden Auftragslagen müssen Arbeitsabläufe und Arbeitseinsätze auch mit wechselnden Qualifikationsanforderungen umorganisiert werden. Das heißt aber auch, dass Mitarbeiter/innen flexibel genug sein müssen, diese neuen Arbeitseinsätze und Arbeitsplätze an- und einzunehmen und dass Leistungspotentiale nicht erst in langwierigen Qualifizierungsprozessen aufgebaut werden müssen. Sie müssen bereits im Arbeitsprozess selbst und kontinuierlich erworben werden: Lernen muss mit Arbeiten verknüpft werden. Des Weiteren treten mit der schrittweisen Auflösung der starren Produktion nach dem Prinzip der Fließfertigung Gruppen und Teams an die Stelle des einzelnen Arbeiters in der Fließfertigung.

Um die neuen Produktionskonzepte der flexiblen Spezialisierung und variantenreichen Produktion organisatorisch abzusichern, kommen komplexe Logistiksysteme zum Einsatz bei gleichzeitiger Auflösung der starren hierarchischen Konfiguration von Weisungs- und Leitungsbeziehungen. Wie die Produktion muss auch die Organisation „schlanker" werden.

Personalentwicklung muss neben der Entwicklung von Personal zugleich einen Beitrag zur Organisationsentwicklung abliefern. Das Schlagwort von der „lernenden Organisation", einer Organisation, die solches Lernen ermöglicht, das die Organisation entwickelt und zugleich auch neue Lernmöglichkeiten für weitere Organisationsentwicklungen schafft, markiert vielleicht treffend die neuen Entwicklungen.

Schlagwortartig lassen sich auch die über den Lernort Betrieb zu vermittelnden Qualifikationen skizzieren: Zukünftige Mitarbeiter/innen müssen über den Tellerrand ihres jeweiligen Arbeitsplatzes hinausblicken können. Sie müssen Einsicht in betriebliche Arbeitsstrukturen haben, in Systemen denken können, die Gestaltbarkeit von Arbeitsstrukturen erkennen und die vorhandenen Gestaltungsfreiräume im beruflichen Handeln eigenverantwortlich nutzen. Sie müssen als Gruppe Verantwortung tragen für die produzierte Qualität, aber auch für die Fehler, die sie machen. Sie müssen an der kontinuierlichen Verbesserung von Produkt und Prozessabläufen mitwirken und das selbstständige Entscheiden und Steuern lernen (vgl. Bosch 2000) (→ LA, Betriebliches Ausbildungspersonal; → Z, Berufliche Handlungskompetenz). In einem Prozess des lebenslangen Lernens müssen sie ihre Qualifikationen als „Arbeitskraftunternehmer/innen" (→ BWP, Beruf) vermarkten und eigenverantwortlich entwickeln (Voß 2001). Die Risiken und Chancen, die sie in den neuen Arbeits- und Qualifikationsstrukturen eingehen, haben sich beträchtlich verändert (vgl. Lerch 2008, S. 612). Der „*Self-Entrepreneur*" konnte sich zu einem neuen Leitbild entwickeln (vgl. Euler 2008, S. 165 f.).

Die Folgen dieser Entwicklungen für das betriebliche Lernen werden häufig mit einer Flexibilisierung der betrieblichen Ausbildung beschrieben (vgl. Clement 2002). Dies meint:

- Ausbildungsinhalte haben sich an der Qualifikationsnachfrage der Arbeitswelt zu orientieren und sind so auszuwählen, dass sie die typischen und sich wandelnden *Arbeits- und Geschäfts*prozesse des Betriebes abbilden. Sie sind so anzuordnen, dass sich die realen Arbeitsprozesse im Ausbildungsverlauf und in den Ausbildungshandlungen widerspiegeln.
- Lernwege sind den individuellen Lernvoraussetzungen und Bildungsansprüchen anzupassen, d. h. strukturell im Hinblick auf Ort und Zeit, Medien und Methoden des Lernens zu individualisieren.
- Öffnung der betrieblichen Ausbildung für informelles und erfahrungsbezogenes Lernen, für *learning by doing, learning by using, learning by interacting*.

3 Arbeiten und Lernen

Um den Lernort Betrieb mit seinen Interaktionsmustern beschreiben und nach berufspädagogischen Zielsetzungen gestalten zu können, bietet sich eine Perspektive an, die als Geschäftsprozessorientierung diskutiert wird. Diese Perspektive wurde insbesondere mit dem in den 1990er Jahren populär gewordenen Konzept des *Business Process Reengineering* in die Unternehmenspraxis hineingetragen und sorgte nachträglich für einen Paradigmenwechsel in der Betriebswirtschaftslehre: Die immer komplexer gewordenen Unternehmensstrukturen und -abläufe werden seitdem nicht mehr nur primär entsprechend ihrer Funktionen (Absatz & Vertrieb, Logistik, Beschaffung, Rechnungswesen etc.), sondern grundlegend prozessorientiert und damit zweckorientiert abgebildet sowie nach Zielen der Wirtschaftlichkeit umgestaltet (vgl. Gaintanides 2007, S. 48 ff.). Ziele der Wirtschaftlichkeit lassen sich insbesondere anhand der Idee einer „wertorientierten Unternehmensführung" konkretisieren: Geschäftsprozesse werden in Kern- und Unterstützungsprozesse differenziert. Sie werden dahingehend bewertet, welchen Wertschöpfungsbeitrag und folglich welchen Anteil zur Unternehmenswertsteigerung sie direkt oder unterstützend leisten können. Demnach sind Kernprozesse direkt mit den kundenbezogenen Unternehmensleistungen verbunden (z. B. die Kundenberatung in einer Bank). Mit den Unterstützungsprozessen werden hingegen alle Abläufe im Unternehmen dargestellt, die einen erfolgreichen Ablauf der Kernprozesse unterstützen und ermöglichen (z. B. die Einrichtung eines betrieblichen Informationssystems, das *Cross-Selling* im Kundengespräch unterstützt).

Die prozessorientierte und unternehmenswertorientierte Perspektive hat erhebliche Konsequenzen für den Betrieb als Lernort. Statt einzelner und eng geschnittener Arbeitsverrichtungen im Sinne einer tayloristischen Arbeitsteilung geraten nun komplexe Arbeitshandlungen in bereichsübergreifenden Tätigkeitsfeldern in den Blick. Diese sind gekennzeichnet durch eine erhebliche Aufwertung von Arbeit. Sie binden Mitarbeiter/innen beispielsweise dabei ein, Produktinnovationen zu generieren, die Leistungserstellung nach Kriterien von Qualität, Zeit und Kosten mitzugestalten oder die Einführung neuer Managementsysteme mitzutragen. Zugleich fordern diese komplexer gewordenen Arbeitshandlungen sehr viel stärker den lernenden Mitarbeiter an, was sich anhand moderner Unternehmensführungskonzepte wie dem *Balanced Scorecard*-Ansatz, der Six-Sigma-Methodik oder *Supply Chain*-Managementkonzepten ableiten lässt (vgl. Schmelzer & Sesselmann 2008, S. 12 ff.). Unternehmensführungskonzepte weisen Mitarbeiter(inne)n erhebliche Möglichkeiten der Mitbestimmung und Mitgestaltung am Arbeitsplatz zu. Sie spiegeln das durchgängige Prinzip der Verknüpfung von Arbeiten und Lernen wider.

Wenn Geschäftsprozesse in der Verknüpfung von Arbeiten und Lernen ihren repetitiven Charakter verlieren, darf erwartet werden, dass betrieblich organisierte Arbeit auch zur Beförderung von Lernmotivation, Sinnverstehen der eigenen Arbeitsleistung, Bereitschaft zur Kooperation mit anderen und letztlich auch zur Identifikation mit den Unternehmenszielen im Sinne einer *corporate identity* beiträgt. Ein Lernen in Geschäftsprozessen wird unterstützt, wenn es grafisch visualisiert wird. In diesem Zusammenhang entfalten Verfahren der Prozessmodellierung einen hohen Nutzen, um berufliche Handlungsdomänen abbilden zu können und unter berufs- und wirtschaftspädagogischen Gesichtspunkten – beispielsweise zu Fragen der lernförderlichen Gestaltung von Arbeitsplätzen – analysieren zu können (vgl. Rebmann & Tenfelde 2008, S. 175 ff.). Die prozessorientierte Modellierung beruflicher Handlungsfelder folgt drei logisch aufeinander aufbauenden Schritten.

Schritt 1 umfasst die **Modellierung von Wertschöpfungsketten**. Zunächst sollte anhand von Wertschöpfungsketten dargestellt werden, welche Aktivitäten in einem Unternehmen logisch aufeinander folgen, damit ein dem Kundenwunsch entsprechender Leistungsoutput erbracht wird (vgl. Voigt 2008, S. 97 ff.). So lässt sich bereits darstellen, welche Interaktionsbündel von elementarer Bedeutung für das Geschäftsmodell eines Unternehmens sind. Beispielsweise scheint für ein Einzelhandelsunternehmen die Standortwahl von strategischer Bedeutung zu sein, für die Automobilindustrie sind es die Forschungs- und Entwicklungsaktivitäten und für eine Unternehmensberatung ist die richtige Personalauswahl grundlegend für den Geschäftserfolg (vgl. Abbildung 22).

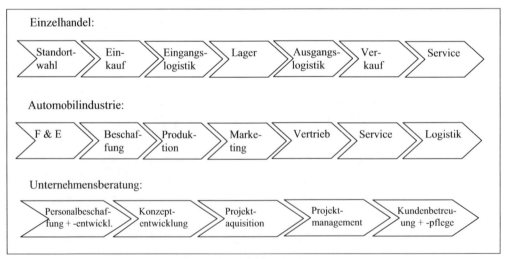

Abbildung 22:
Beispiele für Wertschöpfungsketten verschiedener Unternehmensmodelle (vgl. Voigt 2008, S. 98)

Schritt 2 stellt die **Modellierung von Wertschöpfungskettendiagrammen** dar. Aus der komprimierten Darstellung der Kernunternehmensprozesse in der Wertschöpfungskette sind schließlich Ausschnitte zu wählen, die detaillierter dargestellt werden können. Diese Ausschnitte, die als *Wertschöpfungskettendiagramme* bezeichnet werden, stellen eine wichtige Verbindung zwischen der Darstellung der Wertschöpfungskette und der Darstellung einzelner Arbeits- und Geschäftsprozesse dar (vgl. Gadatsch 2001, S. 127). Um z. B. die Planung des periodischen Bedarfs an Rohstoffen in einem Industrieunternehmen als Geschäfts- und Arbeitsprozess darzustellen, ist der Abschnitt Beschaffung aus der industriellen Wertschöpfungskette herauszulösen und zunächst in Prozessgruppen zu gliedern. Abbildung 23 zeigt ein Wertschöpfungskettendiagramm am Beispiel der Auftragsbearbeitung in Unternehmen der Telekommunikationsbranche.

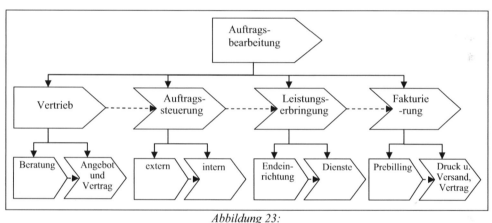

Abbildung 23:
Beispiel für ein Wertschöpfungskettendiagramm (vgl. Gadatsch 2001, S. 127)

Schritt 3 umfasst die **Modellierung von ereignisgesteuerten Prozessketten**. Das Wertschöpfungskettendiagramm bietet mit der Zerlegung eines Geschäftsprozesses in Prozessgruppen bereits eine aufschlussreiche Darstellung des Zusammenwirkens einzelner Unternehmensprozesse. Es ist jedoch eine weitere Aufgliederung notwendig, um Arbeitshandlungen beschreiben und analysieren zu können. Dies leistet die Methode der ereignisgesteuerten Prozesskette (EPK-Methode). Mit ihr kann die zeitliche und logische Reihenfolge von Interaktionen detailliert visualisiert werden (vgl. Nüttgens & Rump 2002). Die EPK-Methode baut auf der Annahme auf, dass sich Prozessketten als Folge von Ereignissen und Funktionen darstellen lassen, denen wiederum Ereignisse und Funktionen folgen. Zwischen Ereignissen und Funktionen werden so genannte logische Verknüpfungsoperatoren eingesetzt, die Entscheidungen anzeigen, die im Verlaufe des jeweiligen Geschäftsprozesses getroffen werden (müssen). Diese Entscheidungen hängen ihrerseits von Voraussetzungen und Bedingungen ab (vgl. Gadatsch 2001, S. 131 ff.). Den beabsichtigen Aussagen von ereignisgesteuerten Prozessketten entsprechend werden Prozessketten in der Regel durch weitere Symbole erweitert. So können z. B. die Zusammenarbeit mit anderen Organisationseinheiten, Zugriffe auf prozessrelevante Informationsobjekte und Informationsflüsse u. a. angezeigt werden. Bei der EPK-Methode sind allgemeine Grundsätze ordnungsmäßiger Modellierung und konkrete Syntaxregeln zu beachten (vgl. Staud 2006, S. 80). Abbildung 24 zeigt eine beispielhafte Prozessmodellierung.

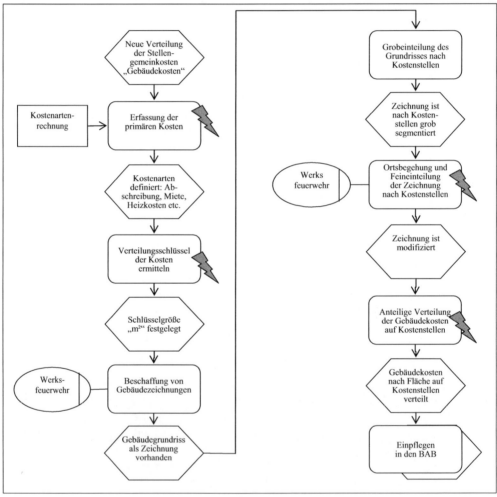

Abbildung 24:
Modellierung einer ereignisgesteuerten Prozesskette am Beispiel der Verteilung von Gebäudekosten innerhalb der Kostenstellenrechnung

Mit der EPK-Methode werden solche Geschäftsprozesse modelliert, die zwar einen kleinen, aber äußerst detailliert erkundeten Ausschnitt aus dem beruflichen Alltag darstellen. Für die betriebliche Ausbildungsplanung stellen diese Ausschnitte grundlegende Bezugspunkte dar. Auf ihrer Basis lassen sich exemplarische Ausbildungssituationen auswählen und für die konzeptionelle Bildungsgestaltung im Betrieb nutzen.

Schritt 4 ist die **kompetenzorientierte Re-Modellierung lernförderlicher Arbeits- und Geschäftsprozesse.** Im vierten Schritt gilt es nun die Geschäftsprozesse so zu verändern (re-modellieren), dass sie sich auch als lernförderlich erweisen. Um die beschriebenen Geschäftsprozesse in lernförderliche zu überführen, können Checklisten herangezogen werden (vgl. Rebmann & Tenfelde 2008, 186 ff.). Abbildung 25 zeigt exemplarisch eine Checkliste für die Beförderung von Fachkompetenz.

Checkliste
zur lernförderlichen Gestaltung von Arbeitsaufgaben (Arbeits- und Geschäftsprozessen)
hier zu Fachkompetenz:

- Haben die Lernenden schon berufliche oder außerberufliche Erfahrungen mit derselben oder einer vergleichbaren Aufgabe gemacht?
- In welchem Zusammenhang standen die Erfahrungen mit anderen Erfahrungen (Kontext der Erfahrungen)?
- Über welches Erfahrungswissen bezüglich der Aufgabe verfügen sie bereits?
- Wurde das Erfahrungswissen der Lernenden bereits in anderen und/oder außerberuflichen Handlungen erprobt?
- Lässt sich dieses Erfahrungswissen in die Bearbeitung der Aufgabe einbringen?
- Über welche Fachkompetenz müssen sie verfügen können, um die Aufgabe bzw. die Arbeitsschritte erfolgreich bewältigen zu können?
- Lässt sich das Fachwissen sinnvoll mit fachübergreifendem Wissen verbinden bzw. vernetzen und dadurch verallgemeinern?

Abbildung 25:
Checkliste zur kompetenzförderlichen Re-Modellierung von Arbeits- und Geschäftsprozessen

Die Checklisten enthalten Rückfragen zur Beförderung von Kompetenzen und sind aufgebaut nach dem Kompetenzstrukturmodell (→ Z, Berufliche Handlungskompetenz). So verweisen diese Rückfragen z. B. beim Geschäftsprozess „Verteilung von Gebäudekosten innerhalb der Kostenstellenrechnung" auf Möglichkeiten der Beförderung von Fachwissen zur Erstellung eines Betriebsabrechnungsbogens und auf Kenntnisse zu einzelnen Leistungserstellungsorten in Betrieben. Auf ähnliche Art und Weise wird verfahren, um weitere Möglichkeiten der Beförderung von Kompetenzen in den anderen Dimensionen, wie Methodenkompetenz, Gestaltungskompetenz usw., zu identifizieren.

Abbildung 26 zeigt einen Ausschnitt aus der lernförderlichen Re-Modellierung des zuvor beschriebenen Geschäftsprozesses „Verteilung von Gebäudekosten innerhalb der Kostenstellenrechnung". Hier erhält der Lernende z. B. die Aufgabe, sein erstes Arbeitsergebnis – die Einteilung der Betriebsgebäude nach Kostenstellensegmenten – der Ausbilderin und der Controllerin zu präsentieren. In der Diskussion mit der Ausbilderin und der Ansprechpartnerin aus dem Controlling können sich dann Notwendigkeiten ergeben, den Erstvorschlag zu überarbeiten. Im Anschluss ergeben sich Lernmöglichkeiten vor allem in der Ortsbegehung, in der Auszubildende mit Kolleg(inn)en aus verschiedenen Abteilungen analysieren, welche Kostenstelle jeweils welche Gebäudefläche in Anspruch nimmt. Diese Gestaltungsaufgabe lässt sich in Betrieben ergebnisoffen durch das Ausbildungspersonal gestalten, weil hier Eingriffe in Kernprozesse weitestgehend vermieden werden. Dennoch wird der oder die Auszubildende in dieser Teilaufgabe an einem Projekt beteiligt, das einen wichtigen Unterstützungsbeitrag für die Wertschöpfungskette leistet.

Arbeiten und Lernen 183

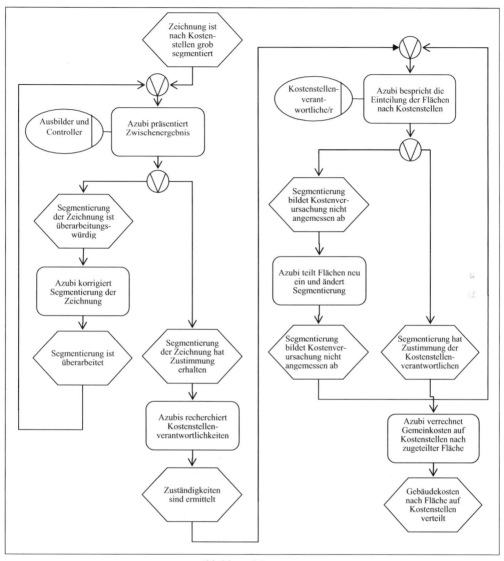

Abbildung 26:
Re-modellierter lernförderlicher Arbeits- und Geschäftsprozess „Verteilung von Gebäudekosten innerhalb der Kostenstellenrechnung" (Auszug)

4 Konzepte betrieblichen Lernens

Um betriebliches Lernen zu unterscheiden, kann zwischen systematischem und situativem Lernen differenziert werden. Zwischen diesen beiden Polen lassen sich Mischformen betrieblichen Lernens beschreiben, die lernbegleitendes oder lerngesteuertes Arbeiten darstellen (vgl. Rebmann & Tenfelde 2008).

Ein Beispiel für **systematisches Lernen** ist der **Lehrgang**. Er findet regelhaft zeitlich und räumlich getrennt vom Arbeitsprozess z. B. als „Grundkurs Metallbearbeitung" in der Ausbildungswerkstatt oder als Softwareschulung im IT-Studio eines Herstellers statt. Ein Lehrgang zeichnet sich durch einen systematischen Aufbau der intendierten Qualifizierungsziele, der zu vermittelnden fachlich geordneten Inhalte, der Bearbeitungsschritte und Lernsequenzen sowie der Erfolgsermittlung und daran anknüpfender Zertifizierung einer erfolgreichen Teilnahme aus. Pahl (2005, S. 226 ff.) fasst die Merkmale des Lehrgangs folgendermaßen zusammen:

- Der Lehrgang ist gekennzeichnet durch seinen systematischen Aufbau. Er lässt sich gezielt einsetzen, ist gut planbar und ermöglicht ein zeitökonomisches Lernen.
- Der Lehrgang dient primär der Vermittlung fachlicher Kenntnisse, Fähigkeiten und Fertigkeiten. Dieses erfolgt – unter Zuhilfenahme von entsprechenden Lehrgangsunterlagen – auf systematische Weise.
- Von den Lernenden wird erwartet, dass sie die Lehrgangsstruktur adaptieren, ihre eigenen Interessen aus dem Lernprozess zurücknehmen, aus Eigenverantwortung heraus das angestrebte Lernziel auch erreichen wollen, den Lernstoff motiviert aufnehmen und praktische Übungen dazu bereitwillig ausführen.
- Die Lehrkraft muss ein anzustrebendes Lernziel in derartige Sequenzen aufteilen können, die sich lehrgangsförmig vermitteln lassen. Die einzelnen Lernsequenzen sind wiederum in theoretische und praktische Inhalte aufzuteilen und unterrichtlich auszugestalten. Die praktischen Inhalte sind durch berufs- und facharbeitsbezogene Modelle und Übungen zu ergänzen.

Eine Betonung der Vermittlung fachlicher Inhalte, Priorität der in den Lehrgang eingeschriebenen Qualifikationsziele, Arbeitsinhalte als Ergänzung der Lehrgangsinhalte vornehmlich in der Übungsphase zeigen die Distanz des Lehrgangskonzeptes zum arbeits- und geschäftsprozessbezogenen betrieblichen Lernen an. Dementsprechend konsequent beschreibt Pahl (2005, S. 230 ff.) auch die Verlaufsphasen: Nach dem Einstieg in den Lehrgang wird das Sachgebiet im Überblick vorgestellt. Es schließt sich die Erarbeitung des Sachgebiets in Teilschritten an, der noch eine Vertiefung des in Teilschritten Gelernten folgen kann. Eine Zusammenfassung und eine Anwendung des Erworbenen in der Prüfung schließen den Lehrgang dann ab.

Ein weiteres Beispiel für systematisches Lernens ist das **Lernen durch Instruktion und systematische Unterweisung am Arbeitsplatz** (vgl. Dehnbostel 2001, S. 55 ff.). Die Unterweisung erfolgt hier beispielsweise nach der Vier-Stufen-Methode: Vorbereiten, Vormachen, Nachmachen, Üben. Bei diesem Konzept kommt den Unterweisenden eine Schlüsselrolle zu. Die Grenzen dieses Konzeptes sind dann schnell erreicht, wenn mit der Komplexität der Aufgaben die Ansprüche an die Facharbeit wachsen und selbst gesteuertes Arbeiten im Team angefordert wird. Allerdings ist die traditionelle Meisterlehre im Handwerk, die sich vorzugsweise noch der Stufenmethoden bedient, durch modernere Verfahren wie beispielsweise dem Ansatz des Cognitive-Apprenticeship erweitert worden (vgl. Collins, Brown & Newman 1989; → D, Leitideen und Ansätze).

Neben die betriebliche Unterweisung und das Selbstlernen tritt die Beratung der Auszubildenden. Beratung soll ihnen helfen, ihre Fähigkeiten zur Bearbeitung von Problemen und zur Bewährung bei höheren Arbeits- und Lernanforderungen zu stärken. Derartige Beratungsangebote werden **Coaching** genannt. Dabei werden einzelne Auszubildende oder Gruppen von Auszubildenden durch einen Coach, der auch ein qualifizierter Ausbilder sein kann, bei der Ausübung und Gestaltung komplexer Handlungen geleitet. Anlässe für Coaching können z. B. sein (vgl. Kluge 2004, S. 3 f.):

- Auszubildende wollen ihre Ausbildung abbrechen, weil sie sich irgendwie damit überfordert fühlen.
- Individuelle Lernstrategien und Lernwege sollen für selbst organisiertes Lernen in der Ausbildung gemeinsam entwickelt und erprobt werden.
- Der Coach bereitet sich mit den Auszubildenden auf die Zwischen- oder Abschlussprüfung vor.
- Gemeinsam wird das Verhalten in ausbildungstypischen Konfliktsituationen beobachtet, analysiert und verbessert.

Voraussetzung für Coaching ist, dass sich die Auszubildenden selbstständig Ziele setzen und diese auch anstreben. Der Coach moderiert den Problemlösungsprozess. Er gibt Impulse, regt das Nachdenken und die Selbstbeobachtung und Selbstkorrektur an, ohne Lösungen vorzugeben. Er macht den Auszubildenden Mut, auch einmal neue und noch unübersichtliche Lernwege zu beschreiten. Durch Anregung des Coaches werden Arbeits- und Lernhandlungen in der Realsituation durchdacht. Es wird gemeinsam nach besseren Handlungsalternativen und Problemlösungen gesucht. So kann Coaching andere Konzepte betrieblichen Lernens sinnvoll ergänzen.

Ein viertes Beispiel ist das **Lernen durch Simulation von Arbeits- und Geschäftsprozessen**. Dieses Konzept ist immer dort angebracht, wo die zu erkennenden und zu bearbeitenden Prozesse sinnlich nicht erfahrbar, zu komplex sind oder das Risiko zu groß ist, dass Lernprozesse, die in Arbeitsprozesse eingreifen, zu erheblichen Störungen des Betriebsablaufs oder gar materiellen Zerstörungen führen würden. In Simulationen ist das Erfahrungslernen sehr begrenzt. Dafür können Simulationen an Modellen jedoch systematisch geplant und vorbereitet, die zu erzeugenden virtuellen Prozesse lernzielorientiert manipuliert und gesteuert, gewünschte Ergebnisse hergestellt und unerwünschte unterdrückt werden. Wenngleich Simulationen durchaus reale Arbeits- und Lernsituationen repräsentieren können, sollten sie zweckmäßigerweise den Konzepten des systematischen Lernens zugerechnet werden.

Bereits stärker durch situative Merkmale gekennzeichnet ist das **Konzept des lerngesteuerten Arbeitens,** bei dem die Qualifizierung und Kompetenzentwicklung der Lernenden im Arbeitsprozess erfolgt. Das wesentliche Kennzeichen des Konzeptes ist aber das *Lernen* in der Arbeit. Lernpotentiale sind bei diesem Konzept in den Arbeitsprozess unmittelbar integriert und nicht nur als verborgene Möglichkeiten in den vorfindlichen Arbeitsaufträgen und Arbeitsprozessen zu entdecken und zu erschließen. Dementsprechend dominant sind die Vorstellungen vom Arbeitsplatz als *Lern*ort und vom Arbeitsprozess als *Lern*prozess.

Ein Beispiel für lerngesteuertes Arbeiten ist die **Leittextmethode**, wenngleich sie häufig auch den Konzepten des lernbegleiteten Arbeitens zugerechnet wird. Die Leittextmethode wird seit den 1970er Jahren vor allem in der gewerblich-technischen Ausbildung eingesetzt. Ursprünglich war sie integrativer Bestandteil der aufkommenden Projektausbildung in Großunternehmen. Mittlerweile werden Leittexte auch in der kaufmännisch-verwaltenden Ausbildung angewendet (→ LS, Konzepte des schulischen Lernens). Die Leittextmethode folgt der vollständigen Handlung mit den Elementen des Informierens, Planens, Entscheidens, Ausführens, Kontrollierens und Bewertens (vgl. Abbildung 27).

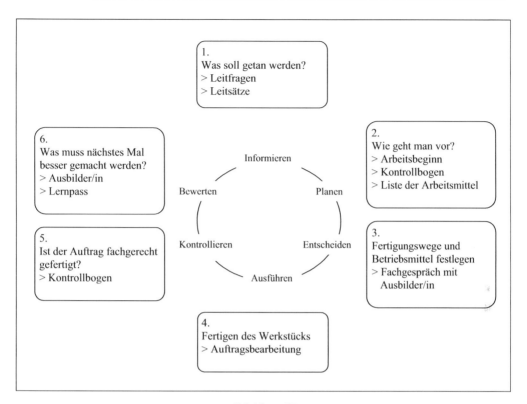

Abbildung 27:
Leittextmethode

Um Auszubildende zu entsprechenden Handlungen zu befähigen, werden Leittexte eingesetzt. Leittexte sind meist schriftliche Materialien mit Leitfragen oder auch direkten Anweisungen an die Lernenden. Diese verweisen die Lernenden auf das zu bearbeitende Quellenmaterial, legen Arbeitsschritte fest und unterstützen diese durch Quellenmaterial. Lernende können dabei ihr eigenes Lerntempo wählen. Der Idealfall einer vollständigen Handlung ist also auch hier bestimmend für die Gestaltung von Arbeitshandlungen (vgl. Reich 2007).

Eine Mischform zwischen situativem und systematischem Lernen stellt auch das **lernbegleitende Arbeiten** dar. In diesem Konzept des lernbegleitenden Arbeitens dominiert die betriebliche Logik der Gestaltung von Arbeitsstrukturen und Arbeitsprozessen. Lernen ist nicht primäres Ziel, es ist von mitlaufender Referenz. Es unterstützt Arbeitsprozesse und ist kein Selbstzweck.

Ein Beispiel für lernbegleitendes Arbeiten ist die **Lerninsel**. Es verknüpft systematisches mit situativem Lernen. Gleichwohl ist es arbeitsplatzgebundenes betriebliches Lernen, weil Lerninseln mitten im Produktionsprozess eingerichtet werden. Sie sind in eine Arbeitsumgebung mit der besonderen Zielrichtung eingebettet, das selbstständige Planen, Organisieren, Durchführen und Kontrollieren zu befördern. Zudem findet hier ein lernbegleitendes Arbeiten zumeist im Team statt. Hierfür werden gleichsam neben den betrieblichen Arbeitsplätzen zusätzliche Lernplätze eingerichtet, an denen sich die Lernenden informieren und beraten (lassen), Teambesprechungen durchführen, Arbeitsprozesse analysieren und koordinieren sowie Lernprozesse reflektieren.

Auslöser von Lernprozessen ist hier in der Regel ein komplexer Arbeitsauftrag, der aus dem betrieblichen Produktionsprozess ausgegliedert und den Lernenden auf der Lerninsel zur Bearbeitung übergeben wird. Je nach Freiheitsgraden in der Arbeitsorganisation auf der Lerninsel können die Lernenden auch unterschiedliche Produktionsweisen und Arbeitsprozesse erproben und versuchen, Innovationen zu bewirken, indem sie Alternativen zum Produktions-, Arbeits- und Organisationskonzept des betrieblichen Produktionsprozesses entdecken und erproben. In Lerninseln werden von den Mitarbeiter/innen-Gruppen Kommunikation und Kooperation, aber auch Konfliktbearbeitung verlangt. Die Gruppen übernehmen Mitverantwortung für die Qualität ihrer Arbeit und damit auch für Fehler, die sie machen. Hierfür werden ihnen, anders als den anderen Mitarbeiter(inne)n, Entscheidungs-, Gestaltungs- und Handlungsfreiräume zugestanden. Auszubildende und Mitarbeiter/innen auf den Lerninseln müssen darüber hinaus ihr eigenes Qualifizierungskonzept z. B. als Rotationsmodell entwerfen und entwickeln. Lerninseln eignen sich deshalb nicht nur für die berufliche Erstausbildung, sondern auch für die betriebliche Weiterbildung von Mitarbeiter(inne)n in den Bereichen von neuen Produktions-, Arbeits- und Organisationskonzepten (vgl. Reich 2007).

Mit dem Übergang zu **Konzepten des situatives Lernen** werden schließlich die originären Realsituationen zu Auslösern von Lernprozessen. Damit ist dann gemeint Lernen am Arbeitsplatz, Lernen bei der Arbeit und durch die Arbeit. Situatives Lernen wird dort befördert, wo Qualifikationen und Kompetenzen benötigt werden, die nur durch die Arbeit selbst und nicht allein in einer systematisch angelegten Ausbildung von Einzelfertigkeiten erworben werden können. Im Idealfall sind die für situatives Lernen geltenden Strukturen bereits in den Strukturen des Arbeitshandelns angelegt. Ein besonders prägnantes Beispiel für situatives Lernen ist das Lernen am Arbeitsplatz durch **Job-Rotation**. Bei der Job-Rotation erschließen sich die Lernenden die Lernsituationen am Arbeitsplatz und durch den Wechsel von Arbeitsplätzen, nicht jedoch durch arbeitsbegleitende Lernangebote. Es ist zugleich ein Ansatz, mit dem sich Lernpotentiale und betriebswirtschaftliche Ansprüche gut vereinbaren lassen. Job-Rotation in diesem Sinne stellt im Spektrum von situativem und systematischem Lernen den Prototyp des situativen Lernens dar, obgleich es als Weiterbildungsmaßnahme im betrieblichen Lernen vergleichsweise wenig angeboten und genutzt wird (vgl. Salman 2009, S. 63 f.).

Verbreiteter ist dagegen das Konzept des **Umwelt- und Qualitätszirkels** (vgl. Kehl, Rebmann & Schlömer 2009, S. 100 ff.). Einzug hielt es im deutschen Automobilbau während der 1980er Jahre vor dem Hintergrund, die Produktivität dadurch zu erhöhen, das Problemlösungspotential der im Herstellungsprozess direkt beteiligten Facharbeiter/innen zu nutzen (vgl. Kieser & Walgenbach 2007, S. 371). In Zirkeln werden einzelne Probleme, die für den Prozess der betrieblichen Leistungserstellung von grundsätzlicher Bedeutung sind, gleichsam ausgelagert und in einer eigenen Arbeitsgruppe einer Problembearbeitung zugeführt. Der personalwirtschaftliche Nutzen des Zirkels liegt darin, dass das Problemlösungspotential der Mitarbeiter/innen gezielt genutzt wird, um Schwierigkeiten im Produktionsprozess zu lösen, die Qualitätsbeschaffenheit der Dienstleistungen und Produkte zu verbessern, Arbeitsabläufe zu optimieren, neue Verfahren zu entwickeln etc. (vgl. Becker 2005, S. 466; Bröckermann 2007, S. 191). Das gemeinsame Problemlösen in den fünf- bis zehnköpfigen Gruppen zeichnet sich dadurch aus, dass die Themen nicht von oben vorgegeben werden, sondern von den Beteiligten selbst ausgewählt werden (vgl. Kieser & Walgenbach 2007, S. 371 f.). Dadurch können Mitarbeiter/innen in den Zirkeln ihren Interessenlagen entsprechend Veränderungen in Arbeitsabläufen mitgestalten und eigene Vorschläge einbringen. Veränderungen müssen dann nicht mehr „verordnet" werden, sie sind gemeinsam erfahrbare oder bereits erfahrene Verbesserungen, die dadurch leichter akzeptiert werden können.

Die **Projektmethode** lässt sich ebenfalls dem situativen Lernen in der Realsituation zuordnen. Die Projektmethode wird in der Ausbildung als Lehr-Lernarrangement eingesetzt und in der betrieblichen Leistungserstellung als eine Organisationsform von Arbeit. Dabei werden Mitarbeiter/innen an neue Aufgaben herangeführt, die ihnen Erfahrungen in komplexen Lern- und Arbeitssituationen ermöglichen. Sie erhalten dabei Gelegenheiten, eigene Ziele und Vorhaben zu entwickeln und diese umzusetzen. Lernhinderlich wirken sich allerdings bei projektförmig organisierter Arbeit die Sachzwänge und der Zeitdruck aus, die sich aus engen Budget- und rigiden Zielvorgaben ergeben. Gegenstand von Projektarbeit sind Vorhaben wie die Planung, Installation und Inbetriebnahme von Maschinen und Anlagen, die

Einführung neuer Arbeitsmethoden oder Managementinstrumente sowie z. B. auch die Umstrukturierung ganzer Wertschöpfungsketten im Rahmen von *Supply Chain*-Management-Projekten (vgl. Berthel & Becker 2007, S. 397). Auch für die Ideenfindung und Ausgestaltung innovativer Produkte und Dienstleistungen werden Projekte initiiert, um zielorientiert und strukturiert die Erfahrung ausgewählter Unternehmensmitglieder bzw. auch Kooperationspartner(inne)n verfügbar zu machen.

Ein weiteres Beispiel für situatives Lernen ist die **Juniorfirma**, die vor allem für betriebliches Lernen im kaufmännisch-verwaltenden Bereich bedeutsam ist. Bei der Juniorfirma handelt es sich um eine „kleine" Firma in einer „großen" Firma. Juniorfirmen entstehen zumeist dann, wenn die große Firma Produktionsteile auslagert, weil sie beispielsweise diese Teile nicht mehr selbst fertigen will oder aber deren Fertigung gezielt für Ausbildungszwecke zur Verfügung stellt. Eine Juniorfirma umfasst nahezu alle Geschäftsbereiche einer großen Firma von der Produktionsplanung über die kaufmännische Verwaltung bis zur Gestaltung von Ausbildung. Allein die rechtliche Vertretung nach außen (Verträge mit Lieferanten und Kunden, gerichtliche Vertretung u. a.) wird von der großen Firma ausgeübt, weil eine Juniorfirma in der Regel zwar ein kleiner Betrieb, aber keine eigenständige Unternehmung mit einer eigenen Rechtsform ist. Im Gegensatz zu den Übungsfirmen wird in der Juniorfirma echte Ware gegen echtes Geld mit allen Konsequenzen wie Einkauf, Verkauf, Personalwirtschaft, Produktion und Rechnungswesen verkauft.

Auch **Produktionsschulen** ermöglichen produktive und reale Arbeitshandlungen. Produktionsschulen erstellen Güter und Dienstleistungen für den regionalen Markt. Sie sind Einrichtungen der arbeitsorientierten beruflichen Bildung für benachteiligte Jugendliche. Durch die Anbindung der Produktionsschulen an das Wirtschaftsgeschehen gelingt es, reale Beschäftigungsfelder und eine Qualifizierung zu ermöglichen, die auf die Anforderungen des regionalen Arbeitsmarktes abgestimmt sind. Zugleich bieten Produktionsschulen ihren Schüler(inne)n Chancen, ihre Persönlichkeit finden, stabilisieren und entwickeln können. Sie sind ein alternatives Modell für eine Berufsbildung.

Produktionsschulen sind in mehrfacher Hinsicht besondere Schulen mit einem besonderen Profil. Je nach Auslegung dieses Profils fördern sie die soziale Integration gesellschaftlicher Randgruppen, die persönliche Entwicklung an einem Lernort, der für die Jugendlichen zugleich ein Lebensort sein kann. Sie können aber auch als Schwerpunkt ihrer pädagogischen Ziele die Verbindung von beruflicher und allgemeiner Bildung ausweisen, die durch die institutionelle Trennung von beruflicher Schule und allgemeinbildender Schule verloren gegangen ist. Sie können aber auch direkt auf die Bewährung in Wirtschaft und Beruf vorbereiten und hierfür die nötigen Fähigkeiten, Kenntnisse und Arbeitstugenden vermitteln. In jedem Fall sind Produktionsschulen immer eine Gratwanderung zwischen betriebswirtschaftlich effektiver Nutzung von Betriebsmitteln und Arbeitskraft einerseits und der Sicherung eines Schonraums für pädagogisch verantwortliches Handeln andererseits.

Ein abschließendes Beispiel stammt aus der handwerklichen Ausbildung. Es ist das **Lernen am Kundenauftrag**. Dabei handelt es sich um ein handlungsorientiertes Lernarrangement, dessen Kern das Arbeiten an realen Arbeitsaufträgen und Geschäftsprozessen ist. Aufträge können von realen Kunden des Betriebs vorgegeben und von den Auszubildenden bearbeitet werden. Diese Lernform folgte zunächst den Lernschritten der traditionellen Meisterlehre im Handwerk: Auftragsanalyse, Auftragsannahme, Auftragsplanung, Auftragsdurchführung und Qualitätskontrolle. Mit zunehmender Dienstleistungs- und erweiterter Kundenorientierung wurde die traditionelle Lernform sukzessive erweitert um die Auftragsakquisition, die kaufmännische Auftragsabwicklung, die Übergabe des Auftrags an den Kunden, die Inbetriebnahme und Nutzungseinweisung beim Kunden. Um den lernförderlichen Gehalt des Lernens im und am Kundenauftrag zu steigern, sollten möglichst nur solche Aufträge von Auszubildenden bearbeitet werden, die den Idealvorstellungen der vollständigen Handlung entsprechen oder diesen zumindest nahe kommen. Dies ist in der Praxis jedoch nur selten der Fall.

5 Lernförderlichkeit im Betrieb

Die Qualität der Verknüpfung von Arbeiten und Lernen hängt entscheidend davon ab, dass es gelingt, die in den Arbeits- und Geschäftsprozessen eingeschlossenen Lernpotentiale zu identifizieren und zu bewerten. Hierfür werden Kriterien oder Indikatoren benötigt, die an die zu untersuchenden Organisationsformen betrieblichen Lernens herangetragen werden.

Eine Möglichkeit, das Lernpotential des Lernens im Prozess der Arbeit zu identifizieren, zu beschreiben und zu bewerten, bietet das so genannte Lernförderlichkeitsinventar (LFI) (vgl. Frieling et al. 2006, S. 28 ff.). Das Inventar unterscheidet zwischen lernförderlichen und lernhinderlichen Merkmale von Arbeitsplätzen. Es ist zugleich eine Orientierungshilfe bei der Gestaltung von betrieblicher Ausbildung sowie bei der Auswahl und Umsetzung betrieblicher Lernkonzepte. Folgende Merkmale sind im Lernförderlichkeitsinventar berücksichtigt:

- Selbstständigkeit. Damit sind Tätigkeitsspielräume und Freiheitsgrade während der Arbeit verbunden. Selbstständigkeit meint hier, das eigene Handeln beeinflussen zu können und damit über Kontrollmöglichkeiten sowie ein ausreichendes Maß an Autonomie zu verfügen, um selbstständig Entscheidungen zur Gestaltung des eigenen Handelns treffen zu können (vgl. Frieling et al. 2006, S. 45 f.). Nach Hacker (2005, S. 129 ff.) hängen Tätigkeitsspielräume von Handlungsspielräumen, Gestaltungsspielräumen und Entscheidungsspielräumen ab. Tätigkeitsspielräume können verstanden werden „als die Gesamtheit der Möglichkeiten zum Beeinflussen eigenen Handelns auf der Grundlage selbständiger Entscheidungen und Zielsetzungen" (Hacker & Richter 1990, S. 132). Innerhalb dieser Spielräume kann die arbeitende/handelnde Person über Freiheitsgrade verfügen. Freiheiten bestehen z. B. beim Ausführen einer Tätigkeit in der Wahl der Verfahrensweisen, der Wahl der Arbeitsmittel oder der zeitlichen Organisation.

- Partizipation. Mit der Partizipation wird „die Möglichkeit, an Willensbildungs- und Entscheidungsprozessen teilzuhaben" beschrieben (Frieling et al. 2006, S. 51). Partizipation kann auf verschiedenen Ebenen stattfinden. Für die berufliche Tätigkeit bedeutet dies, dass die Mitarbeiter/innen die Möglichkeit haben sollten, mitzubestimmen und zu entscheiden oder sogar selbst bestimmt zu handeln. Eine solche Mitwirkung kann z. B. durch die Teilnahme der Mitarbeiter/innen an Projektgruppen oder Ausschüssen erfolgen, in denen sie Einfluss auf Aufgabenverteilung, Arbeitsplatzgestaltung, Arbeitsmethoden etc. nehmen können.

- Variabilität. Die Vielfalt der Tätigkeit in Verbindung mit einem häufigen Wechsel der Arbeitsroutinen wird als Variabilität beschrieben (vgl. Frieling et al. 2006, S. 54). Die Vielfältigkeit der Arbeit zeigt sich im Wechsel der Arbeitsinhalte, der Arbeitsanforderungen, der Arbeitsprozesse, der Dauer der Arbeitszyklen, der Arbeitsergebnisse usw. Mit der Vielfältigkeit der Arbeit steigen die Motivation und die Leistungsbereitschaft der Mitarbeiter/innen an. Deswegen steigert die Variabilität der Arbeit einerseits das Lernpotential und bildet eine zentrale Komponente der Vollständigkeit von Arbeitstätigkeiten (vgl. Frieling et al. 2006, S. 55). Sie muss allerdings andererseits mit der Routinisierung von Arbeit ins Gleichgewicht gebracht werden. Ansonsten gewährleisten Arbeitsprozesse nicht die Sicherheit, Zuverlässigkeit und Qualität in der Ausführung.

- Komplexität. Komplexität kann beschrieben werden durch die Anzahl der Elemente und ihrer möglichen Beziehungen zueinander. Aufgaben oder Probleme können deshalb relativ umfangreich, vernetzt, intransparent und dynamisch sein. Sie können vielfältige Zielsetzungen und Handlungsmöglichkeiten zulassen und bieten den Lernenden zahlreiche Chancen, eigene Lernpfade zu entwickeln und verschiedene Lösungswege zur Problemlösung auszuprobieren. Komplexität trägt deswegen beträchtlich zur Steigerung des Lernpotentials bei.

- Kommunikation und Kooperation. Als wichtige Bestandteile einer vollständigen Tätigkeit werden Kommunikation und Kooperation angesehen. Mit der Kommunikation verbinden Frieling et al. (2006, S. 59 ff.) in erster Linie einen Informationsaustausch. Durch Kommunikation in Zusammenarbeit mit anderen wird der Informationsstand eines Mitarbeiters bzw. einer Mitarbeiterin ergänzt um Erfahrungen und Sichtweisen der anderen. Kommunikation steigert dadurch die Orientierungsfähigkeit der Lernenden und Kooperation befördert den konstruktiven Umgang mit den unterschiedlichen Sichtweisen, die die Kooperationspartner/innen in die gemeinsam zu bearbeitende Aufgabe mit einbringen.

- Feedback und Information. Feedback und Information im Arbeitsprozess sind für die Lernenden deswegen wichtig, weil sie dazu beitragen, die eigenen Handlungen zu reflektieren und die Erkenntnisse dieser Reflexionen in die nachfolgenden Handlungen wieder einzubringen. Durch Feedback und Information werden nicht nur Fehler erkannt und zukünftig vermieden. Sie verknüpfen auch das Wissen und die Handlungspotentiale der Lernenden zu einer neuen Qualität von Arbeit. Dadurch entsteht ein synergetischer Effekt von Arbeit.

Literatur

Becker, M. (2005). *Personalentwicklung* (4. Aufl.). Stuttgart: Schäffer-Poeschel.
Berthel, J. & Becker, F. G. (2007). *Personalmanagement* (8. Aufl.). Stuttgart: Schäffer-Poeschel.
Bosch, G. (2000). *Betriebliche Reorganisation und neue Lernkulturen*. Gelsenkirchen: Institut für Arbeit und Technik.
Bröckermann, R. (2007). *Personalwirtschaft* (4. Aufl.). Stuttgart: Schäffer-Poeschel.
Clement, U. (2002). Flexibilisierung als Zielbegriff und Zauberwort in Wirtschaft und Ausbildung. *Zeitschrift für Berufs- und Wirtschaftspädagogik*, 3, S. 383–404.
Collins, A.; Brown, J. S. & Newman, S. E. (1989). Cognitive Apprenticeship: Teaching the crafts of reading, writing and mathematics. In L. B. Resnick (Hrsg.), *Knowing, learning and instruction* (S. 453–494). Hillsdale: Erlbaum.
Dehnbostel, P. (2001). Perspektiven für das Lernen in der Arbeit. In Arbeitsgemeinschaft Betriebliche Weiterbildungsforschung (Hrsg.), *Kompetenzentwicklung 2001* (S. 53–93). Münster: Waxmann.
Euler, D. (2008). Vieles bewegt sich – aber wohin? *Zeitschrift für Berufs- und Wirtschaftspädagogik*, 2, S. 161–167.
Frieling, E. et al. (2006). *Lernen durch Arbeit*. Münster: Waxmann.
Fulda, W. et al. (1994). *Berufsausbildung in Mittelbetrieben*. Alsbach: Leuchtturm.
Gadatsch, A. (2001). *Management von Geschäftsprozessen*. Braunschweig: Vieweg.
Gaitanides, M. (2007). *Prozessorganisation* (2. Aufl.). München: Vahlen.
Hacker, W. (2005). *Allgemeine Arbeitspsychologie* (2. Aufl.). Bern: Huber.
Hacker, W. & Richter, P. (1990). Psychische Regulation von Arbeitstätigkeiten – Ein Konzept in Entwicklung. In. F. Frei & I. Udris (Hrsg.), *Das Bild der Arbeit* (S. 125–142). Bern: Huber.
Kehl, V.; Rebmann, K. & Schlömer, T. (2009). *Nachhaltigkeit in der Fortbildung betrieblicher Ausbilder/innen und ausbildender Fachkräfte in der Tourismuswirtschaft*. München: Hampp.
Kieser, A. & Walgenbach, P. (2007). *Organisation* (5. Aufl.). Stuttgart: Schäffer-Poeschel.
Kipp, M. (1999). Berufsförderungswerke. In F.-J. Kaiser & G. Pätzold (Hrsg.), *Wörterbuch Berufs- und Wirtschaftspädagogik* (S. 116–117). Bad Heilbrunn: Klinkhardt.
Kluge, M. (2004). Coaching. *berufsbildung*, 90, S. 3–5.
Lerch, S. (2008). Beschäftigungsfähigkeit ist heute, Beruflichkeit war gestern? *Zeitschrift für Berufs- und Wirtschaftspädagogik*, 4, S. 611–615.
Nüttgens, M. & Rump, F. J. (2002). Syntax und Semantik Ereignisgesteuerter Prozessketten (EPK). In J. Desel & M. Weske (Hrsg.), *Prozessorientierte Methoden und Werkzeuge für die Entwicklung von Informationssystemen, Promise 2002* (S. 64–77). Bonn: Gesellschaft für Informatik.
Pahl, J.-P. (2005). *Ausbildungs- und Unterrichtsverfahren*. Bielefeld: Bertelsmann.
Rebmann, K. & Tenfelde, W. (2008). *Betriebliches Lernen*. München: Hampp.
Reich, K. (Hrsg.) (2007). *Methodenpool*. URL: http://methodenpool.uni-koeln.de [11.12.2007].
Salman, Y. (2009). *Bildungseffekte durch Lernen im Arbeitsprozess*. Bielefeld: Bertelsmann.

Schmelzer, H. J. & Sesselmann, W. (2008). *Geschäftsprozessmanagement in der Praxis* (6. Aufl.). München: Hanser.

Seyd, W. (1999). Berufsbildungswerke. In F.-J. Kaiser & G. Pätzold (Hrsg.), *Wörterbuch Berufs- und Wirtschaftspädagogik* (S. 112–113). Bad Heilbrunn: Klinkhardt.

Staud, J. (2006). *Geschäftsprozessanalyse* (3. Aufl.). Berlin: Springer.

Taylor, F. W. (1913/1977). *Die Grundsätze wissenschaftlicher Betriebsführung*. Weinheim: Beltz.

Tenfelde, W. & Uhe, E. (1996). Zur Bedeutung der Integration beruflichen und allgemeinen Lernens für die Doppelqualifikation. In R. Bremer (Hrsg.), *Doppelqualifikation und Integration Beruflicher und Allgemeiner Bildung* (S. 101–124). Bielefeld: Bertelsmann.

Voigt, K.-I. (2008). *Industrielles Management*. Berlin: Springer.

Voß, G. (2001). Auf dem Weg zum Individualberuf? In T. Kurz (Hrsg.), *Aspekte des Berufs in der Moderne* (S. 287–314). Opladen: Leske & Budrich.

Strukturbegriff:
Didaktik beruflichen
Lernens und Lehrens

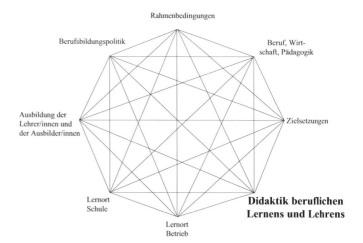

1 Didaktik – Didaktik beruflicher Bildung – Fachdidaktik

In einer sehr allgemeinen Form kann Didaktik beschrieben werden mit der Frage, wer, was, wann, mit wem, wo, wie, womit, warum lernen soll. Mit dieser allgemeinen Umschreibung von Didaktik allein ist es aber nicht getan, denn neben der Allgemeinen Didaktik haben sich verschiedene spezielle Didaktiken etabliert, die zum Teil mit dem Begriff der Didaktik beruflicher Bildung gebündelt werden können.

Didaktik beruflicher Bildung ist ein Sammelbegriff für verschiedene Didaktikansätze im Bereich der beruflichen Bildung. Dieser Sammelbegriff bezeichnet Didaktiken, die sich auf einzelne Berufsfelder oder auf mehrere Berufsfelder zugleich beziehen. Dazu zählen aber auch Didaktiken, die sich auf spezifische Schulfächer (Fachdidaktiken) beziehen lassen, wie dies beispielsweise für die verschiedenen Didaktiken der Betriebswirtschaftslehre in der Handelslehrer/innen-Ausbildung zutrifft. Im gewerblich-technischen Bereich orientiert sich die Didaktik in der Regel an Berufsfeldern.

Obwohl Allgemeine Didaktik und Fachdidaktik gleichermaßen die Unterrichtswirklichkeit erforschen, stehen sie in einem Spannungsverhältnis. Die Allgemeine Didaktik beschränkt sich darauf, allgemeine Strukturmodelle für unterrichtliches Handeln zu entwickeln, während die Fachdidaktik den Fachunterricht konkret gestalten und dafür Handlungsempfehlungen bereitstellen will. Das Spannungsverhältnis entsteht also dadurch, dass Allgemeine Didaktik häufig im Allgemeinen verharrt, während die Fachdidaktik als kaum verallgemeinerungsfähig angesehen wird (→ LA, Theorie-Praxis-Problem).

Während des 19. Jahrhunderts gab es für berufstätige Jugendliche noch keine spezifischen Didaktikkonzepte. Diese wurden aber mit der Handelslehrerausbildung an den deutschen Handelshochschulen zu Beginn des Jahrhunderts notwendig. Fachdidaktische Veranstaltungen und methodische Übungen an den Handelshochschulen können deshalb als Vorläufer einer Didaktik beruflicher Bildung gesehen werden. Später in den 1920er Jahren, als mit der Ausbildung von Gewerbelehrern an den nichtwissenschaftlichen Berufspädagogischen Instituten begonnen wurde, erhielt dann auch die Didaktik der gewerblich-technischen Fachrichtungen ein erstes spezifisches Profil.

Fachdidaktiken stellen wissenschaftliche Disziplinen dar, die sich zumeist relativ unabhängig voneinander entwickelt haben und die sich mit dem institutionalisierten und fachlich geordneten Unterrichten beschäftigen. Sie stehen in engem Zusammenhang mit Pädagogik bzw. Erziehungswissenschaft und Fachwissenschaften als Bezugsdisziplinen. Dieser Zusammenhang ist vielfältig denkbar und auch tatsächlich vorfindbar (vgl. Abbildung 28).

Diese Zusammenhänge zeigen sich u. a. an der wissenschaftssystematischen Einbindung der Fachdidaktiken an den Hochschulen. So bestehen an manchen Universitäten eigenständige Institute für Fachdidaktik. An anderen wiederum sind die Fachdidaktiken bei der Erziehungswissenschaft angesiedelt. Die meisten Fachdidaktiken sind jedoch den Fachwissenschaften angegliedert. Die Vielfalt, mit der Fachdidaktiken in den Hochschulen eingerichtet wurden, zeigt an, dass es sich hierbei auch um wissenschafts- und bildungspolitische Entscheidungen handelte.

Fachdidaktiken beziehen sich immer auf Lehrer/innen-Ausbildung, wenngleich auch betriebliches Lehren und Lernen in der Weiterbildung unter fachdidaktischen Gesichtspunkten betrachtet werden kann. Oftmals zeichnen sie sich deshalb durch ein ausgeprägtes schulformspezifisches Denken und eine Betonung des exemplarischen Lernens aus. Fachdidaktiken, die enge Bezüge zur Lehrer/innen-Ausbildung suchen, bearbeiten das Legitimationsproblem, das heißt die Auswahl von Zielen und Inhalten des Lernens, aus einer wissenschaftssystematischen Sichtweise auf fachlich geordnetes Lehren und Lernen. Dabei orientieren sie sich an den jeweiligen Fachwissenschaften.

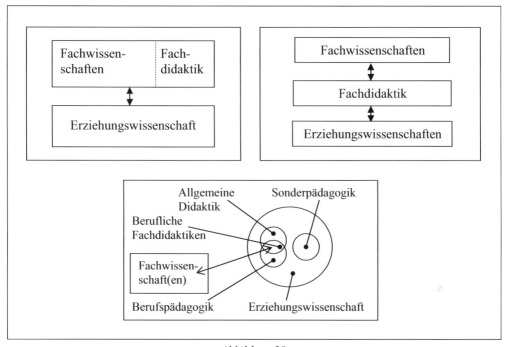

Abbildung 28:
Zusammenhänge zwischen Fachdidaktik, Fachwissenschaft und Erziehungswissenschaft
(vgl. Kuhlmeier & Uhe 1992, S. 129 f.)

Wenn die Fachwissenschaft die Fachdidaktik dominiert, ist das Schulfach eine Bezugswissenschaft im Kleinen: Ziele und Inhalte der Fachdidaktik werden aus der Fachwissenschaft „abgeleitet". In polemisierender Absicht wurden diese Fachdidaktiken deshalb auch „Abbilddidaktiken" genannt. Gegen diese Auffassung von Fachdidaktik kann kritisch eingewendet werden, dass sie keine originäre Fragestellung hat, sich nur noch mit dem Vermittlungsproblem beschäftigt und dadurch zur Fachmethodik wird. Eine Fachdidaktik, die sich nur an Fachwissenschaften orientiert, vermag den Jugendlichen nicht als Lernenden zu betrachten und kann deswegen auch keine Relevanz- und Selektionskriterien für Entscheidungen über Inhalte und Ziele eines Unterrichtsfaches anbieten.

In der kritischen Auseinandersetzung mit fachwissenschaftlich orientierten Didaktiken entstanden Alternativen, die sich dem Vorwurf, Abbilddidaktiken zu sein, entzogen. Dazu zählen Fachdidaktiken, die sich an beruflichen Anforderungen orientieren (qualifikationsorientierte Didaktiken). Zu nennen sind auch Ansätze, die komplexe Lebens- und Handlungssituationen von Jugendlichen zum Ausgangspunkt fachdidaktischer Reflexion machen (handlungsorientierte Didaktiken).

Die Fachdidaktik steht also im sehr komplexen Problemfeld einer Bestimmung ihres wissenschaftlichen Standortes zwischen Erziehungswissenschaft, Fachwissenschaft und Allgemeiner Didaktik. Darüber hinaus steht die Fachdidaktik unter dem besonderen Anspruch, nicht nur didaktische Analyse, sondern auch die didaktische Konstruktion zu leisten.

Es war sicherlich das Verdienst des Deutschen Bildungsrates, bereits 1970 eine Aufgabenbeschreibung für Fachdidaktiken vorgelegt zu haben. An dieser Systematik lässt sich noch heute das Aufgabengebiet von Fachdidaktik weiterentwickeln. Zu den Aufgaben der Fachdidaktik zählt gemäß Deutschem Bildungsrat (1970, S. 225 f.):

„1. festzustellen, welche Erkenntnisse, Denkweisen und Methoden der Fachwissenschaft Lernziele des Unterrichts werden sollen;
2. Modelle zum Inhalt, zur Methodik und Organisation des Unterrichts zu ermitteln, mit deren Hilfe möglichst viele Lernziele erreicht werden;
3. den Inhalt der Lehrpläne immer wieder daraufhin kritisch zu überprüfen, ob er den neuesten Erkenntnissen fachwissenschaftlicher Forschung entspricht, und gegebenenfalls überholte Inhalte, Methoden und Techniken des Unterrichts zu eliminieren und durch neue zu ersetzen;
4. erkenntnistheoretische Vertiefung anzuregen und fächerübergreifende Gehalte des Faches beziehungsweise interdisziplinäre Gesichtspunkte zu kennzeichnen."

Als **Aufgabe einer Didaktik beruflicher Bildung** kann deshalb heute gelten (vgl. Achtenhagen 1984, S. 10; Pleiß 1996, S. 273; Tramm & Preiß 1996, S. 2):

- Lehr- und Lernhandlungen und deren Erfolgsaussichten angeben,

- Umstände, unter denen Lehr- und Lernhandlungen auszuführen sind, angeben,

- die handelnden Personen bezeichnen,

- die Auswahl von Inhalten und Zielen im Spannungsverhältnis von Fachwissenschaft, Qualifikationsanforderungen und Handlungssituationen/-interessen der Jugendlichen anleiten und begründen,

- Empfehlungen für die Gestaltung von Lehr-Lernarrangements in Betrieb und Schule bereithalten,

- Lehr- und Lernprozesse in der beruflichen Bildung überprüfen (evaluieren).

Voraussetzung jeder fachdidaktischen Analyse und Konstruktion ist jedoch, dass die Lebenssituation von Jugendlichen mit bedacht wird, indem Erkenntnisse der Entwicklungspsychologie, der Pädagogischen Psychologie, der Pädagogischen Soziologie und der Jugend- und Berufsforschung herangezogen werden. Fachdidaktische Forschung und Entwicklung beziehen deshalb auch die Voraussetzungen und Bedingungen beruflichen Lehrens und Lernens ein. Zu diesen Voraussetzungen und Bedingungen zählen die personalen Eigenschaften von Lernenden und Lehrenden, deren Lern- und Lehrvoraussetzungen, ihre kognitiven, emotionalen und motivationalen Befindlichkeiten sowie geschlechtsspezifische Einflüsse ihrer bisherigen Lebens- und Lerngeschichte. Fachdidaktische Forschung und Entwicklung beziehen sich weiterhin auf Strukturmomente des Unterrichtens, beispielsweise auf vorfindliche Lerninhalte und Lernziele, Medien beruflichen Lernens sowie schul- und unterrichtsorganisatorische Bedingungen. Ein weiteres Feld für fachdidaktische Forschung und Entwicklung sind Beschreibung und Analyse von Lehr-Lernprozessen in Schule und Betrieb. Zu einem eigenen Bereich fachdidaktischer Forschung und Entwicklung zählt die Bewertung von Prozessen und Ergebnissen beruflicher Bildung. Bei der Evaluation sind besonders die Faktoren in ihrer Wechselwirkung zu untersuchen (Prozessbewertung) und der Gebrauchswert von Lernprozessen und Lernergebnissen für Schüler/innen, Schule und Betrieb zu überprüfen (Ergebnisevaluation).

Die Didaktik beruflicher Bildung lässt sich auch als **Problemfeld** beschreiben. Sie musste sich den Vorwurf gefallen lassen, eine Abbilddidaktik zu sein. Dieser Vorwurf ist dann berechtigt, wenn Fachdidaktik die Lerninhalte allein aus fachwissenschaftlichen Lehrinhalten abzuleiten versucht, wie es mit dem Verfahren der didaktischen Reduktion von Inhalten versucht wurde. Die Didaktik beruflicher Bildung musste sich außerdem mit dem Vorwurf auseinandersetzen, eine Feiertagsdidaktik zu sein. Der Vorwurf lautet, dass fachdidaktische Konstruktionen nur dann für die Gestaltung von Unterricht herangezogen werden, wenn es gilt, Schaustunden im Rahmen von Unterrichtsbesuchen vorzuführen. Feiertagsdidaktik zu sein, meint jedoch auch, die Praxis beruflicher Bildung zu verfehlen. Auf diesen Vorwurf hat die Didaktik beruflicher Bildung mit der Entwicklung von Konzepten der schul- und praxisnahen Curriculumentwicklung eine Antwort zu geben versucht. Die Didaktik beruflicher Bildung hat sich lange Zeit auch durch fehlenden Rückgriff auf empirisch verlässliche Daten ausgezeichnet (vgl. dazu Achtenhagen 1984). So wurden zum Beispiel fachwissenschaftliche Lehrinhalte zu Lerninhalten, ohne dass diese durch empirische Analysen von Facharbeiter/innen- und Angestelltentätigkeiten in den Unternehmen überprüft wurden. Viele Schulbücher und Lehrpläne zeigen noch heute diesen Mangel an. Mussten sich Abbild- und Feiertagsdidaktik einerseits ihre Theorielastigkeit vorwerfen lassen, kann sich Fachdidaktik andererseits auch den Vorwurf einhandeln, lediglich Rezeptwissen zu vermitteln. Dann bestehen didaktische Empfehlungen für die Hand des Lehrers bzw. der Lehrerin lediglich in Beispielen. Sie sind ferner immer vage, unverbindlich und wenig begründet. In diesem Rezeptwissen tauchen dann nicht einmal mehr Angaben zur Lerngruppe mit ihren sozialen und persönlichen Lernvoraussetzungen und -bedingungen auf (vgl. dazu Achtenhagen 1984, S. 3 f.). Ein weiteres Problem einer Didaktik beruflicher Bildung ist die ungelöste Transferfrage. Oft genug lässt sich feststellen, dass Wissen, das zur erfolgreichen Bearbeitung bestimmter Aufgaben erworben wurde, nicht in andere Anforderungssituationen übertragen wird. Das Wissen ist träge. Das Wissen ist zwar vorhanden, wird aber nicht genutzt. Oder die Form des Wissens unterbindet die Anwendung (vgl. Renkl 1994). Es konnte aufgezeigt werden, dass solches Wissen zumeist als wenig bedeutsam angesehen und als nicht interessant eingestuft wird oder unter Prüfungsangst aktualisiert werden soll, dann aber nicht zur Verfügung steht.

Schon die Alltagserfahrung lehrt, dass denkend erworbenes Wissen nicht notwendigerweise handlungsbedeutsam sein muss. Dieses Phänomen wird als Dualismus von Denken und Handeln bezeichnet und ist für eine Didaktik beruflicher Bildung von besonderer Bedeutung (→ LA, Theorie-Praxis-Problem). Nur solches Wissen kann als effektives Wissen bezeichnet werden, das handelnd erworben und handelnd überprüft wurde. Löst sich dieser Zusammenhang auf, beispielsweise weil Wissen um seiner selbst willen gelernt wird (Klausuren!), liegen Prozesse des entkoppelten Lernens vor. Diese Prozesse werden dann als sinnloses Lernen erfahren. Die Form des Wissenserwerbs um seiner selbst willen (Pauken von Wissen!) verhindert, dass Wissen erfolgreich in Handlungen umgesetzt wird. Didaktische Konstruktionen, die dieses Problem des entkoppelten Lernens nicht bedenken und erfolgreich bearbeiten, sind praktisch bedeutungslos für die Beförderung beruflichen Lernens (vgl. Tenfelde & Uhe 1996, S. 115 ff.).

2 Große didaktische Positionen

In ihrer Entwicklungsgeschichte haben sich die Didaktiken beruflichen Lernens und Lehrens an verschiedenen Bezugsdisziplinen orientiert. Waren es zunächst die Fachwissenschaften, an denen sie sich zu Beginn der Handelslehrer- und Gewerbelehrerausbildung anlehnten, gewannen mit der Verlagerung der Gewerbelehrerausbildung an die Universitäten im Verlauf der 1960er Jahre und der Einbindung der Handelslehrerausbildung in die wirtschafts- und sozialwissenschaftlichen Fakultäten der Universitäten auch andere Bezugsdisziplinen an Bedeutung. Zu diesen Bezugsdisziplinen zählen die Erziehungswissenschaft und die Didaktik. Vor allem Modelle und Konzepte der Allgemeinen Didaktik wurden in den 1970er Jahren für Zwecke der beruflichen Bildung rezipiert. Für mehr als ein Jahrzehnt waren sie die Folien, auf denen „Generationen" von zukünftigen Gewerbe- und Handelslehrer(inne)n ihre didaktischen Analysen und Konstruktionen vorbereiteten. Noch heute sind sie vor allem in der zweiten Phase der Lehrer/innen-Ausbildung sehr beliebt (→ LA, Theorie-Praxis-Problem). Es lassen sich fünf große didaktische Positionen ausmachen, an denen sich didaktisches Handeln in der beruflichen Bildung orientiert: bildungstheoretische Didaktik, lehrtheoretische Didaktik, Konzept des lernzielorientierten Unterrichts, kritisch-kommunikative Didaktik sowie kybernetisch-informationstheoretische Didaktik.

Die älteste der großen didaktischen Positionen ist die **bildungstheoretische Didaktik**. Sie ist ein Konzept der Unterrichtsvorbereitung auf der Grundlage einer „Theorie der Bildung" (→ BWP, Pädagogik). Indem sie auf eine Theorie der Bildung gründet, macht sie zugleich deutlich, dass sie an einen humanistischen Bildungsbegriff anknüpft. Der Bildungsbegriff verweist auf ein Menschenbild, das schon Jean-Jacques Rousseau, Johann Heinrich Pestalozzi, Friedrich D. E. Schleiermacher, Johann Friedrich Herbart und vor allem Wilhelm von Humboldt verwendeten. Bildung bedeutet danach: Freiheit, Selbstbestimmung, Autonomie, Mündigkeit, praktizierte Solidarität mit den Schwächeren in der Gesellschaft und Gestaltung eines demokratischen Zusammenlebens. Im Bildungsbegriff spiegeln sich kulturelle Werte des Abendlandes wider, die durch Bildung und Erziehung an die nachfolgenden Generationen weitergegeben werden. Der Bildungsbegriff ist also eine regulative Idee für die Gestaltung von Prozessen des Lehrens und Lernens. Er soll ein Maßstab sein, mit dem entschieden wird, was gelehrt werden soll und was zurückzuweisen ist. Er trennt pädagogisch nicht verantwortbares von verantwortlichem Handeln.

Ein bedeutender Vertreter einer bildungstheoretischen Didaktik ist Wolfgang Klafki, ein Schüler von Erich Weniger, der zu den Begründern der geisteswissenschaftlichen Pädagogik in der Bundesrepublik Deutschland gerechnet wird. In seinem Konzept der Unterrichtsvorbereitung ist der erste Schritt der didaktischen Analyse die Unterscheidung zwischen Bildungsinhalt und Bildungsgehalt. Indem aus dem besonderen Bildungsinhalt der allgemeine Bildungsgehalt gehoben wird, entstehen die Lehrgegenstände. Für diesen Schritt hat Klafki (1964, S. 15 ff) fünf Leitfragen formuliert:

- Exemplarität: Was ist die exemplarische Bedeutung des Bildungsinhalts?
- Gegenwartsbedeutung: Welche Gegenwartsbedeutung hat er für die Schüler/innen?
- Zukunftsbedeutung: Worin liegt die Zukunftsbedeutung des Bildungsinhalts?
- Struktur: Welche Struktur weist der Bildungsinhalt auf?
- Zugänglichkeit: Wie wird der Bildungsinhalt den Schüler(inne)n zugänglich gemacht?

In einem weiteren Schritt erläutert Klafki sein Konzept der Unterrichtsvorbereitung, in dem er ein Perspektivenschema zur Unterrichtsplanung vorstellt. In diesem Konzept sind die Leitfragen enthalten und ergänzt durch weitere Fragen zur Unterrichtsplanung. Darüber hinaus soll dieses Schema anregen, schrittweise bei der Unterrichtsplanung zu verfahren.

Ein Unbehagen an der eher akademischen Diskussion der bildungstheoretischen Didaktik, starke Zweifel an der Gültigkeit des Bildungsbegriffes und wenig präzise Anleitungen zur Gewinnung von Lehr-Lernzielen im Konzept der bildungstheoretischen Didaktik haben zwei neue Theorien und Modelle befördert: die lehrtheoretische Didaktik und den lernzielorientierten Unterricht. Die **lehrtheoretische Didaktik** verstand sich als Theorie des Unterrichts. Sie setzte nicht bei der regulativen Idee des Bildungsbegriffs an. Stattdessen entwickelten Paul Heimann, Gunter Otto und Wolfgang Schulz (1977) eine einfache Grundstruktur der Prozesse, die Unterricht kennzeichnen. Die lehrtheoretische Didaktik beschreibt Unterricht als Zusammenwirken von Unterrichtsfaktoren. Aufgabe der Lehrer/innen ist es, dieses Zusammenwirken zu beschreiben, zu analysieren und zu konstruieren. Die lehrtheoretische Didaktik bindet sich dabei nicht an eine Leitidee, die dem Bildungsbegriff vergleichbar wäre. Das Modell der lehrtheoretischen Didaktik ist stattdessen ein offenes, fachdidaktisch indifferentes System, das ohne Festlegungen auszukommen meint. Das System soll den Lehrer(inne)n eine wertfreie Betrachtung von Unterricht ermöglichen. Darin ist wohl auch begründet, weshalb dieses Konzept der Unterrichtsanalyse und -planung bis zur heutigen Zeit gern verwendet wird. Kritik erfuhr dieses Konzept nicht etwa durch die Unterrichtspraxis, sondern durch die Erziehungswissenschaft. Nachdem sich Wolfgang Schulz (1981) gründlich mit dieser Kritik auseinandergesetzt hatte, legte er mit seinem so genannten Hamburger Modell eine revidierte Fassung des Modells der lehrtheoretischen Didaktik vor. Dieses fand Zustimmung in Wissenschaftskreisen, die Akzeptanz in der Praxis war jedoch eher gering. Es handelte sich den Vorwurf ein, eine Feiertagsdidaktik zu sein, die für alltäglichen Unterricht zu komplex ist und von unrealistischen Voraussetzungen für Unterrichtsplanung ausgeht.

Das **Konzept des lernzielorientierten Unterrichts** will eine Lücke im Modell der lehrtheoretischen Didaktik schließen. Es handelt sich bei dieser Lücke um den Faktor „Lernziele". Die Leerstelle ergab sich dadurch, dass in der lehrtheoretischen Didaktik nicht angegeben wurde, wie eine Lehrperson zu ihren Lehr- und Unterrichtszielen gelangt, wie sie diese beschreibt und so formuliert, dass der Unterrichtserfolg daran gemessen werden kann. Es war im deutschsprachigen Raum vor allem Christine Möller (1973), die dieser Frage nachging und ein didaktisches Konzept entwickelte, das unter dem Namen „lernzielorientierter Unterricht" bekannt wurde. Zwar ist es kein Didaktikkonzept, das die Analyse und Konstruktion von Unterricht insgesamt anleiten konnte, es trug jedoch zur Systematisierung der Lernzielgewinnung und -formulierung bei. In der didaktischen Praxis ist dieses Konzept deshalb sehr schnell mit lehrtheoretischen Konzepten verknüpft worden.

Die große Beliebtheit von Planungskonzepten der lehrtheoretischen Didaktik führte sehr schnell zu ihrer Schematisierung. Eine Schematisierung liegt dann vor, wenn die Bedingungen und Voraussetzungen eines didaktischen Modells nicht mehr geprüft werden. Darauf hat insbesondere Rainer Winkel hingewiesen. Er zeichnet ein anderes Bild von Unterricht: Schüler/innen, die schwatzen, die unaufmerksam sind, sich aggressiv verhalten, miteinander streiten, sich gegen die Lehrer/innen verbünden. Lehrer/innen, die nur noch in ihrem Unterricht überleben können, wenn sie sich mit Psychotricks, Drohungen oder Repressalien gegen ihre Schüler/innen durchsetzen, letztlich aber damit ihre eigene pädagogische Hilflosigkeit demonstrieren (vgl. Winkel 1976). Auch in Berichten von Lehrer(inne)n an beruflichen Schulen finden sich solche Beschreibungen wieder. Winkel leitet daraus die zentrale These ab, Unterricht sei gestörter Unterricht und diese Störungen seien letztlich als Kommunikationsstörungen zu interpretieren. Dem Modell einer lehrtheoretischen Didaktik stellt er deshalb seinen Entwurf einer **kritisch-kommunikativen Didaktik** gegenüber. Als Bezugspunkte für diesen Entwurf dienen die empirische Analyse von realem Unterricht, die Orientierung am obersten Lernziel der Emanzipation sowie das kommunikative Herausarbeiten von Widersprüchen und von Lösungsmöglichkeiten für die handelnde Aufhebung dieser Widersprüche.

3 Leitideen und Ansätze

In den letzten Jahren entstanden in zunehmendem Maße Leitideen, Ansätze und Entwürfe, die **Handlungsorientierung** als gemeinsamen Bezugspunkt haben und sich nicht zuletzt als Reaktion auf eine kritische Auseinandersetzung mit der Unterrichtswirklichkeit, mit Schulbüchern, Lehrplänen und Prüfungsaufgaben ergeben haben. Das Kernstück der Handlungsorientierung ist der Handlungsbegriff. Der Handlungsbegriff ist so zentral, weil er aus verschiedenen Perspektiven diskutiert und legitimiert werden kann. So kann beispielsweise handlungsorientiertes Lernen und Lehren mit Hilfe der kognitiven Psychologie gestaltet werden. Die Kognitionspsychologie beschäftigt sich mit der menschlichen Informationsverarbeitung. Deshalb steht im handlungsorientierten Lernen und Lehren die Gestaltung kognitiver Prozesse, d. h. die Gestaltung der Art von Informationen und der Prozesse bei der Informationsaufnahme, Informationsspeicherung und Informationsverwertung, im Vordergrund (vgl. Dörner 1987).

Die Vorstellungen vom handlungsorientierten Lernen können sich auch entwickeln auf der Grundlage der Theorie der Handlungsregulation, die das Modell einer vollständigen Handlung als Möglichkeit für Persönlichkeitsentwicklung vorgestellt hat (vgl. Hacker 1978; Volpert 1974). Dieses Modell der vollständigen Handlung ist ein idealtypisches Modell, das Handlung als zielgerichtete Informationsverarbeitung konzipiert. Das Modell besagt, dass eine vollständige Handlung besteht aus dem Informieren, dem Planen, dem Entscheiden, dem Ausführen, dem Kontrollieren und dem Bewerten. Vom Ergebnis des Bewertens hängt es dann ab, ob dieser Prozess der vollständigen Handlung und der Informationsbeschaffung wieder in Gang gesetzt wird. Stellt sich beispielsweise heraus, dass ich eine Aufgabe nicht befriedigend gelöst habe (Bewerten), frage ich mich, woran das gelegen haben könnte, was ich vielleicht falsch gemacht habe und wie ich es in Zukunft besser machen könnte (Informieren). Der Prozess der vollständigen Handlung beginnt dann erneut, allerdings auf einem anderen Niveau.

Neuere Entwicklungen in den Kognitionswissenschaften, die von den biologisch und neurophysiologischen Forschungen beeinflusst wurden, stellen besonders die Bedeutung von Sprache und Kommunikation für die Beförderung von Handlungsfähigkeit und Handeln heraus (vgl. Maturana 1982). Sprache und Kommunikation müssen dann aber auch einen besonderen Platz in modellhaften Beschreibungen von Handlungsorientierung bekommen. Dies ist beim Modell der vollständigen Handlung nicht der Fall. Zwar setzen Informieren, Planen, Entscheiden, Ausführen, Kontrollieren und Bewerten auch gelingende Prozesse der sprachlichen Verständigung und Kommunikation voraus, besonders dann, wenn in Gruppen gehandelt wird. Es fehlt jedoch der Hinweis auf die Bedeutung von Kommunikation und Sprache im Modell der vollständigen Handlung. Dieser Hinweis ist jedoch mit dem Einbau von Sprache und Kommunikation in ein kognitionswissenschaftlich begründetes Modell der (beruflichen) Handlungskompetenz aufgenommen worden.

Der Begriff „Handlungsorientierung" führt also eine Vielzahl von unterschiedlichen wissenschaftlichen Disziplinen und Ansätzen zusammen. Obwohl die Zugänge zum Konstrukt der Handlungsorientierung und zum Handlungsbegriff sehr unterschiedlich sind, lassen sich diese, über das Konstrukt von Handlungsorientierung vermittelt und aufgeschlüsselt nach Kategorien, auf didaktische Fragestellungen beziehen und zu Leitideen für handlungsorientierte Innovationen verdichten (vgl. Abbildung 29).

Kategorien für handlungsorientierte Innovationen:	*Leitideen für handlungsorientierte Innovationen:*
• Dualismus von Denken und Handeln • Ringstruktur von Subjekt und Objekt • Schüler/innen-Aktivierung • Handeln und Persönlichkeitsentwicklung • Verallgemeinerung von beruflicher Bildung • Historisches und ökologisches Bewusstsein	• Ausrichten didaktischen Handelns an Schlüsselproblemen • Programmatik der Vermittlung von Schlüsselqualifikationen • Gestalten von Arbeiten und Technik • Dezentrales Lernen am Arbeitsplatz • Lernhandeln

Abbildung 29:
Kategorien und Leitideen für handlungsorientierte Innovationen

Den Begründungen für handlungsorientiertes Lernen und Lehren ist gemeinsam, dass sie das Auseinanderfallen von Denken und Handeln im Sinne eines Dualismus zurückweisen. Sie betonen vielmehr, dass Denken und Handeln zusammengehören, dass sich Denken aus dem praktischen Handeln entwickelt, und dass sich das Denken wiederum im praktischen Handeln zu bewähren hat (vgl. Tramm 1991, S. 252). Denken und Handeln sind füreinander sowohl Ursache als auch Wirkung.

Das Konstrukt der Handlungsorientierung hat auch die Diskussion zum Verhältnis von Subjekt und Objekt wieder neu angeregt. Das Verhältnis von Subjekt und Objekt wurde bisher auch dualistisch betrachtet: Das Subjekt wendet sich einem Objekt zu, betrachtet es, bearbeitet es und macht es sich nutzbar. Das Objekt selbst hat aber keinen Einfluss auf das Subjekt. Handlungsorientierung verweist jedoch auf eine Ringstruktur des Verhältnisses von Subjekt und Objekt: Subjektive Sichtweisen auf das Objekt sind immer schon Voraussetzung und Bedingung für Handeln. Objekte sind immer nur Objekte in subjektiven Sichtweisen. Deshalb kann ein Lehrer für den einen Schüler Berater und Moderator sein, für den anderen Schüler jedoch ein Unterweiser. Und dementsprechend werden sich die beiden Schüler unterschiedlich gegenüber ihrem Lehrer verhalten, was zu unterschiedlichen Wirkungen beim Lehrer führt. Diese Wirkungen wiederum beeinflussen die subjektiven Sichtweisen der Schüler usw. Über Handlungsorientierung veränderte Sichtweise auf das Verhältnis von Subjekt und Objekt erkennt somit Subjekt und Objekt in einer Ringstruktur, wie sie auch schon im Verhältnis von Denken und Handeln identifiziert wurde. Sie hebt sich damit deutlich ab vom klassischen naturwissenschaftlichen Denken in Ursache-Wirkungszusammenhängen, bei denen das Objekt lediglich Wirkung zeigt, aber keine Wirkung auf das Subjekt ausübt.

Durch das Konstrukt der Handlungsorientierung rücken Schüler/innen und Auszubildende mit ihren konkreten Handlungen in den Vordergrund didaktischer Überlegungen beruflichen Lernens und Lehrens. Schüler/innen-Aktivierung wird als Gegenmodell zur vorherrschenden Lehrer/innen-Dominanz im Unterricht verstanden. Selbstorganisation und Selbsttätigkeit von Schüler(inne)n bekommen einen hervorragenden Stellenwert in einer handlungsorientierten Didaktik des Lehrens und Lernens.

Über das Konstrukt der Handlungsorientierung wird auch die Einsicht in einen reflexiven Zusammenhang von Handeln und Persönlichkeitsentwicklung vermittelt. Handlungsstruktur und Persönlichkeitsentwicklung sind ringförmig miteinander verknüpft: Die im Laufe einer Lerngeschichte entwickelte Handlungsstruktur eines Lernenden ist Bedingung für seine Persönlichkeitsentwicklung. Und die Persönlichkeitsentwicklung stellt ihrerseits den Rahmen bereit, innerhalb dessen Handlungsstrukturen verändert werden können.

Über das Konstrukt der Handlungsorientierung wird auch die Diskussion um eine Verallgemeinerung beruflicher Bildung angeregt. Galt bisher die Regel, dass berufliche Bildung entweder Kopfarbeit, z. B. bei Kaufleuten, und Handarbeit, z. B. Handwerker(inne)n, zu befördern hat, wird nunmehr eine Verknüpfung von Kopf- und Handarbeit, von geistigen und körperlichen Tätigkeiten, von abstraktem und konkretem Denken angestrebt. In diesem Sinne erfährt berufliche Bildung eine Verallgemeinerung (→ Z, Berufliche Handlungskompetenz).

Schließlich wird über Handlungsorientierung auch die Vorstellung vermittelt, dass historisches und ökologisches Bewusstsein in Prozessen des beruflichen Lernens verknüpft werden müssen. Jeder Lernprozess ist immer nur so gut, wie er an die bisherige Lerngeschichte von Schüler(inne)n anknüpfen kann. Gelingt dies nicht, entsteht keine Einsicht und keine Bedeutung des Gelernten. Schüler/innen lernen dann nach der Devise: „Auswendig lernen, schreiben und wieder vergessen". Handlungsorientierung verweist zudem darauf, dass Lernen von Handlungen immer auch schon die Möglichkeiten für zukünftiges Handeln und Zusammenleben aufzeigt. Wer nie gelernt hat, umweltbewusst zu handeln, wird möglicherweise auch später keinen nachhaltigen Beitrag zur Erhaltung unserer Umwelt leisten wollen oder leisten können.

Die genannten Kategorien für handlungsorientierte Innovationen können sodann in Kategorien und Leitideen didaktischer Innovationen eingehen (vgl. Abbildung 29). Aus dem Bereich der allgemeinen Didaktik stammt die Idee, Lehren und Lernen an der Bearbeitung von Schlüsselproblemen, wie Arbeitslosigkeit, Umweltzerstörung, Gleichstellung der Geschlechter usw., auszurichten (vgl. Klafki 1985, S. 21 f.). Eine weitere Leitidee handlungsorientierter Innovationen spiegelt sich in der Programmatik der Vermittlung von Schlüsselqualifikationen wider. Schlüsselqualifikationen erfassen das „Potential an Selbst-, Sozial- und Sach/Methodenkompetenz, das hinter den jeweils aktuell abgeforderten Qualifikationen steht" (Reetz 1994, S. 4). Im Konzept der Vermittlung von Schlüsselqualifikationen steht die Persönlichkeit des Schülers bzw. der Schülerin im Mittelpunkt des didaktischen Handelns. Es treten damit Aspekte von Handlungsfähigkeit hervor, in denen das sacheinsichtige, sozialeinsichtige und werteinsichtige Handeln von Schüler(inne)n zentral sind.

Die Leitidee der Gestaltung von Arbeit und Technik beruht auf der Einsicht in die Möglichkeit und Notwendigkeit der sozialen Gestaltung von Arbeit und Technik und der damit begründeten Entwicklung von Gestaltungskompetenz. Dabei spielt besonders die schöpferische Qualität des selbst verantwortenden Tuns eine Rolle (vgl. Rauner 1995, S. 52).

Die Konzeption des dezentralen Lernens fokussiert vor allem das betriebliche Lernen am Arbeitsplatz (vgl. Dehnbostel 1995). Lernen am Arbeitsplatz meint die Verknüpfung von Arbeiten und Lernen (→ LB, Arbeiten und Lernen; → LA, Betriebliches Ausbildungspersonal). Hierfür gilt es, geeignete didaktische Konzepte auszuarbeiten, arbeitsorientiertes Lernen zu entwerfen und in betriebliches Lernen umzusetzen (→ LB, Konzepte des betrieblichen Lernens).

Aus den verschiedenen Handlungsformen wird das Lernhandeln als eine besonders relevante Form für die Didaktik beruflichen Lernens herausgearbeitet. Dies gelingt durch eine deutliche Abgrenzung gegenüber Handlungsformen, die sich allein auf die Bewältigung von Anforderungssituationen beziehen. Beim Lernhandeln geht es dagegen um die Ausbildung der subjektiven Orientierungs- und Handlungsfähigkeit und den Auf- und Ausbau kognitiver Strukturen (vgl. Tramm 1992, S. 192). In diesem Zusammenhang könnte Handlungsorientierung auch dazu anregen, die Lehrer/innen-Rolle neu zu entwerfen (→ LA, Professionalisierung der Lehrer/innen-Ausbildung).

Eine weitere Entwicklungsperspektive für die Didaktik beruflichen Lernens und Lehrens ist in kognitiven Ansätzen konstruktivistischer Didaktik zu erkennen. **Konstruktivistische Ansätze** lehnen die Vorstellung ab, das zu vermittelnde Wissen könne vom Lehrenden in die Köpfe der Lernenden übertragen werden. Sie sehen stattdessen Lernprozesse als Vorgänge aktiver Konstruktion, die die Lernenden weitgehend selbst vollziehen müssen. Mit dieser Sichtweise rückt der Lernende in den Mittelpunkt: ein Lernender, der sich seine Welt und sein Wissen über die Welt selbstständig auf der Grundlage seiner bisherigen Erfahrungen konstruiert hat und neue Erfahrungen macht, die sich mit den bisherigen zu neuem Wissen verbinden lassen. Dabei muss aber auch bedacht werden, dass dieser Konstruktionsprozess stets in einen Kontext sozialen Handelns eingebunden ist. Folgende Modelle basieren auf der skizzierten konstruktivistischen Auffassung vom Lernen und Lehren: die Konzeptwechselansätze, die Ansätze des Situierten Lernens, wie der Cognitive-Apprenticeship-Ansatz und der Anchored-Instruction-Ansatz sowie der Cognitive-Flexibility-Ansatz.

Beim Konzeptwechselansatz wird Lernen als ein Prozess der Veränderung und Entwicklung von Konzepten und Vorstellungen der Lernenden aufgefasst. So bringen Lernende Vorstellungen von Sachverhalten, Dingen etc. in den Unterricht ein, die jedoch häufig nicht mit den wissenschaftlichen Konzepten übereinstimmen. Die bereits vorhandenen Vorstellungen von Lernenden sind dann zu wechseln im Sinne von (grundlegend) verändern (vgl. Duit 1995, S. 913). Hierzu müssen zunächst die verschiedenen Konzepte der Lernenden, der Lehrenden und der Wissenschaft transparent gemacht werden, bevor Strategien des Konzeptwechsels greifen können. Es lassen sich zwei Hauptstrategieformen unterscheiden: erstens Strategien, die einen kognitiven Konflikt aus- und wieder auflösen wollen durch Zweifel oder Widerspruch und zweitens Strategien, die über den Einsatz von Analogien und Metaphern den Anwendungsbereich existierender Lernervorstellungen erweitern wollen.

Im Gegensatz zu den Konzeptwechselansätzen, die die konzeptuelle Komponente des Lernens hervorheben, betonen der Cognitive-Apprenticeship-Ansatz und der Anchored-Instruction-Ansatz die situierte Komponente des Lernens. Der Wissenserwerb ist in dieser

Sichtweise kontextgebunden bzw. -abhängig, das heißt die Umwelten und das soziale und kulturelle Umfeld sind für das Lernen bedeutsam.

Der Cognitive-Apprenticeship-Ansatz macht Anleihen bei der traditionellen Handwerkslehre mit ihrem typischen Lehrherrn-Lehrlingsverhältnis und dem Vermittlungsprinzip des Informierens, Vormachens, Nachmachens und Einübens (→ LB, Konzepte betrieblichen Lernens). Bei der Konstruktion von Lernumgebungen sind vier Dimensionen zu beachten: Inhalt, Methoden, Sequenzierung und sozialer Kontext (vgl. Collins, Brown & Newman 1989, S. 477 ff.). Der Inhalt bildet das Wissen des Experten, das ihn zur Lösung eines Problems befähigt und das er den Lernenden zugänglich macht. Die Methoden, die der Experte anwendet, um die Lernenden beim Aufbau kognitiver und metakognitiver Fähigkeiten zu unterstützen, sind die Modellierung von Vorgehensweisen, das Gewähren und die Rücknahme von Unterstützungsmaßnahmen, die Artikulation, Reflexion und die Exploration. Lernprozesse sollten prinzipiell gemäß den Grundsätzen der zunehmenden Komplexität und der Vielfalt von Perspektiven auf eine Problemsituation sequenziert sein. Der soziale Kontext des Lernens wird nicht nur dadurch erzeugt, dass Lernende vor authentische Probleme gestellt werden, sondern dass diese Probleme in der Gemeinschaft mit anderen Lernenden und Expert(inn)en zu bewältigen sind. Dabei spielt der Prozess der Einführung und Einbindung in das Denken und die Vorgehensweisen von Expert(inn)en eine große Rolle. Insofern bildet die Expert(inn)en-Kultur einen wichtigen Bestandteil des sozialen Kontextes, in dem Lernen stattfindet.

Der Anchored-Instruction-Ansatz wurde Anfang der 1990er Jahre von der Cognition and Technology Group der Universität Vanderbilt in den USA entwickelt. Ziel ist es, Schüler/innen mit Hilfe eines technologiegestützten Programms zu motivieren und ihnen den Umgang und das Lösen von komplexen Problemen zu ermöglichen und zu befördern. Hierzu wurden so genannte Makrokontexte in Form einer Geschichte konzipiert und auf Videoformat gebracht (→ LS, Konzepte des schulischen Lernens).

Der Cognitive-Flexibility-Ansatz versucht, die konzeptuelle und situierte Komponente des Lernens zu verbinden. Er bezieht sich auf authentische Fälle und eignet sich deshalb besonders für den Wissenserwerb in wenig strukturierten Problemsituationen. Dabei soll eine kognitive Flexibilität bei den Lernenden erzeugt werden, die sie befähigen, das eigene Wissen spontan an sich ändernde Bedingungen anzupassen. Hierfür müssen Lernende das Wissen aus verschiedenen Fall- und Kontextperspektiven repräsentieren können. Um den Aufbau dieser flexiblen multiplen Repräsentationen zu befördern, wird dasselbe Konzept zu verschiedenen Zeitpunkten, in unterschiedlichen Kontexten, aus unterschiedlichen Perspektiven und unter jeweils neuen Zielsetzungen betrachtet. Umgesetzt wird dies praktisch durch Minifälle, mit denen Expert(inn)en-Kommentare zur Verfügung gestellt werden.

Gestaltung von Unterricht und Unterweisung gemäß diesen Ansätzen bedeutet dann:

- die Lernenden zu Eigenaktivität und Eigenkonstruktion anzuregen und ihre Problemfähigkeit, wie auch andere Schlüsselkompetenzen, zu fördern. An die Stelle der Faktenvermittlung tritt die Vermittlung transferfähigen Wissens, das flexibel auf neue Problemsituationen übertragen werden kann.
- dass Alltagsprobleme bzw. -konflikte und solche Situationen, die für die Lernenden in ihrem Arbeits- bzw. Lebenszusammenhang bedeutsam sind, als Lerngegenstände gewählt werden.
- dass Lernen als Enkulturationsprozess aufgefasst wird, indem die Lernenden vor Aufgaben gestellt werden, die sie nach dem Vorbild eines Expertenmodells zu lösen versuchen. Der Lehrende tut dabei das, was als *scafolding and fading* bezeichnet wird: Er gibt Hilfestellung und nimmt seine Unterstützung schrittweise zurück. Dabei sollten möglichst viele Interaktionsmöglichkeiten sowohl der Lernenden untereinander als auch zwischen Lernenden und Lehrenden gegeben sein.
- die Notwendigkeit des Einsatzes moderner Technologien, nicht nur wegen der späteren Bedeutung in der Arbeitswelt, sondern auch wegen der durch sie zu aktivierenden Lernpotentiale. So kann z. B. von den Lernenden über Videodisc, Film oder Hypertext die Konstruktion von Wissen anschaulich nachvollzogen werden, wobei insbesondere auch lernmotivierende Elemente eingebaut werden können.
- die Lernenden als aktiv problemlösende und eigenverantwortliche Menschen anzuerkennen, deren individuelle Überzeugungen, Gewohnheiten und Einstellungen in der Lernsituation berücksichtigt werden.
- Lernumgebungen zu schaffen, die eine Berücksichtigung der individuellen Umwelten der Lernenden wie auch der Lehrenden ermöglichen. Solche Lernumgebungen sollten folglich:
  - authentische Situationen beinhalten, die den Rahmen und den Anwendungskontext für das zu erwerbende Wissen anbieten.
  - Wissen in verschiedenen Zusammenhängen präsentieren, um eine flexible Übertragung auf neue Problemsituationen zu ermöglichen.

- eine Problemstellung mehrperspektivisch ausleuchten und von mehreren Standpunkten her betrachten. Das Ziel ist dabei die Erleichterung der flexiblen Anwendung des erworbenen Wissens auf andere Anforderungssituationen.
- Interaktionen und kooperatives Lernen und Arbeiten mit Gleichaltrigen und mit Expert(inn)en erlauben.
- den Lernenden weitgehende Gestaltungs- und Handlungsfreiheit gewähren. Fehler sind dabei nicht nur erlaubt, sondern auch erwünscht.

Unterrichts- und Ausbildungsgestaltung enden damit nicht in der Auswahl von Inhalten und Methoden sowie der abschließenden Ermittlung des Lernergebnisses. Lehrende sind vielmehr auch zur Gestaltung von Lernumgebungen und zur Beförderung der Selbstevaluation der Lernenden aufgefordert.

4 Lernfelder

Die didaktische und methodische Planung von Unterricht in der Berufsschule (→ LS, Berufsschule) und in der betrieblichen Ausbildung stehen vor einer großen Herausforderung: Seit 1996 werden die Rahmenlehrpläne der Kultusministerkonferenz (KMK) (→ B, Institutionen, Organisationen und Konfliktlinien) für den berufsbezogenen Unterricht in der Berufsschule nach dem Lernfeldkonzept entwickelt, das sich wesentlich von den bisherigen Lehrplänen unterscheidet. Bis dahin enthielten die Ordnungsmittel detailliert aufgelistete Lernziele und Lerninhalte. Sie wurden mit dem Blick auf die für die Berufsausbildung relevanten Bezugswissenschaften **fachsystematisch** gegliedert. Die jetzigen Ordnungsmittel dagegen sind handlungsorientiert in Lernfelder gegliedert. **Lernfelder** sind im Sprachgebrauch der KMK „durch Zielformulierungen, Inhalte und Zeitrichtwerte beschriebene thematische Einheiten, die an beruflichen Aufgabenstellungen und Handlungsabläufen orientiert sind". Als solche Lernfelder werden beispielsweise ausgewiesen: Konten führen; Auslandsgeschäfte abwickeln; Absatzprozesse planen, durchführen und kontrollieren; Wertschöpfungsprozesse analysieren und beurteilen.

Nicht die Fachsystematik, sondern die Systematik des Handelns in beruflichen Situationen ist also zum zentralen Kriterium für die Planung und Gestaltung von Berufsschulunterricht gemacht worden. An die Stelle des Fachprinzips ist das Handlungsprinzip mit der Ausrichtung auf die Vermittlung beruflicher Handlungskompetenz getreten (→ Z, Berufliche Handlungskompetenz). Der Lernfeldansatz geht zunächst davon aus, dass Unterricht in Schule und Ausbildung im Betrieb unmittelbar mit konkreten betrieblichen Handlungsfeldern verknüpft werden sollen. Lernfelder sollen dementsprechend didaktisch aufbereitete Handlungsfelder sein. **Handlungsfelder** sind zusammenhängende Aufgabenkomplexe mit beruflichen sowie lebens- und gesellschaftsbedeutsamen Handlungssituationen, zu deren Bewältigung die berufliche Erstausbildung einen Beitrag leisten soll. Ein solches Handlungsfeld von Industriekaufleuten ist z. B. die Kontrolle der Lagerbestände und das Auslösen der gegebenenfalls notwendigen Bestellvorgänge. In diesem Handlungsfeld sind verschiedene betriebliche Handlungen zusammengefasst worden: buchhalterische Erfassung von Lagerbeständen, Beschaffen von Informationen über die aktuellen Lagerbestände, Bewerten der Lagerbestände mittels Kennziffern, Auslösen des Beschaffungsvorgangs etc.

Handlungsfelder beschreiben also die zukünftige Berufspraxis von Auszubildenden inhaltlich und konkretisieren sie. Sie können ermittelt werden durch Analyse von Stellenbeschreibungen und Arbeitsplätzen, durch Expert(inn)en-Befragungen, Auswerten von Publikationen u. a. Leider liegen empirisch gehaltvolle Beschreibungen von beruflichen Handlungsfeldern jedoch in den seltensten Fällen für die Ausbildungsberufe vor.

Nach der Identifizierung beruflicher Handlungsfelder sind schließlich diejenigen **Kompetenzen** zu ermitteln und zu beschreiben, die für eine Tätigkeit in den Handlungsfeldern notwendig sind und es zu befördern gilt. Auch dieses Problem der Zuordnung von Kompetenzen zu Handlungsfeldern ist keineswegs gelöst. Tatsächlich behelfen sich derzeit die Lehrenden pragmatisch mit ihren eigenen Betriebs- und Berufserfahrungen sowie mit Plausibilitätsüberlegungen bei der Lernzielgewinnung und -begründung.

Mit dem Lernfeldkonzept wird also die berufliche Handlung zum Prinzip für die Gestaltung beruflichen Lernens gemacht. Im Bereich der **Lernmethoden** wird diesem Prinzip bereits seit vielen Jahren durch die Entwicklung praxisbezogener, handlungsorientierter Lehr-Lernarrangements zu entsprechen versucht (→ LS, Konzepte des schulischen Lernens; → LB, Konzepte des betrieblichen Lernens). Dies geschah weitgehend unabhängig von der Lernfelddiskussion. Handlungsorientierte Methoden sind zudem vorzugsweise auf die Bearbeitung praxisrelevanter Probleme ausgelegt, deren erfolgreiche Bearbeitung zumeist gleich mehrere Kompetenzen befördert. Auch deshalb „passen" handlungsorientierte Methoden zum Auftrag der Kultusministerkonferenz, Lernziele künftig als Kompetenzen (→ LS, Teilautonomisierung und Qualitätsentwicklung) auszuweisen. Und indem handlungsorientierte Methoden auf die Bearbeitung praxisrelevanter Probleme ausgelegt sind, verweisen sie häufig auch schon auf einen interdisziplinären Zugriff auf das zu bearbeitende Problem. Die Bezüge handlungsorientierter Methoden auf das Lernfeldkonzept sind deshalb den Lehrenden zumeist schon vertraut. Häufig wird dadurch jedoch die methodische Sicht auf das Lernfeldkonzept überbetont mit der Konsequenz, dass Lehrende im Lernfeldkonzept so viel Neues nicht erkennen können. Das trifft auch für die Unterrichtsmedien zu.

Neue **Unterrichtsmedien** wurden ebenfalls schon lange vor der Einführung des Lernfeldkonzepts zumeist im Zusammenhang mit der Verwendung handlungsorientierter Unterrichtsmethoden diskutiert. Neue Medien wie z. B. das Internet als Informationsquelle und Kommunikationsmedium, der Computer als Werkzeug für das berufliche Lernen mit Planspielen, Flipchart und Moderationskoffer für die Gruppenarbeit und der PC mit PowerPoint für die abschließende Präsentation scheinen sich fast nahtlos an die handlungsorientierten Methoden angeschlossen zu haben. Auch sie können deshalb die Umsetzung des Lernfeldkonzepts stützen.

Die **Hauptprobleme** des Lernfeldansatzes müssen deshalb woanders liegen. Außer in der bereits ausgeführten Problematik einer wissenschaftlich begründeten Gewinnung und Begründung von Lernzielen liegen weitere Hauptprobleme in der curricular-inhaltlichen Dimension von Unterrichtsplanung und Unterrichtsgestaltung sowie in den personalen und den Umweltbedingungen. So ist es z. B. fraglich, ob Beschreibungen von Ausbildungsinhalten auf der Basis von beruflichen Arbeitsaufgaben überhaupt von prognostischem Wert sind. Es wird nämlich befürchtet, dass sich die Arbeitsaufgaben mit der Dynamik der technischen und wirtschaftlichen Entwicklung schon wieder grundlegend geändert haben, noch ehe die daraus gewonnenen Inhalte in Rahmenlehrpläne eingeschrieben und in der Schule umgesetzt werden können. Die Praxis würde den Lernfeldern praktisch „davonlaufen". Auch stellt sich die Frage, inwieweit den Anforderungen der Arbeitswelt und des Betriebes bei pädagogischen Begründungen der Lehr-Lerninhalte einer Berufsausbildung auch als Bildungsinhalt ein Gewicht beigemessen werden soll und kann. Es besteht durchaus die Gefahr, dass diese Frage mit einer stärkeren „funktionalistischen" inhaltlichen Anpassung der Berufsausbildung an betriebliche Tätigkeitsfelder und deren Anforderungen beantwortet wird und bildungs- und lehr-lerntheoretische Prinzipien dadurch verdrängt werden.

Lehrer/innen werden durch das Lernfeldkonzept zu gestaltenden Subjekten der curricularen Grundlagen für berufliches Lehren und Lernen. Sie müssen die sehr vagen und allgemeinen Vorgaben der Kultusministerkonferenz in Bildungsgangkonferenzen regional-, betriebs- und schulklassenspezifisch auslegen und inhaltlich konkretisieren und differenzieren. Dies stößt auf einigen Widerstand. Tatsächlich wurden Lehrer/innen in Fächern bzw. Fachrichtungen ausgebildet, haben Fachdidaktik studiert und auch in Fächern ihre bisherigen Unterrichtserfahrungen gesammelt. Sofern sie im eigenen Urteil gute Fachlehrer/innen waren, stellt sich die Frage, warum sie etwas aufgeben sollen, das sich zumindest bisher in ihrer eigenen Unterrichtstätigkeit bewährt hat. Auch wird eine verstärkte Kooperation der Lehrer/innen mit Ausbilder(inne)n verlangt. In der Vergangenheit war der Erfolg der Lernortkooperation jedoch eher bescheiden.

Das Lernfeldkonzept enthält derzeit noch einige Hintertüren für den Wiederausstieg: So müssen die zunächst konstruierten Lernfelder aus schul- und unterrichtsorganisatorischen Gründen wieder zu neuen Schulfächern zusammengefasst werden, die dann den alten möglicherweise wieder sehr ähnlich sind. Auch die Tradition der Berufsabschlussprüfungen und die gegenwärtige Praxis der zentral entwickelten Prüfungsaufgaben stehen zum Lernfeldkonzept im Widerspruch. Sie könnten ihre Wirkungen in einem „heimlichen" Curriculum entfalten.

5 Berufspädagogische Hilfen für Lernschwache, Benachteiligte und Begabte

Es besteht ein erheblicher berufspädagogischer Förderbedarf zur Verbesserung der Ausbildungschancen junger Menschen. Zugespitzt formuliert stehen auf der einen Seite des Förderbedarfs die Begabten, die durch Leistungsanforderungen in der beruflichen Bildung unterfordert sind und die mehr aus ihren Leistungspotentialen machen können und wollen. Auf der anderen Seite stehen die Benachteiligten, die durch sie behindernde Bedingungen nicht an die von ihnen erwarteten Leistungen heranreichen. Gleichsam dazwischen befinden sich die so genannten marktbenachteiligten Jugendlichen und die jungen Menschen mit Migrationshintergrund.

Die **marktbenachteiligten Jugendlichen** sind nicht originär benachteiligt, haben jedoch keinen Ausbildungsplatz bekommen, um ihre Potentiale entfalten zu können und werden deshalb mit besonderen Maßnahmen in einem Übergangsbereich betreut. Sie nutzen die Maßnahmen der Benachteiligtenförderung, um durch weitere Qualifizierung ihre Aussichten auf einen Ausbildungsplatz zu verbessern. Damit lässt sich auch der starke Anstieg des Anteils der Jugendlichen in Bildungsgängen mit beruflicher Grundbildung zwischen 1992 und 2005 von 32 % auf 55 % erklären (vgl. Bundesministerium für Bildung und Forschung 2010, S. 32). Allein die Eintritte in berufsvorbereitende Maßnahmen zwischen 1992 und 2007 haben sich mehr als verdoppelt.

Von Benachteiligungen betroffen sind auch die mehr als ca. 2 Millionen **Jugendlichen mit Migrationshintergrund**. Deren Benachteiligung durch ethnische Diskriminierung zeigt sich darin, dass sie doppelt so häufig die Schule ohne Abschluss verlassen (vgl. Boos-Nünning 2006, S. 4). Ein ähnliches Bild zeigt sich in der Ausbildungsbeteiligungsquote junger Ausländer/innen: Sie beträgt mit 32,2 % nur etwa die Hälfte der deutschen Jugendlichen (vgl. Bundesministerium für Bildung und Forschung 2010, S. 39). In besonderem Maße benachteiligt sind generell junge Frauen mit Migrationshintergrund und männliche Jugendliche mit türkischem Pass (vgl. Boos-Nünning 2006, S. 3 ff.). Ihnen ist der Zugang zu anspruchsvolleren beruflichen Positionen versperrt. Und sie sind mit der doppelten Quote auch häufiger von Arbeitslosigkeit betroffen als deutsche Jugendliche. Weiterhin sind sie auf ein eng zugeschnittenes Berufespektrum verwiesen: 43 % von ihnen münden in nur zehn Berufen ein, die zumeist traditionelle Handwerksberufe sind (vgl. Boos-Nünning 2006, S. 3). Für sie stellt aber gerade die berufliche Bildung das zentrale Instrument der gesellschaftlichen Integration dar (vgl. Stein 2009; → BWP, Beruf). Hierfür müssen allerdings die sozialen Zugangsbarrieren in Ausbildung und anschließender Beschäftigung abgebaut werden (vgl. Bundesministerium für Bildung und Forschung 2009, S. 20). Nach Ansicht der Bundesregierung stellen gerade Jugendliche mit Migrationshintergrund wegen ihrer bikulturellen Lebens- und Lerngeschichten und ihrer interkulturellen Kompetenz eine Humanressource der deutschen Wirtschaft und Gesellschaft dar, die es zu fördern gilt. Sie sollten deshalb in entsprechende Regelungen für Qualifikationen und Weiterbildung eingeschrieben werden (vgl. Bundesministerium für Bildung und Forschung 2009, S. 21) und kulturelle Vielfalt sollte als Potential und Chance für junge Menschen mit Migrationshintergrund betrachtet werden (vgl. Degen & Kühn 2008; Granato 2009; Settelmeyer & Erbe 2010).

Das System der Berufsbildung muss auf diese Problemlagen Antworten finden, wenn es weiterhin einen Beitrag zur Integration von Jugendlichen in die Sozialsysteme unserer Gesellschaft leisten soll (→ BWP, Beruf). Gleichwohl sind die Bedingungen für eine erfolgreiche Bewältigung dieser Aufgaben besonders schwierig (vgl. Eckert 2008). Die Schwierigkeit ergibt sich zum einen aus der Vielfalt der möglichen Ausprägungsformen von Lernschwächen und zum anderen aus den vielzähligen Möglichkeiten, als begabt oder besonders leistungsfähig eingestuft zu werden.

Zu den Ausprägungsformen von **Benachteiligungen** zählen z. B. Entwicklungsrückstände im geistigen Bereich, im sprachlichen Bereich, im Gefühlsbereich sowie im Sozialverhalten. Im geistigen Bereich können beispielsweise Probleme bei der Wahrnehmung, der Erinnerung, der Konzentration und der Aufmerksamkeit auftreten. Im sprachlichen Bereich behindern u. a. ein verringerter Wortschatz, erschwerte Wortfindung, Rechtschreibschwierigkeiten sowie Störungen im Leseverständnis, im Gefühlsbereich Misserfolgsängste und extreme Beeinflussbarkeit von außen. Im Bereich des Sozialverhaltens zeigen sich Entwicklungsrückstände vielfältiger Art.

Jugendliche mit unterschiedlichen Voraussetzungen sollen aber dennoch im dualen System gemeinsam lernen können. Das duale System bietet hierfür günstige Voraussetzungen. Es kennt weder besondere Eingangsprüfungen oder Zertifikate noch unterschiedliche Ausbildungsanforderungen während der Berufsausbildung. Darüber hinaus zeichnet sich das duale System durch einheitliche Abschlüsse am Ende der Berufsausbildung aus (vgl. Manstetten 1996a, S. 2). Dennoch muss sich das duale System der Forderung nach einem differenzierten Ausbildungsangebot stellen. Dem wird das novellierte Berufsbildungsgesetz im Abschnitt über die Berufsausbildungsvorbereitung gerecht (→ R, Rahmenbedingungen).

Das Gesetz beschreibt im § 68 einen Personenkreis von Lernbeeinträchtigten oder sozial Benachteiligten, deren Entwicklungsstand eine erfolgreiche Ausbildung in einem anerkannten Ausbildungsberuf noch nicht erwarten lässt. Es sieht für diese Personen eine Berufsausbildungsvorbereitung vor, die sozialpädagogisch betreut wird. Für diesen Personenkreis können gemäß § 69 Berufsbildungsgesetz besondere Qualifizierungsbausteine (→ B, Entwicklungslinien) entwickelt werden (vgl. Seyfried 2003). Dabei handelt es sich um inhaltlich und zeitlich abgegrenzte Lerneinheiten, die aus den Inhalten anerkannter Ausbildungsberufe abgeleitet werden. Mit diesen Qualifizierungsbausteinen wird damit die Vermittlung von inhaltlichen Grundlagen einer anschließenden Berufsausbildung vorbereitet. Hierfür ist seit 2005 von der Bundesagentur für Arbeit das so genannte „Neue Fachkonzept" in der Berufsvorbereitung umgesetzt worden. Dieses Konzept sieht eine Eignungsanalyse vor, auf die individuell ausgelegte berufsbezogene Qualifizierungsbausteine aufsetzen. Diese Bausteine können gezielt auf den direkten Einstieg in eine Beschäftigung vorbereiten. Sie können aber auch auf eine spätere Ausbildung angerechnet werden. Flankiert werden diese Maßnahmen durch individuelle Beratung und sozialpädagogische Betreuung. Die beeinträchtigten oder benachteiligten Personen, die an Maßnahmen der Berufsausbildungsvorbereitung teilnehmen, erhalten vom Träger dieser Maßnahme ein Zertifikat, in dem ihnen die vermittelten Grundlagen für den Erwerb beruflicher Handlungskompetenz bestätigt werden.

Im Gegensatz zu den bisherigen Berufsvorbereitungsmaßnahmen der Arbeitsverwaltung und der berufsbildenden Schulen ist die Berufsausbildungsvorbereitung nach Berufsbildungsgesetz strikt auf eine nachfolgende Berufsausbildung ausgerichtet (vgl. Zielke 2004, S. 44).

Neben den zukünftig zu erwartenden berufsausbildungsvorbereitenden Maßnahmen nach Berufsbildungsgesetz und den bereits bestehenden berufsvorbereitenden Maßnahmen nach Sozialgesetzbuch, Teil III der Arbeitsverwaltung gibt es auch schulische Maßnahmen, die zur Aufnahme einer Berufsausbildung vorbereiten und befähigen sollen, wie beispielsweise das Berufsvorbereitungsjahr (→ LS, Berufliches Schulwesen).

Außerdem können lernschwache Jugendliche während der Berufsausbildung durch ausbildungsbegleitende Hilfen eine besondere Förderung erhalten. Dies sind Hilfen, die durch die staatlichen Benachteiligungsprogramme finanziert werden und im Sozialgesetzbuch, Teil III rechtlich verankert sind. Jugendliche, die diese ausbildungsbegleitenden Hilfen erhalten, werden sozialpädagogisch und durch Stützunterricht betreut, wenn sie z. B. Lese- und Rechtschreibschwächen aufweisen. Dies betrifft besonders ausländische Jugendliche und junge Aussiedler, die zusätzlich zum normalen Unterricht eine intensive Sprachschulung erhalten.

Die berufsbegleitende Nachqualifizierung richtet sich an un- und angelernte junge Erwachsenen, die damit einen anerkannten Berufsabschluss nachholen können. So können beispielsweise mit Hilfe eines modularisierten Ausbildungsmodells ($\rightarrow$ B, Entwicklungslinien) und einem individuellen Förderplan je Teilnehmer/in, der auch sozialpädagogische Betreuung enthält, ungelernte junge Erwachsene zu Berufsabschlüssen geführt werden. Darüber hinaus können Lernschwache auch durch differenzierte Lernangebote gefördert werden. Neben einer zeitlichen Differenzierung des Lernangebots, die in der Regel zu einer Verlängerung der Berufsausbildung führt, können curriculare und didaktische Differenzierungen eingeführt werden z. B. durch Individualisierung der Ausbildung, handlungsorientierte Ausbildungsmethoden, Lernen in Projekten, E-Learning und produktionsgestützte Lernangebote (vgl. Kiper et al. 2008; Stach 2009).

Zur curricularen Differenzierung führen verschiedene Wege. Ein erster Weg führt über die Einrichtung von Ausbildungsgängen mit unterschiedlichen Anforderungen, zum Beispiel über Ausbildungen mit einem theoriegeminderten Ausbildungsanteil oder über eine Stufenausbildung. Eine Stufenausbildung wird im § 5 (2) Berufsbildungsgesetz als eine besondere Möglichkeit einer differenzierten Berufsausbildung beschrieben. Dieser Weg ist jedoch als problematisch einzuschätzen, weil er auf eine pädagogisch reflektierte Bearbeitung des Problems von Lernschwachen verzichtet. Er schreibt deren Probleme fest und weist Lernschwache stattdessen über spezifische Ausbildungen auf Arbeitsplätze ein, die weniger Qualifikation anfordern. Dieser Weg stellt eher ein Steuerungsinstrument dar, mit dem minder qualifizierte Jugendliche anforderungsreduzierten Arbeitsplätzen im Beschäftigungssystem zugeführt werden sollen. Ob diese Arbeitsplätze aber tatsächlich zur Verfügung stehen, ist zweifelhaft. Obwohl dieser Weg in der Diskussion stand und nun gesetzlich verankert ist, scheint er nicht gangbar zu sein: Bisher wurde dieser Weg durch das Ausbildungsverhalten der Auszubildenden praktisch abgewählt.

Ein zweiter Weg führt über eine curriculare Binnendifferenzierung des Lernangebots. Damit ist eine Profilierung von Bildungsgängen gemeint, die den unterschiedlichen Lernvoraussetzungen entsprechen. Die curriculare Binnendifferenzierung wird bei Wahrung der Mindestanforderungen an eine qualifizierte Berufsausbildung für leistungsschwächere und leistungsstärkere Auszubildende verschiedener Ausbildungsprofile angeboten. Innerhalb von Ausbildungsgängen bestehen außerdem Möglichkeiten der individuellen Gestaltung von Wahlpflichtbereichen (vgl. Enggruber 1994). In solchen Wahlpflichtbereichen können die Jugendlichen ihre individuellen Neigungen und Leistungsstärken einbringen.

Dieser Weg einer ressourcenorientierten Betrachtung von Fördermöglichkeiten, mit der die Defizit-Perspektive auf Lernbeeinträchtigte verlassen wird, ist auch für junge Menschen mit Migrationshintergrund gangbar. Hierfür wurde das aus der Betriebswirtschaftlehre stammende Konzept des Diversity-Managements an Verwendungen in pädagogischen Kontexten adaptiert (vgl. Kimmelmann 2009).

Für eine didaktische Differenzierung für Lernschwache stehen mehrere Konzepte bereit. Ein didaktisches Konzept sieht vor, den Lehrstoff didaktisch zu reduzieren und auf die begrenzten Lernmöglichkeiten von Lernschwachen zuzuschneiden. Ein zweites didaktisches Konzept verwendet das Prinzip des anwendungsorientierten Lernens. Im Wechsel von Theorie und ausgiebiger Übung werden die theoretischen Anforderungen zurückgenommen. Diesem Konzept liegt die Erfahrung zugrunde, dass es Lernschwachen an der Fähigkeit zum analytischen Denken und an Abstraktionsfähigkeit mangelt, sie jedoch in einer theoriegeleiteten Anwendung des Gelernten ihre Lernstärken erleben. Ein weiteres didaktisches Konzept setzt ganz auf die Lernfördermöglichkeiten des Problemlösens von authentischen Fällen. Ein viertes Konzept orientiert sich an den produktiven Möglichkeiten von Lernschwachen im ganzheitlichen Lernen.

Im Gegensatz zu Lernschwachen wurden jedoch **begabte und besonders leistungsfähige Jugendliche** in der beruflichen Bildung eher vernachlässigt (vgl. Stamm 2004). Oder wie Manstetten (1996a, S. 17) mit Blick auf den technischen Bereich und das Handwerk ausführt:

> „Ganz in der Tradition des neuhumanistischen Bildungsdenkens werden bislang Begabungen primär im Kontext klassischer Bildungsinhalte gefördert. Offensichtlich wird das Klientel der Berufsbildung als Bildungsrestmenge eingeschätzt, so dass besondere Leistungsfähigkeit und Begabung hier erst gar nicht vermutet werden."

Erst mit dem Begabtenförderungsprogramm der Bundesregierung von 1991 rückte dieses Thema etwas stärker in den Blickpunkt des Interesses. Adressat(inn)en waren begabte junge Fachkräfte, die durch Stipendien im Bereich der Weiterbildung gefördert werden sollten. Über die Vergabe dieser Stipendien entschieden die Zuständigen Stellen (→ B, Institutionen, Organisationen und Konfliktlinien). Maßgebend war in der Regel die Note aus der Berufsabschlussprüfung. Gefördert wurden zu gleichen Teilen junge Frauen und Männer.

Häufiger gefördert wurden junge Fachkräfte mit (Fach)Hochschulreife und seltener hingegen junge Erwachsene mit Hauptschulabschluss (vgl. Fauser & Schreiber 1996, S. 244).

Mit Beginn der Legislaturperiode hat das Bundesministerium für Bildung und Forschung die Begabtenförderung jedoch verstärkt. Wurden noch im Jahr 2005 14,6 Millionen € für die berufliche Begabtenförderung zur Verfügung gestellt, waren es 2008 18,7 Millionen € (vgl. Bundesministerium für Bildung und Forschung 2009, S. 37). Die Anzahl der Geförderten stieg dadurch von 4.200 Stipendiaten im Jahr 2005 auf 6.000 im Jahr 2008. Insgesamt wurden damit fast 16.000 besonders leistungsfähige junge Berufstätige materiell gefördert und hauptsächlich von Handels- und Handwerkskammern in Fördermaßnahmen aufgenommen (vgl. Eckert 2006, S. 20).

Für den Bereich der schulischen und betrieblichen Ausbildung gibt es jedoch bis heute kaum rechtsverbindliche Grundlagen oder ausgearbeitete Konzepte der Leistungs- und Begabtenförderung, wenngleich das Berufsbildungsgesetz mittlerweile im § 5 (2) Nr. 5 ausführt: „dass über das ... beschriebene Ausbildungsberufsbild hinaus zusätzliche berufliche Fertigkeiten, Kenntnisse und Fähigkeiten vermittelt werden können, die die berufliche Handlungsfähigkeit ergänzen oder erweitern".

Eine ältere schriftliche Befragung bei allen 16 Kultusministerien im Jahr 1993 ergab, dass nur 44 Maßnahmen einer leistungs- und begabungsfördernden Differenzierung bereits während der Berufsausbildung zuzurechnen waren (vgl. Manstetten 1996b, S. 25). Als curriculare Differenzierungen für Leistungsstärkere lassen sich Spezialklassen, Leistungskurse, Zusatzunterricht sowie doppelqualifizierende Lehrangebote nennen. Allerdings ist darunter nur eine Maßnahme zu finden, die explizit auf die Leistungsfähigkeit von Berufsschüler(inne)n abhebt (vgl. Manstetten 1996b, S. 78).

Darüber hinaus dominieren die so genannten Abiturient(inn)en-Modelle, in denen vor allem die Theorieteile der Ausbildung beträchtlich gesteigert werden. Ein Beispiel hierfür sind die Ausbildungen zum Industriekaufmann/zur Industriekauffrau mit zusätzlichem Hochschulstudium an der Fernuniversität Hagen, die Ausbildung nach dem so genannten Hamburger Modell, die sich an den Anforderungen eines Fachhochschulstudiums orientiert, oder die Ausbildung an den Berufsakademien. Ernüchternd lässt sich diesbezüglich aber feststellen, dass diese Angebote

> „eher im Hinblick auf den *allgemeinen* Bildungsabschluß Abitur hin konzipiert sind und weniger im Hinblick auf besondere *berufliche* Leistungsfähigkeit von Jugendlichen" (Manstetten 1996b, S. 79).

Stein und Strobel (2004) bieten hierzu eine differenzierte Übersicht über bisherige Angebote der Förderung von leistungsstarken Auszubildenden, die über die Fördermöglichkeiten einzelner Betriebe hinausgehen. Es handelt sich dabei durchweg um Möglichkeiten der Förderung über die Vermittlung von Zusatzqualifikationen (→ B, Entwicklungslinien). Hier ist auch die Berufsbildungsforschung (→ B, Berufsbildungsforschung) gefordert, sich dieser Thematik anzunehmen und weitere Förderkonzepte vorzugsweise im Zusammenspiel mit Berufsschule und Betrieb zu entwickeln, umzusetzen und zu evaluieren (vgl. BLK 2001, S. 16).

Literatur

Achtenhagen, F. (1984). *Didaktik des Wirtschaftslehreunterrichts*. Opladen: Leske + Budrich.
BLK (2001). *Begabtenförderung*. Heft 91. Bonn.
Boos-Nünning, U. (2006). Jugendliche mit Migrationshintergrund. *berufsbildung*, 97/98, S. 3–7.
Bundesministerium für Bildung und Forschung (2004). *Berufsbildungsbericht 2004*. Bonn.
Bundesministerium für Bildung und Forschung (2009). *Berufsbildungsbericht 2009*. Bonn.
Bundesministerium für Bildung und Forschung (2010). *Berufsbildungsbericht 2010*. Bonn.
Collins, A.; Brown, J. S. & Newman, S. E. (1989). Cognitive Apprenticeship. In L. B. Resnick (Hrsg.), *Knowing, Learning, and Instruction* (S. 453–494). Hillsdale: Erlbaum.
Degen, U. & Kühn, G. (2008). Zur Historie der Aus- und Weiterbildung von Menschen mit Migrationshintergrund in der Bundesrepublik Deutschland. *berufsbildung*, 111, S. 40–41.
Dehnbostel, P. (1995). Dezentrales Lernen als didaktische Orientierung einer Modellversuchsreihe. In P. Dehnbostel & H.-J. Walter-Lezius (Hrsg.), *Didaktik moderner Berufsbildung* (S. 64–77). Bielefeld: Bertelsmann.
Deutscher Bildungsrat (1970*). Empfehlungen der Bildungskommission* (2. Aufl.). Stuttgart: Klett.
Dörner, D. (1987). *Problemlösen als Informationsverarbeitung* (3. Aufl.). Stuttgart: Kohlhammer.
Duit, R. (1995). Zur Rolle der konstruktivistischen Sichtweise in der naturwissenschaftsdidaktischen Lehr-Lernforschung. *Zeitschrift für Pädagogik*, 6, S. 905–923.
Eckert, M. (2006). Entwicklungstrends in der Benachteiligtenförderung – Widersprüche und Tendenzen aus kritischer berufspädagogischer Sicht. *Berufsbildung in Wissenschaft und Praxis*, 1, S. 19–23.
Eckert, M. (2008). Lernförderung bei Benachteiligten und Lernschwachen im Spannungsfeld von handlungsorientiertem und reflexivem Lernen. In U. Faßhauer, D. Münk & A. Paul-Kohlhoff (Hrsg.), *Berufspädagogische Forschung in sozialer Verantwortung* (S. 197–208). Stuttgart: Steiner.
Enggruber, R. (1994). Arbeitsprojekte in der handwerklichen Berufsausbildung. *Berufsbildung in Wissenschaft und Praxis*, 1, S. 9–12.
Fauser, R. & Schreiber, N. (1996). Soziale Merkmale und Weiterbildungsverhalten der Stipendiaten. In R. Manstetten (Hrsg.), *Begabtenförderung in der beruflichen Bildung* (S. 175–251). Göttingen: Hogrefe.
Granato, M. (2009). Perspektiven und Potenziale: Junge Menschen mit Migrationshintergrund in der beruflichen Bildung. In K. Kimmelmann (Hrsg.), *Berufliche Bildung in der Einwanderungsgesellschaft* (S. 17–35). Aachen: Shaker.
Hacker, W. (1978). *Allgemeine Arbeits- und Ingenieurpsychologie* (2. Aufl.). Bern: Huber.
Heimann, P.; Otto, G. & Schulz, W. (1977). *Unterricht – Analyse und Planung* (9. Aufl.). Hannover: Schroedel.
Kimmelmann, N. (2009). Diversity Management – (k)ein Thema für die berufliche Bildung? *Berufsbildung in Wissenschaft und Praxis*, 1, S. 7–10.

Kiper, H. et al. (2008). Lernarrangements für heterogene Gruppen. In H. Kiper et al. (Hrsg.), *Lernarrangements für heterogene Gruppen* (S. 7–16). Bad Heilbrunn: Klinkhardt.

Klafki, W. (1964). Didaktische Analyse als Kern der Unterrichtsvorbereitung. In H. Roth & A. Blumenthal (Hrsg.), *Didaktische Analyse* (6. Aufl., S. 5–34). Hannover: Schroedel.

Klafki, W. (1985). *Neue Studien zur Bildungstheorie und Didaktik.* Weinheim: Beltz.

Kuhlmeier, W. & Uhe, E. (1992). Aufgaben und Wirkungsfelder beruflicher Fachdidaktiken. *berufsbildung*, 3, S. 128–131.

Manstetten, R. (1996a). Zu Grundfragen der Begabtenförderung und Begabungsforschung in der beruflichen Bildung. In R. Manstetten (Hrsg.), *Begabtenförderung in der beruflichen Bildung* (S. 1–20). Göttingen: Hogrefe.

Manstetten, R. (1996b). Strukturelle, institutionelle und innovative Aspekte der Begabtenförderung in der beruflichen Bildung. In R. Manstetten (Hrsg.), *Begabtenförderung in der beruflichen Bildung* (S. 21–85). Göttingen: Hogrefe.

Maturana, H. (1982). *Erkennen.* Braunschweig: Vieweg.

Möller, C. (1973). *Technik der Lernplanung* (4. Aufl.). Weinheim: Beltz.

Pleiß, U. (1996). Wirtschaftsorientierte Didaktiken und allgemeines Schulwesen. In K. Beck et al. (Hrsg.), *Berufserziehung im Umbruch* (S. 263–277). Weinheim: Deutscher Studien Verlag.

Rauner, F. (1995). Gestaltung von Arbeit und Technik. In R. Arnold & A. Lipsmeier (Hrsg.), *Handbuch der Berufsbildung* (S. 50–64). Opladen: Leske + Budrich.

Reetz, L. (1994). Persönlichkeitsentwicklung und Organisationsgestaltung. *berufsbildung*, 28, S. 3–7.

Renkl, A. (1994). *Die „unerklärliche" Kluft zwischen Wissen und Handeln* (Forschungsbericht Nr. 41). München: Ludwig-Maximilians-Universität, Institut für Pädagogische Psychologie und Empirische Pädagogik.

Schulz, W. (1981). *Unterrichtsplanung* (3. Aufl.). München: Urban & Schwarzenberg.

Settelmeyer, A. & Erbe J. (2010). Migrationshintergrund. *Wissenschaftliche Diskussionspapiere.* Bonn: hrsg. vom Bundesinstitut für Berufsbildung.

Seyfried, B. (2003). Berufsausbildungsvorbereitung und Qualifizierungsbausteine. *Berufsbildung in Wissenschaft und Praxis*, Sonderausgabe, S. 21–23.

Stach, M. (2009). Berufspädagogische Konzepte. In R. Stein & D. Orthmann Bless (Hrsg.), *Integration in Arbeit und Beruf bei Behinderungen und Benachteiligungen* (S. 171–189). Baltmannsweiler: Schneider.

Stamm, M. (2004). Hoch begabt und ‚nur' Lehrling? *Zeitschrift für Berufs- und Wirtschaftspädagogik*, 2, S. 175–194.

Stein, R. (2009). Integration in Arbeit und Beruf bei Behinderungen und Benachteiligungen. In R. Stein & D. Orthmann Bless (Hrsg.), *Integration in Arbeit und Beruf bei Behinderungen und Benachteiligungen* (S. 16–30). Baltmannsweiler: Schneider.

Stein, M. & Strobel, B. (2004). Fördermöglichkeiten für leistungsstarke Auszubildende. *Wirtschaft und Berufserziehung*, 6, S. 16–23.

Tenfelde, W. & Uhe, E. (1996). Zur Bedeutung der Integration beruflichen und allgemeinen Lernens für die Doppelqualifikation. In R. Bremer (Hrsg.), *Doppelqualifikation und Integration Beruflicher und Allgemeiner Bildung* (S. 101–124). Bielefeld: Bertelsmann.

Tramm, T. (1991). Entwicklungsperspektiven der Übungsfirmen- und Lernbüroarbeit aus der Sicht einer Didaktik handlungsorientierten Lernens. *Wirtschaft und Erziehung*, 7/8, S. 248–259.

Tramm, T. (1992). *Konzeption und theoretische Grundlagen einer evaluativ-konstruktiven Curriculumstrategie*. Dissertation Universität Göttingen.

Tramm, T. & Preiß, P. (1996). Rechnungswesenunterricht und ökonomisches Denken. In P. Preiß & T. Tramm (Hrsg.), *Rechnungswesenunterricht und ökonomisches Denken* (S. 1–21). Wiesbaden: Gabler.

Volpert, W. (1974). *Handlungsstrukturanalyse als Beitrag zur Qualifikationsforschung*. Köln: Pahl-Rugenstein.

Winkel, R. (1976). *Der gestörte Unterricht*. Bochum: Kamp.

Zielke, D. (2004). Berufsausbildungsvorbereitung. *Berufsbildung in Wissenschaft und Praxis*, 4, S. 43–47.

**Strukturbegriff:
Ausbildung der Lehrer
und der Ausbilder**

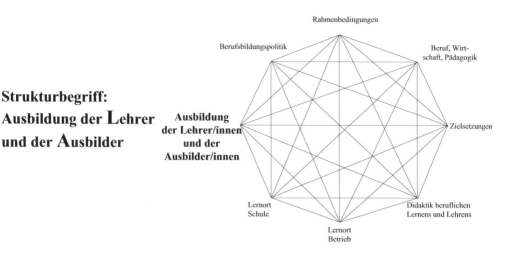

1 Lehrer: Fachmann und Pädagoge

Ein Lehrer muss Fachmann und Pädagoge zugleich sein; seine Tätigkeit erfordert den Fachmann, wenn es gilt, sich einen Überblick über das Lehrgebiet und die darin vertretenen Lehrmeinungen zu verschaffen, Lehrinhalte auszuwählen, zu systematisieren und unter fachwissenschaftlichen Gesichtspunkten zu prüfen. Als Pädagoge ist er vielfältig gefordert. Zu seinen pädagogischen Aufgaben zählt auch die Beratung. Der Deutsche Bildungsrat (1970, S. 217 ff.) nennt die fachunterrichtliche Beratung, die Erziehungsberatung, die Schullaufbahn- und Berufsberatung sowie die Beratung von Eltern, Schüler(inne)n, Berufsberater(inne)n und betrieblichen Ausbilder(inne)n. Zu seinen Aufgaben wird auch das Erziehen und Beurteilen gezählt, die sich angesichts der inhomogenen Schülerklientel als zunehmend problematisch erweisen. Lehrer/innen müssen außerdem Verwaltungsaufgaben übernehmen und an curricularen, didaktisch-methodischen und schulorganisatorischen Reformen mitarbeiten.

Der Lehrer ist weiterhin Lehrender. Er vermittelt Kenntnisse und Fertigkeiten, macht Zusammenhänge im Lernprozess transparent und befördert Verständnis und Problembewusstsein bei den Schüler(inne)n. Er regt den Transfer des Gelernten in Anwendungsbereichen an, fördert Motivation, problemlösendes und kreatives Handeln sowie die Kooperation in der Lerngruppe. Die fachdidaktischen Aufgaben des Lehrers werden vom Deutschen Bildungsrat (1970, S. 225) genauer spezifiziert: Gewinnen von Lernzielen aus der Fachwissenschaft, Entwickeln von Modellen des Unterrichtens, Überprüfen der Lehrpläne und fächerübergreifendes und interdisziplinäres Verknüpfen von Gehalten des Faches (→ D, Didaktik – Didaktik beruflicher Bildung – Fachdidaktik).

Der Lehrer ist deshalb als Fachmann, Erziehungswissenschaftler und Fachdidaktiker zugleich gefordert (vgl. Arnold 1990, S. 13 ff.). Diesen Qualifikationsanforderungen entsprechend ist das Studium für das Lehramt an berufsbildenden Schulen organisiert. Es gliedert sich in eine berufliche Fachrichtung bzw. einen fachwissenschaftlichen, einen erziehungswissenschaftlichen sowie einen fachdidaktischen Anteil. Kontroverse Vorstellungen bestehen allerdings darüber, wie diese Studienanteile im Lehrerstudium zu gewichten sind und wie eine Verknüpfung dieser Anteile zu erreichen ist. Durch Vereinbarungen der Kultusministerkonferenz von 1973 und 1995 (→ B, Institutionen, Organisationen und Konfliktlinien) nimmt die berufliche Fachrichtung bzw. die Fachwissenschaft etwa die Hälfte der zu studierenden Semesterwochenstunden in Anspruch. Die andere Hälfte wird auf die erziehungswissenschaftlichen und die fachdidaktischen Studienanteile im Verhältnis 5:3 verteilt. Empfehlungen der Kultusministerkonferenz müssen in den Ländern umgesetzt werden.

Über Möglichkeiten einer Verknüpfung der Studienanteile bestehen unterschiedliche Vorstellungen. Über die Stellung und Bedeutung der beruflichen Fachrichtungen bzw. Fachwissenschaften gibt es verschiedene Ansichten. Diese Ansichten lassen sich in unterschiedlichen Ansätzen einer Verknüpfung der Fachwissenschaften mit den anderen Studienanteilen nachweisen (vgl. Bader 1995, S. 325). Ein erster Ansatz ist das auf Berufsausbildung ausgerichtete fachwissenschaftliche Lehrangebot. Hier werden die fachwissenschaftlichen Inhalte daraufhin überprüft, ob sie mit den in der Berufspraxis zu bearbeitenden Aufgaben und Problemen korrespondieren bzw. deren Lösung unterstützen. In diesem Ansatz der Verknüpfung von Fachwissenschaft mit den anderen Studienanteilen stellt sich die Aufgabe der Verknüpfung als ein curricular und didaktisch reflektiertes Auswahlproblem. In einem zweiten Ansatz werden fachwissenschaftliche Lehrangebote durch die Beteiligung von Fachvertreter(inne)n der Berufspädagogik und der Fachdidaktiken ausgewählt. Hier gilt es zunächst einmal Kriterien zu entwickeln für die Bewertung fachwissenschaftlicher Inhalte, die pädagogischen und didaktischen Anforderungen genügen. Diese Aufgabe leisten Fachdidaktiker/innen, Berufspädagog(inn)en und Fachwissenschaftler/innen gemeinsam, um daran anschließend eine Auswahl von fachwissenschaftlichen Inhalten vorzunehmen. Da jedoch die Kriterien vorab mit dem Blick auf pädagogische und didaktische Anforderungen definiert wurden, kann es durchaus vorkommen, dass neue fachwissenschaftliche Inhalte generiert werden. In einem dritten Ansatz entscheiden schließlich die Vertreter/innen der

Fachwissenschaften allein über das fachwissenschaftliche Lehrangebot. Dieser Ansatz geht davon aus, dass die in den Fachwissenschaften kanonisierten Lehrinhalte das jeweilige Wissenschaftsgebäude der Fachwissenschaften repräsentieren und deshalb prinzipiell auch geeignete Lerninhalte für den berufsbildenden Unterricht sind. Ein vierter Verknüpfungsansatz ist die Entwicklung einer eigenständigen Wissenschaftskonzeption. Diese ist unter der Bezeichnung „Berufliche Fachwissenschaft" in die Diskussion eingeführt worden. Die Berufswissenschaft stellt sich der Auseinandersetzung mit den tatsächlichen Inhalten und Formen der beruflichen Bildung auf der Basis konkreter Berufe und Berufsfelder. Das bedeutet konkret, die einem Beruf zuzuordnenden Geschäfts- und Arbeitsprozesse wissenschaftlich zu analysieren, das in diesen Prozessen inkorporierte Prozesswissen zu erheben und die für die erfolgreiche Gestaltung von Geschäfts- und Arbeitsprozessen erforderlichen Kompetenzen zu ermitteln (vgl. Becker & Spöttl 2008, S. 15 ff.). Die Fachwissenschaft wird bei diesem Ansatz aus der Perspektive der Berufsbildung generiert.

2 Professionalisierung der Lehrer/innen-Ausbildung

Ende des vorletzten Jahrhunderts forderte der Deutsche Verband für das kaufmännische Unterrichtswesen ein Gutachten über die Notwendigkeit an, Handelshochschulen einzurichten (vgl. Schötz 1984, S. 117). Das Ergebnis dieses Gutachtens führte dann in den Jahren 1898 bis 1908 zur Gründung von Handelshochschulen in Leipzig, Köln, Frankfurt am Main, Berlin, Mannheim, München, Königsberg und Aachen. 1900 legten an der Handelshochschule Leipzig die ersten vier Kandidaten eine Lehramtsprüfung ab. Bis dahin wurden für die Tätigkeit an berufsbildenden Schulen in der Regel Volksschullehrkräfte in mehrwöchigen Fortbildungskursen vorbereitet. An den neu gegründeten Handelshochschulen erfolgte dann die gemeinsame Ausbildung von Kaufleuten und Handelslehrer(inne)n. Die Zulassungsvoraussetzungen, die Studiendauer und auch die Prüfungsbestimmungen waren allerdings sehr heterogen. Anfang der 1920er Jahre wurden die Handelshochschulen zu wissenschaftlichen Hochschulen. Seit Mitte der 1920er Jahre schließen diese vollakademischen Studiengänge mit dem Grad Diplom-Handelslehrer ab (vgl. Pleiß 1987, S. 403). Schließlich wurde 1937 eine Ordnung für die Diplomprüfung für das Handelslehramt aufgestellt, die eine mindestens sechssemestrige Studiendauer vorsah (vgl. Schötz 1987, S. 4).

Die Entwicklung der Gewerbelehrer/innen-Ausbildung verlief hierzu unterschiedlich. Der Beginn der geordneten Ausbildung kann in der Gründung von Polytechnischen Schulen gesehen werden (vgl. Stratmann 1994, S. 3). Allerdings setzten sich diese nicht durch. Von 1910 an wurden für Lehrer gewerblicher Fortbildungsschulen Kurse angeboten, die durch spezielle Gewerbelehrerseminare abgelöst wurden. Mitte bzw. Ende der 1920er Jahre wurde dann die Ausbildung der Gewerbelehrer in der Regel an Berufspädagogische Institute verlagert, die allerdings kein Promotionsrecht besaßen. Lediglich an der Universität Dresden war es möglich, eine akademische achtsemestrige Ausbildung zum Gewerbelehrer aufzunehmen (vgl. Bloy 1991, S. 158). Erst mit der Verlagerung der Ausbildung an die Universitäten bzw. Technischen Hochschulen Mitte der 1960er Jahre war die Akademisierung der Gewerbelehrer/innen-Ausbildung vollzogen. Analog zur Handelslehrer/innen-Ausbildung orientierte sich die Gewerbelehrer/innen-Ausbildung fortan an den bereits bestehenden Studiengängen und deren Berufsbildern, hier insbesondere den Ingenieurwissenschaften (vgl. Stratmann 1994, S. 13).

1973 wurde schließlich mit der KMK-Rahmenvereinbarung „über die Ausbildung und Prüfung für das Lehramt der Sekundarstufe II im Hinblick auf die Lehrbefähigung für Fachrichtungen des beruflichen Schulwesens" ein Grundmodell der Lehrer/innen-Bildung festgelegt, das 1995 nochmals bekräftigt wurde. Demnach gibt es drei Phasen der Lehrer/innen-Bildung. Erstens das grundständig universitäre Zweifächerstudium (berufliche Fachrichtung und Unterrichtsfach) plus Berufs- und Wirtschaftspädagogik und praktische Anteile; zweitens der Vorbereitungsdienst, der eine auf wissenschaftlichen Studien basierende schulpraktische Ausbildung darstellt; und drittens die kontinuierliche Lehrer/innen-Fortbildung, die die Aktualität und Qualität des Unterrichts unter Berücksichtigung des Entwicklungsstands von Wissenschaft und betrieblicher Praxis sicherstellen soll.

Mit der Akademisierung der Gewerbelehrer/innen-Ausbildung war zwar eine formale Gleichstellung mit den Gymnasiallehrer(inne)n erreicht, die damit erhoffte Professionalisierung erwies sich jedoch als defizitär. Mit der ausgeprägten fachlichen Orientierung im Studium der Lehrer/innen an berufsbildenden Schulen waren zwar günstigere Voraussetzungen für den Erwerb fachlicher Qualifikationen gegeben, auf die sich rasch verändernden bzw. steigenden pädagogischen Anforderungen wurden die Lehrenden jedoch nicht hinreichend vorbereitet. Als besonders defizitär erwies sich eine unzureichende Verklammerung von Fach- und Erziehungswissenschaft und die darin begründeten Schwierigkeiten, fachwissenschaftliche Inhalte unter pädagogischen Fragestellungen aufarbeiten zu können. Besonders aus pädagogischer Perspektive betrachtet war zu kritisieren, dass das Ziel der beruflichen Tüchtigkeit das nur pädagogisch zu erschließende Ziel der beruflichen Mündigkeit überlagerte (→ Z, Funktionalität und berufliche Tüchtigkeit; → Z, Subjektivität und Persönlichkeitsentwicklung). Pädagogische Ziele können aber nur in enger Anbindung der Lehrer/innen-Ausbildung an pädagogische Praxis verfolgt werden. Damit in Einklang stehen Forderungen, die Lehrer/innen-Ausbildung aus einer vermeintlich überzogenen Wissenschaftsorientierung herauszuführen und sie dafür an die praxisorientierten Fachhochschulen zu verlagern. So schlug 1998 die Hochschulrektorenkonferenz für ausgewählte berufliche Fachrichtungen für das Lehramt an berufsbildenden Schulen die Verlagerung an Fachhochschulen vor. Die fachwissenschaftliche und fachpraktische Ausbildung sollten an der Fachhochschule und parallel dazu oder danach an der Universität das Zweitfach, Fachdidaktik sowie Berufs- und Wirtschaftspädagogik studiert werden. Diese teilweise Verlagerung birgt gleich mehrere Gefahren in sich; wie beispielsweise die Gefahren der Segmentierung nach Schultypen und der Vertikalisierung. Nach Czycholl bedeutet dies, dass je jünger und je lernschwächer Schüler/innen sind, umso tiefer würde dann auch die Ausbildung ihrer Lehrer/innen institutionell angesiedelt werden: „Mit der gleichen Plausibilität müßte man die Ausbildung von Kinderpsychologen und Kinderärzten an die Fachhochschulen und darunter ansiedeln" (Czycholl 2000, S. 245). Darüber hinaus gilt:

„Eine Fachhochschullösung in Deutschland wird zu keinem anderen Ergebnis als dem der Transferschwäche oder der weitgehenden Irrelevanz der Grundausbildung führen als die jetzigen Modelle. ... Das Kardinalproblem ist also nicht der Ort, sondern die Organisation der Ausbildung. Fachhochschulseminare oder -praktika sind nicht deswegen „praxisnäher", weil sie an einer Fachhochschule stattfinden" (Oelkers 1998, S. 3).

Diesen Vorstellungen von einer Reform der Lehrer/innen-Ausbildung für berufsbildende Schulen wurde jedoch besonders von der Sektion Berufs- und Wirtschaftspädagogik innerhalb der Deutschen Gesellschaft für Erziehungswissenschaft (1990, S. 672 f.) entgegengehalten: Lehrer/innen-Ausbildung ist prinzipiell grundständig zu organisieren. Die für berufliche Schulen nötige Differenzierung ist durch Diplomstudiengänge anstelle der Lehramtsstudiengänge mit dem Ziel der Staatsprüfung zu sichern. Die Berufs- und Wirtschaftspädagogik sollte in diesem Diplomstudium einen eigenen Schwerpunkt bilden. Diese Vorstellungen der Sektion sind aber durch die Neuentwicklung von Studienstrukturen mit dem Blick auf Europa und deren Umsetzung bereits überholt.

Angestoßen wurde diese Reform besonders durch die so genannte Bologna-Erklärung, mit der die Regierungen der EU beschlossen haben, das Bildungswesen der EU-Staaten bis zum Jahre 2010 zu harmonisieren durch konsekutive Studienorganisationen nach dem Bachelor- und Master-Modell (→ R, Internationalisierung). Die Kultusministerkonferenz (→ B, Institutionen, Organisationen und Konfliktlinien) hat am 12.06.2003 mit den zehn Thesen zur Bachelor- und Masterstruktur die Eckpunkte für die Umstellung des deutschen Hochschulsystems festgelegt (vgl. Abbildung 30). Damit sollten folgende Ziele angestrebt werden: stärkere Differenzierung der Ausbildungsangebote, kürzere Studienzeiten, flexibles Studienangebot, höhere Erfolgsquoten, Verbesserung von Berufsqualifizierung und Arbeitsmarktfähigkeit, Gewährleistung internationaler Mobilität und internationale Attraktivitätssteigerung der deutschen Hochschulen (vgl. Sekretariat der Ständigen Konferenz der Kultusminister der Länder 2003).

Eigenständigkeit der Bachelor- und Masterstudiengänge: Die Bachelor- und Masterabschlüsse sind eigenständige berufsqualifizierende Hochschulabschlüsse.

Gestufte Studienstruktur: Der Bachelor gilt als erster berufsqualifizierender Abschluss. Der Master setzt den Bachelor voraus und hat i. d. R. weitere besondere Zugangsvoraussetzungen.

Berufsqualifizierung: Bachelorstudiengänge vermitteln die für die Berufsqualifizierung notwendigen wissenschaftlichen Grundlagen, Methodenkompetenz und berufsfeldbezogene Qualifikationen.

Profiltypen: Masterstudiengänge sind als „stärker anwendungsorientiert" und „stärker forschungsorientiert" zu differenzieren.

Konsekutive und nicht-konsekutive Studienstruktur: Ein Masterstudiengang kann einen vorausgegangenen Bachelorstudiengang fachlich fortsetzen im Sinne der Vertiefung oder der Erweiterung. Ein Masterstudiengang setzt als Weiterbildungsstudiengang u. a. eine Phase der Berufspraxis voraus.

Regelstudienzeit und Arbeitsaufwand: Die Regelstudienzeit für Bachelorstudiengänge beträgt zwischen drei und vier Jahren (Arbeitsaufwand mind. 180 ECTS), für Masterstudiengänge zwischen einem und zwei Jahren und für konsekutive Studiengänge maximal fünf Jahre (Arbeitsaufwand 300 ECTS).

Gradbezeichnungen: Für konsekutive Studiengänge werden die Abschlussbezeichnungen Bachelor/Master of Arts, of Science, of Engineering, of Laws vergeben.

Berechtigungen: Bei Berechtigungen werden keine Unterschiede hinsichtlich der Studiengänge, der Profiltypen und der Institution gemacht, an denen die Bachelor- und Masterabschlüsse erworben wurden.

Qualitätssicherung und Akkreditierung: Bachelor- und Masterstudiengänge sind zu akkreditieren.

Europäischer Hochschulraum: Die gestufte Studienstruktur ist wesentlicher Baustein des Europäischen Hochschulraums, der bis 2010 geschaffen werden soll.

Abbildung 30:
Zehn Thesen zur Bachelor- und Masterstruktur (vgl. Sekretariat der Ständigen Konferenz der Kultusminister der Länder 2003)

Das **konsekutive Modell für das Lehramtsstudium für berufsbildende Schulen** zeichnet sich durch folgende Merkmale aus: Das Lehrangebot ist modular aufgebaut. Ein Modul umfasst mehrere, inhaltlich aufeinander abgestimmte Lehrveranstaltungen, die kompetenzorientiert ausgerichtet sind. D. h. die primäre Frage lautet nicht mehr: „Welche Inhalte sollen aus fachlicher Sicht vermittelt werden?", sondern „Über welche Kompetenzen sollen die Absolvent(inn)en verfügen?". Module können unterteilt werden in Pflicht-, Wahlpflicht- und Wahlmodule. Die Modularisierung ist gekoppelt an ein Kreditpunktesystem, das *European Credit Transfer System* (ECTS) (→ R, Internationalisierung). Kreditpunkte werden mit jedem Modul studienbegleitend erworben. Studienbegleitende Prüfungen ermöglichen so eine unmittelbare, individuelle Leistungskontrolle und eine Entlastung der Prüfungsphase am Ende des Studiums. Die Anzahl der Kreditpunkte hängt von der für ein Modul benötigten Lern- und Arbeitszeit ab. Mit der Einführung des Kreditpunktesystems findet folglich ein Perspektivenwechsel von der Lehr- und Präsenzzeit zum Arbeitsaufwand der Studierenden statt. Dieser Arbeitsaufwand (*workload*) sieht 750 (bis maximal 900) mögliche Stunden pro Semester vor. Ein Kreditpunkt entspricht somit 25 (bis maximal 30) Arbeitsstunden.

Gemäß der KMK-Rahmenvereinbarung „über die Ausbildung und Prüfung für ein Lehramt der Sekundarstufe II (berufliche Fächer) oder für die beruflichen Schulen (Lehramtstyp 5)" von 1995, die 2007 nochmals bestätigt wurde, wird folgendes Grundmodell der Lehramtsausbildung festgelegt: Die Ausbildung, der eine fachpraktische Tätigkeit im Umfang von zwölf Monaten zugeordnet ist, umfasst die zwei Phasen: Studium einschließlich schulpraktischer Studien und Vorbereitungsdienst.

Die erste Phase des Studiums setzt sich zusammen aus dem Bachelorstudium mit mindestens sechs Semestern Regelstudienzeit und dem Masterstudium mit mindestens zwei Semestern. Insgesamt beträgt die Regelstudienzeit zehn Semester und umfasst 300 ECTS. Das Studium umfasst (1) die Bildungswissenschaften mit Schwerpunkt Berufs- und Wirtschaftspädagogik, die Fachdidaktiken für die berufliche Fachrichtung und für das allgemeine Unterrichtsfach sowie schulpraktische Studien im Umfang von 90 ECTS-Punkten, (2) die Fachwissenschaften innerhalb der beruflichen Fachrichtung sowie des allgemeinen Unterrichtsfaches im Umfang von insgesamt 180 ECTS-Punkten und (3) die Bachelor- und Masterarbeit im Umfang von insgesamt 30 ECTS-Punkten. Die Bundesländer können bei diesen drei Bestandteilen jeweils mit 10 ECTS-Punkten abweichen, die Summe von 300 ECTS-Punkten ist jedoch gesetzt. Das Unterrichtsfach kann auch eine sonderpädagogische Fachrichtung sein oder eine zweite berufliche Fachrichtung. Als berufliche Fachrichtungen werden festgelegt: Wirtschaft und Verwaltung, Metalltechnik, Elektrotechnik, Bautechnik, Holztechnik, Textiltechnik und -gestaltung, Labortechnik/Prozesstechnik, Medientechnik, Gesundheit und Körperpflege, Ernährung und Hauswirtschaft, Agrarwirtschaft, Sozialpädagogik, Pflege, Fahrzeugtechnik, Informationstechnik sowie Farbtechnik, Raumgestaltung und Oberflächentechnik. Die einzelnen Bundesländer können jedoch auch weitere berufliche Fachrichtungen zulassen.

Auch die zweite Phase der Lehrer/innen-Ausbildung ist in die Reform des Lehramtsstudiums einbezogen worden. So ist das Studienangebot im Referendariat ebenfalls modularisiert. Der Vorbereitungsdienst dauert zwischen 12 und 24 Monaten. Auf diese Dauer können schulpraktische und vergleichbare fachliche Anteile des Studiums angerechnet werden. Die Ausbildung im Vorbereitungsdienst umfasst auch in begrenztem Umfang selbstständigen Unterricht.

Eine dritte Phase folgt der Ausbildung. Es handelt sich um die Phase der Personalentwicklung. Dabei kommt der Berufseinstiegsphase eine besondere Rolle zu. Außerdem soll die Fortbildung sicherstellen,

„dass die Personalentwicklung in den fachlich und pädagogisch professionellen Bereichen und in Schulorganisation und Schulmanagement dem Entwicklungsstand der Wissenschaft und der beruflichen Praxis in Betrieben und Institutionen entspricht" (KMK-Rahmenvereinbarung vom 12.05.1995 i. d. F. vom 20.09.2007, S. 3).

Impulse für eine weitere Professionalisierung verspricht neben den neuen Studienstrukturen die Entwicklung und gemeinsame Einigung auf ein **Kerncurriculum**. Tatsächlich besteht bei den Fachvertreter(inne)n weitgehend Konsens über Sinn und Notwendigkeit eines Kerncurriculums. Hierzu werden vielfältige Vorteile ins Feld geführt: Ein Kerncurriculum trägt nicht nur zur Absicherung der Qualität und des wissenschaftlichen Standards der Ausbildung und des Stellenwerts beruflicher Bildung bei, sondern erhöht auch die Mobilität der Studierenden und die innere Einheit der Gruppe von Arrangeur(inn)en beruflicher Lehr-Lernprozesse (vgl. Beck 2002, S. 190 f.).

Konsens besteht ferner darüber, dass ein Kerncurriculum auch dem Polyvalenzgedanken Rechnung tragen muss. Die Leitidee der **Polyvalenz** erhöht nicht nur die berufliche Flexibilität der Studierenden, sondern ermöglicht es auch,

„den sich dynamisch verändernden Anforderungen innerhalb eines bestimmten Praxisfeldes gerecht zu werden. Von daher ist Polyvalenz der Qualifikation ein unumgängliches Element eines dynamisch gefassten Verständnisses von Bedarf oder Profession" (Tramm 2001, S. 7).

Dissens besteht hingegen, wie ein solches Kerncurriculum auszusehen habe. Ist es an Kompetenzen, Literaturkatalogen, Lehrveranstaltungen, Wissens- und Theoriebeständen, Methoden der Disziplin oder an Themen auszurichten? Vogel (2002, S. 196) plädiert für eine

Orientierung an den Disziplinen, an ihren Theorie- und Wissensbeständen, ihren Beweisverfahren und Problemdefinitionen. In diesem Sinne beschreibt ein Kerncurriculum den gemeinsamen Nenner, über den die Studienabgänger/innen verfügen müssen.

Alle Bemühungen um eine kontinuierliche und systematisch angelegte Professionalisierung der Lehrer/innen-Bildung werden aber in regelmäßigen Abständen unterlaufen durch Sparmaßnahmen der öffentlichen Haushalte und undifferenzierte Mahnungen der Kultusministerkonferenz (→ B, Institutionen, Organisationen und Konfliktlinien) vor einem drohenden Lehrer/innen-Überangebot. Die ständig sie begleitende Angst von Referendar(inn)en und Studierenden, später nicht in den Staatsdienst eingestellt zu werden, führt immer wieder zu starken Rückgängen bei den Studienanfänger/innen-Zahlen und häufigeren Studienabbrüchen und Studienwechseln. Aber auch verschlechterte Laufbahnbedingungen, zunehmend längere Ausbildungszeiten für Lehrer/innen sowie das bestehende System der Lehrer/innen-Ausbildung an sich erschweren die Umsetzung systematisch angelegter Konzepte der Lehrer/innen-Ausbildung (vgl. Weber 1993, S. 154 f.). Die Konsequenzen einer zurückgehenden Lehrer/innen-Ausbildung zeigten sich aber schon wiederholt und in früheren Jahren: Die quantitativ unzureichende Lehrer/innen-Versorgung über Lehrer/innen-Ausbildung musste durch so genannte Notlösungen wieder abgefangen werden. Hierzu gehören beispielsweise die Zulassung von Absolvent(inn)en aus Hochschul- und Fachhochschulstudiengängen verwandter Disziplinen, wie Jura, Ingenieurwissenschaften, Medizin und Wirtschaftswissenschaften, sowie Zulagen zur üblichen Referendariatsbesoldung.

Ob von den Europäisierungsbestrebungen im Bildungswesen tatsächlich die erwarteten Impulse für eine weitere Professionalisierung von Lehrer(inne)n an berufsbildenden Schulen ausgehen, ist derzeit nicht zu entscheiden. Noch gilt die deutsche Konzeption der Lehrer/innen-Bildung mit den Merkmalen eines grundständigen Hochschulstudiums, von bildungswissenschaftlichen Anteilen im Studium, der Zweifachausbildung sowie der Zweiphasigkeit der Ausbildung. Sie steht den Modellen in Europa gegenüber, besonders dem Modell eines fachwissenschaftlich orientierten Studiums mit anschließender seminaristischer Ausbildung und dem Modell eines einphasigen Studiums mit einem großen Anteil an Schulpraktika (vgl. Bader 1991, S. 353).

3 Theorie-Praxis-Problem

Ausbildung und Tätigkeit von Lehrer(inne)n erfolgen im Spannungsfeld von Theorie und Praxis. Durch die inhaltlich-organisatorische Gestaltung der Ausbildung in einer ersten Phase an der Universität und einer zweiten Phase im Studienseminar wird dieses Spannungsfeld aufgebaut. In ihrer späteren beruflichen Tätigkeit als Lehrer/innen erfahren sie sich als Theorielehrer/innen, die mit den so genannten Lehrer(inne)n für Fachpraxis kooperieren (müssen). Sie unterrichten Schüler/innen an berufsbildenden Schulen, die ihre berufspraktischen Erfahrungen jedoch im Betrieb machen (→ LB, Konzepte betrieblichen Lernens; → LS, Konzepte schulischen Lernens). Abbildung 31 zeigt das Spannungsfeld im Überblick.

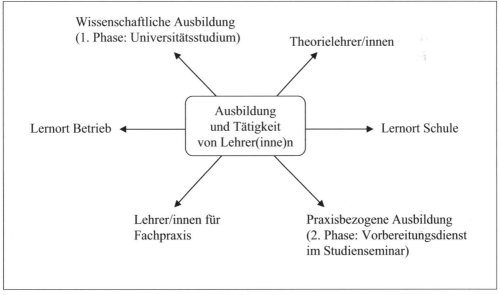

Abbildung 31:
Spannungsfeld von Theorie und Praxis in Lehrer/innen-Ausbildung und -Tätigkeit

Das Theorie-Praxis-Problem, das sich insbesondere in der Lehrer/innen-Ausbildung stellt, ist das Problem der institutionalisierten Trennung einer wissenschaftsorientierten Ausbildung an der Universität in der ersten Phase und einer praxisorientierten Ausbildung im Studienseminar in der zweiten Phase. Wenngleich beide Institutionen gemeinsame Interessen verfolgen, nämlich die Entwicklung pädagogischen Könnens sowie die fachdidaktische Ausbildung, entsteht durch die institutionelle Trennung ein Abstimmungsproblem. Der Universität wird häufig der Vorwurf gemacht, sie vermittle Theoriewissen, welches für die berufliche Praxis wenig brauchbar erscheint. Ihr wird deshalb vorgehalten, den angehenden

Lehrer(inne)n keine „realistischen" Einblicke in ihren späteren Berufsalltag zu gewähren. Die Studienseminare hingegen sehen sich Vorwürfen ausgesetzt, Unterrichtspraxis zu wenig theoriegeleitet zu reflektieren.

An dieser Kritik setzten auch Reformen der Lehrer/innen-Ausbildung ein, die zu Beginn der 1970er Jahre in Osnabrück und Oldenburg für die Handelslehrer/innen-Ausbildung initiiert wurden. Diese wurde an den Universitäten als einphasige Lehrer/innen-Ausbildung angelegt. Diese Reformversuche wurden jedoch 1976 bzw. 1981 wieder eingestellt (vgl. Siehlmann 2004). Auch die einphasige Lehrer/innen-Ausbildung in der DDR wurde mit der Wiedervereinigung durch eine zweiphasige abgelöst.

Die Ausbildung der Lehrer/innen an berufsbildenden Schulen ist seitdem regulär zwei- bzw. dreiphasig angelegt. Die erste Phase ist das Hochschulstudium mit den Bestandteilen Berufsausbildung bzw. Berufspraktika und Schulpraktikum und die zweite Phase das Referendariat. Als dritte Phase kann schließlich der Bereich der Personalentwicklung im Sinne der Lehrer/innen-Fortbildung gesehen werden.

Bei der ersten Phase handelt es sich um ein grundständiges kompetenzorientiertes Lehramtsstudium, das gegenwärtig (Stand 2010) mit dem Master of Arts bzw. Master of Education bzw. Master of Science abschließt. Bestandteil des Studiums sind Schulpraktika, die semesterbegleitend oder in Blockform durchgeführt werden. Nahezu alle einschlägigen Studiengänge haben im Bachelorstudium ein mehrwöchiges Praktikum, das neben Hospitationen zum Teil auch eigenen Unterricht vorsieht. In den Masterstudiengängen ist ein weiteres Schulpraktikum verpflichtend, das entweder mehrere Wochen umfasst oder gar ein Praxissemester. Schulpraktika sollen angehende Lehrer/innen mit Berufsrealität konfrontieren und sie zur kritischen Reflexion des Lehrer/innen-Berufes anregen. Dabei können aber die Alltagsbelastung von Lehrer(inne)n, deren Verantwortung sowie die aufkommende Routine im Berufsleben nicht erlebt werden (vgl. Rothgängel 1988, S. 101). Schulpraktika sollen aber für das weitere Studium motivieren.

In Bezug auf die erste Phase besteht dahingehend Konsens, dass sich das Studium durch Wissenschafts- und Berufsorientierung auszeichnen soll. Unklar ist jedoch, wie die Verbindung zwischen beiden Orientierungspunkten herzustellen ist. Hier lassen sich drei Positionen ausmachen: Eine erste Position fordert eine streng wissenschaftliche Ausrichtung des Studiums mit der Begründung, dass nur eine gründliche fachwissenschaftliche und erziehungswissenschaftliche Ausbildung die Entwicklung von Professionalität gewährleisten kann. Eine zweite Position will Wissenschaftlichkeit verbinden mit einem erhöhten Schulpraxisanteil. Eine dritte Position schließlich fordert, dass sich wissenschaftliche Theorien an den komplexen Anwendungs- und Problemsituationen in Schule und Unterricht orientieren müssen und forschendem Lernen im Studium ein großer Stellenwert beizumessen ist. Augenscheinlich werden hier Diskussionsstrukturen reproduziert, wie sie sich bereits in der kontroversen Bearbeitung des Verhältnisses Fachwissenschaft, Fachdidaktik und Berufspädagogik ergeben haben.

Bei der zweiten Phase der Lehrer/innen-Ausbildung handelt es sich um den staatlichen Vorbereitungsdienst für Referendare und Referendarinnen, der je nach Bundesland zurzeit zwischen ein und zwei Jahren dauert. Ein Blick in die Geschichte des Vorbereitungsdienstes zeigt auf, wie sich dessen Bedeutung für die Lehrer/innen-Ausbildung entwickelte. Am 30.06.1933 errichtete Preußen richtungsweisend das so genannte Kandidatenjahr für angehende Handels- und Gewerbelehrer/innen (vgl. Grüner 1975). Zwei Jahre später wurden Arbeitsgemeinschaften für die Kandidat(inn)en an den Ausbildungsschulen gebildet. Vierzehntägig trafen sich etwa drei bis sechs Kandidat(inn)en und hielten Lehrproben ab. Als direkte Konsequenz aus der Akademisierung der Gewerbelehrer/innen-Ausbildung in den 1960er Jahren wurde dann das Kandidat(inn)en-Jahr in ein Referendariat umgewandelt. Die angehenden Lehrer/innen hatten nämlich an den Universitäten vor allem fachtheoretische Veranstaltungen zu belegen, die praktisch-pädagogische Ausbildung kam zu kurz. Aus den Arbeitsgemeinschaften entstanden dann die Studienseminare, in denen die fachdidaktische Ausbildung dominierte (vgl. Grüner 1975).

Das Hauptziel der kompetenzorientierten Ausbildung von Referendar(inn)en in der zweiten Phase besteht in der auf der wissenschaftlichen Ausbildung basierenden schulpraktischen Ausbildung. Hierzu gehört auch, auf die Probleme mit lern- und verhaltensauffälligen Schüler(inne)n in Unterrichts- und Erziehungssituationen einzugehen. Die angestrebten Kompetenzen im Rahmen des Referendariats beziehen sich auf das Handlungsfeld Schule und Unterricht. Sie reichen von der Fähigkeit fachliches Lernen zu planen und zu gestalten, die Komplexität unterrichtlicher Situationen zu bewältigen, bis hin zur Fähigkeit, Lernen nachhaltig zu befördern und die fachspezifische Leistungsbeurteilung zu beherrschen (vgl. Sekretariat der Ständigen Konferenz der Kultusminister der Länder 2008).

Probleme, die in der zweiten Phase der Lehrer/innen-Ausbildung auftreten können, sind vielfältiger Natur. Beklagt werden häufig die zu starke Abhängigkeit der Referendare und Referendarinnen von den Fachleiter(inne)n im Studienseminar, von den Ausbildungslehrer(inne)n in der Ausbildungsschule und die Distanz zu den in der ersten Phase aufgearbeiteten Theorien. Zum Problem wird auch, dass das pädagogisch-didaktische Handeln bei den Vorbereitungen auf das Unterrichten zunächst hinter die Aufbereitung von Lehrinhalten zurücktritt. Es wird nur allzu bereitwillig Rezeptwissen aufgenommen (vgl. Adolph 1990, S. 160). Analog zum Theorieschock in der ersten Ausbildungsphase tritt hier ein Praxisschock auf. Dieser Praxisschock kann nicht dadurch verhindert werden, dass den Studienreferendar(inn)en häufig so genannte Problemklassen vorenthalten werden. Er wird nur zeitlich verzögert und tritt dann aber verstärkt auf.

Schließlich haben besonders die Ausbildungslehrer/innen großen Einfluss auf die von ihnen betreuten Referendare und Referendarinnen. Klusmeyer und Kehl (2009, S. 7 f.) kommen nach einer Analyse vorliegender Ausbildungs- und Prüfungsordnungen zum Ergebnis:

> „Zusammenfassend ist hervorzuheben, dass die bestehenden gesetzlichen Vorgaben, insbesondere das unter ausbildungspolitischen und -pädagogischen Gesichtspunkten mangelhafte Auswahlverfahren sowie die unzureichenden inhaltlichen Vorgaben zu den Aufgaben nur wenig zur professionellen Entwicklung der Ausbildungslehrertätigkeit beitragen (…). Die rechtlichen Regelungen und Vorgaben lassen keine klaren Konturen eines Berufs- oder Kompetenzbildes für Ausbildungslehrer erkennen".

Belegt wird dies auch durch empirische Befragungen von Ausbildungslehrer(inne)n, Referendar(inn)en sowie Studienseminar- und Schulleitungen (vgl. z. B. Kehl 2005). Erste Qualifizierungsmaßnahmen für Ausbildungslehrer/innen gibt es mittlerweile z. B. in Hamburg, Sachsen, Schleswig-Holstein und Mecklenburg-Vorpommern. In Österreich finden sich für diese Gruppe an Lehrenden gar verpflichtende dreisemestrige Qualifizierungslehrgänge an den so genannten Lehrerakademien zum diplomierten Ausbildungslehrer (vgl. Klusmeyer & Kehl 2009, S. 9 f.).

Die Lehrer/innen-Fortbildung kann als eine dritte Phase der Lehrer/innen-Bildung betrachtet werden. Sie umfasst alle Maßnahmen, die zur Sicherung, Aktualisierung, Erweiterung und Vertiefung vorhandener Qualifikationen oder zum Erwerb zusätzlicher Qualifikationen im Bereich der Fachwissenschaft, der Fachdidaktik, der Fachpraxis sowie der Erziehungswissenschaft dienen (vgl. Schirra 1985, S. 359). Notwendig sind aber auch Angebote im sozial-persönlichen Bereich. Dies erscheint angesichts frühzeitiger Pensionierungen unter Lehrenden, auftretenden Burnout-Syndromen und Schulmüdigkeit umso bedeutsamer (vgl. Neumann 1990). Eine Studie zum Fortbildungsverhalten von Lehrer(inne)n zeigte auf, dass solche Veranstaltungen kaum angeboten und außerdem wenig nachgefragt wurden (vgl. Pätzold 1988, S. 189). Es dominieren stattdessen Veranstaltungen zur Aktualisierung fachwissenschaftlicher Kenntnisse.

Noch stellt die Lehrer/innen-Fortbildung einen Bereich mit Entwicklungsbedarf und Entwicklungsperspektiven dar. Ohne eine erheblich verbesserte Lehrer/innen-Fortbildung wird es kaum gelingen, die anstehenden Reformvorhaben im Bereich der berufsbildenden Schulen zu bewältigen. Hierzu zählen besonders das Voranbringen des Unterrichtens in Lernfeldern (→ D, Lernfelder) und nach handlungsorientierten Konzepten (→ LS, Konzepte des schulischen Lernens), die schulinterne Personal- und Organisationsentwicklung, die Schulorganisationsform als Berufsbildungszentren bzw. regionale Kompetenzzentren (→ LS, Teilautonomisierung und Qualitätsentwicklung), die Orientierung von Lehrer(inne)n auf Beratung, pädagogische Diagnostik, Lernbegleitung und berufliche Weiterbildung.

4 Betriebliches Ausbildungspersonal

Die Anzahl der am betrieblichen Ausbildungsprozess Beteiligten richtet sich nach der Betriebsgröße und nach der Branche. Während in Kleinbetrieben zuweilen nur eine Person mit Ausbildungsaufgaben betraut ist (und das regelhaft nur mit einem Teil der Arbeitszeit) haben mittlere und größere Betriebe Ausbildungsabteilungen mit Personal auf verschiedenen Hierarchiestufen. Neben der Ausbildungsleitung sind dies vor allem hauptamtliche und nebenberufliche Ausbilder/innen sowie ausbildende Fachkräfte. Wie viele Personen ganz und teilweise mit Ausbildungsaufgaben betraut werden, hängt von den betrieblichen Entscheidungen ab. Und auch Qualifizierung und Auswahl des Ausbildungspersonals unterscheiden sich deutlich von Branche zu Branche und von Betrieb zu Betrieb. Sie hängen ab von der Ausbildungskonzeption des Betriebes, von der Bereitschaft, in Ausbildung zu investieren (→ R, Kosten und Nutzen), und von den Personalressourcen, die dem jeweiligen Betrieb zur Verfügung stehen.

Zumeist in Großunternehmen gibt es Ausbilder/innen, die ihre Aufgabe hauptberuflich wahrnehmen und jeweils für Berufe und Berufsfelder zuständig sind. Bundesweit gab es im Jahre 2006 ca. 755.000 Ausbilder/innen, die in dieser Funktion vor allem in den Ausbildungsbereichen Industrie und Handel sowie Handwerk registriert waren (vgl. Bundesministerium für Bildung und Forschung 2008, S. 257). Gemäß Ausbilder-Eignungsverordnung (AEVO) haben sie eine Ausbildung als Ausbilder/in erfahren und eine Prüfung vor den nach dem Berufsbildungsgesetz Zuständigen Stellen, den Kammern, abgelegt. Unterhalb der Ebene der durch AEVO formal ausgewiesenen Ausbilder(inne)n gibt es in den Betrieben eine große Personenzahl, die Ausbildung betreibt und unter der Bezeichnung „ausbildende Fachkräfte" tätig sind. Sie brauchen keinen formalen Nachweis ihrer Ausbildungseignung. Trotzdem wird immer wieder die pädagogische Qualifizierung auch dieser Personengruppe gefordert, weil sie die eigentliche Qualifizierungsleistung erbringt. Die Zahl der ausbildenden Fachkräfte wird auf ein Vielfaches der Zahl der Ausbilder/innen geschätzt. Das Bundesinstitut für Berufsbildung geht von etwa fünf Millionen ausbildenden Fachkräften aus. Daher ist es verständlich, dass die Unternehmen sich der Forderung nach einer wie auch immer gearteten Ausbildung dieser Personengruppe widersetzen. Allerdings gibt es auch viele Personen, die in der Funktion von ausbildenden Fachkräften tätig sind und die Ausbildereignungsprüfung abgelegt haben.

Nach § 28 Berufsbildungsgesetz sind Ausbilder/innen solche Personen, die fachliche und persönliche Voraussetzungen für die Ausbildung besitzen. Die fachliche Eignung ist der

Ausbildungsaufgabe entsprechend doppelter Natur (vgl. Abbildung 32): Die Ausbilder/innen müssen ausgewiesene Fachleute sein, die für die Ausbildungsberufe, für die sie ausbilden, über die entsprechenden beruflichen Kompetenzen verfügen. Daneben müssen sie auch berufspädagogische Kenntnisse nachweisen.

---

§ 30
Fachliche Eignung

(1) Fachlich geeignet ist, wer die beruflichen sowie die berufs- und arbeitspädagogischen Fertigkeiten, Kenntnisse und Fähigkeiten besitzt, die für die Vermittlung der Ausbildungsinhalte erforderlich sind.

(2) Die erforderlichen beruflichen Fertigkeiten, Kenntnisse und Fähigkeiten besitzt, wer

1. die Abschlussprüfung in einer dem Ausbildungsberuf entsprechenden Fachrichtung bestanden hat,

2. eine anerkannte Prüfung an einer Ausbildungsstätte oder vor einer Prüfungsbehörde oder einer Abschlussprüfung an einer staatlichen oder staatlich anerkannten Schule in einer dem Ausbildungsberuf entsprechenden Fachrichtung bestanden hat oder

3. eine Abschlussprüfung an einer deutschen Hochschule in einer dem Ausbildungsberuf entsprechenden Fachrichtung bestanden hat

und eine angemessene Zeit in seinem Beruf praktisch tätig war.

(3) ...

Abbildung 32:
Fachliche Eignung von Ausbilder(inne)n nach § 30 Berufsbildungsgesetz

Erstmalig wurden durch das Berufsbildungsgesetz von 1969 die Qualifikationen für Ausbilder/innen festgelegt und in der AEVO von 1972 und ihrer ersten Novellierung im Jahre 1999 spezifiziert. Inhaltlich konkretisiert stehen die Qualifikationen in einem Rahmenstoffplan, der im Jahre 1992 vom Hauptausschuss des Bundesinstituts für Berufsbildung neu gefasst wurde. Mittlerweile wurde die AEVO ein zweites Mal novelliert. Die novellierte AEVO trat am 01.08.2009 in Kraft und der neue Rahmenplan noch im gleichen Jahr. Mit dem Rahmenplan sollten bundesweit einheitliche Qualitätsstandards bei der Durchführung von Lehrgängen zum Erwerb der Ausbildereignung gesichert werden.

Die zweite Novellierung der AEVO enthält insbesondere folgende Veränderungen (vgl. Ulmer & Gutschow 2009, S. 49 ff.). So wurden die ehemals sieben Handlungsfelder, die die Anforderungen an die berufs- und arbeitspädagogische Eignung von Ausbilder(inne)n enthalten, in vier Handlungsfeldern neu strukturiert, indem sie komprimiert und geändert gewichtet wurden. Die vier Handlungsfelder lauten nach §§ 2, 3 AEVO nun: (1) Ausbildungsvoraussetzungen prüfen und Ausbildung planen, (2) Ausbildung vorbereiten und bei der Einstellung von Auszubildenden mitwirken, (3) Ausbildung durchführen und (4) Ausbildung abschließen.

Darüber hinaus wird das geforderte Anforderungsprofil nunmehr kompetenzorientiert umschrieben. Damit wird zum einen die Ausrichtung am Leitziel der Handlungsfähigkeit bestätigt, zum anderen wird der Begriff der Qualifikation durchgängig durch den der Kompetenz ersetzt und so die Anschlussfähigkeit an den Europäischen Qualifikationsrahmen (→ R, Internationalisierung) in den Blick genommen.

Eine dritte Änderung der novellierten AEVO besteht in inhaltlichen Neuerungen. So ist die Ausbilderqualifikation an betrieblichen Arbeits- und Geschäftsprozessen (→ LB, Arbeiten und Lernen) zu orientieren. Auch werden neue vor allem sozialpädagogische Aufgaben und Rollenprofile der Ausbilder/innen herausgehoben. Nach Ulmer und Gutschow (2009, S. 51) zeigt sich dies u. a. in den Anforderungen, eine motivierende Lernkultur zu schaffen, Feedback zu geben und zu empfangen, Methoden und Medien zielgruppengerecht auszuwählen sowie heterogene Zielgruppen durch individuelle Gestaltung der Ausbildung und Lernberatung zu unterstützen.

Schließlich ergeben sich inhaltliche Neuerungen durch das novellierte Berufsbildungsgesetz im Hinblick auf die Ausbildung im Verbund, in überbetrieblichen Bildungsstätten und im Ausland. So erweitert sich das Anforderungspotential an Ausbilder/innen z. B. um die Kompetenzen zu prüfen, ob Teile der Berufsausbildung auch im Ausland durchgeführt werden können, inwieweit Ausbildungsinhalte durch Verbundausbildung vermittelt werden können oder ob vorbereitende Maßnahmen der Berufsausbildung ersetzt werden können (vgl. Ulmer & Gutschow 2009, S. 51).

Der Nachweis der Ausbildereignung erfolgt nach wie vor durch eine zweigliedrige Prüfung: einer schriftlichen und einer praktischen Prüfung. Die praktische Prüfung besteht aus der Durchführung oder der Präsentation einer Ausbildungssituation und einem anschließenden Fachgespräch. Die empfohlene Lehrgangsdauer für die Ausbildung der Ausbilder/innen liegt bei 115 Stunden. Dabei kann der Lehrgang auch Selbstlernphasen umfassen. Die Präsenzphasen dürfen nicht weniger als 90 Unterrichtsstunden umfassen. Der Lehrgang besteht analog zur AEVO aus vier Bausteinen, deren Gewichtung wie folgt empfohlen wird: Handlungsfeld 3 umfasst 45 %, Handlungsfeld 4 beansprucht 15 % und die Handlungsfelder 1 und 2 jeweils 20 %.

Mit der Aussetzung der AEVO im Jahre 2003 entfiel zwar der Nachweis der Ausbildereignung für fünf Jahre, der Rahmenstoffplan zur Ausbildung der Ausbilder/innen bestand aber weiterhin (vgl. dazu auch Rebmann & Schlömer 2008). Die zeitlich befristete Aussetzung hat einerseits zu mehr Ausbildungsbetrieben und Ausbildungsplätzen geführt, wie eine Evaluationsstudie des Bundesinstituts für Berufsbildung ergab (vgl. Ulmer 2008). So haben pro Jahr ca. 7.000 bis 10.000 Betriebe entweder erstmalig Ausbildungsplätze angeboten oder ihr Angebot erweitert. Insgesamt kann pro Jahr von 10.000 bis 25.000 neuen Ausbildungsplätzen ausgegangen werden (vgl. Ulmer & Jablonka 2007). Andererseits ist der quantitative Zuwachs deutlich geringer als erwartet. Außerdem verdichten sich die Hinweise auf Qualitätsverluste in der Ausbildung. So werden durchschnittlich mehr Ausbildungsverträge in den Betrieben gelöst, die keine nach AEVO ausgebildeten Fachkräfte haben. Und auch die Kammern sprechen von einem höheren Beratungsbedarf in diesen Betrieben und von schlechterer Ausbildungsqualität (vgl. Ulmer & Jablonka 2007).

Die Studie zeigte schließlich auch, dass die befragten Betriebe mehrheitlich eine positive Haltung zur AEVO haben und eine Überarbeitung anfordern, die mit der Novellierung der AEVO und dem neuen Rahmenplan im Jahre 2009 eingelöst wurde. Sie vertreten die Ansicht, dass durch die AEVO die Mindestqualifikation des Ausbildungspersonals und auch die Qualität der betrieblichen Ausbildung gesichert werden. Insbesondere Großunternehmen haben deshalb auf den Bedarf ihrer Ausbilder/innen abgestimmte flexible Personalentwicklungskonzepte, die die AEVO voraussetzen. Hinzukommen ergänzende Selbstlernmaterialien, die Teilnahme an Workshops und Ausbilderkreisen bis hin zu mehrmonatigen Programmen der Weiterqualifizierung. Dabei werden z. B. unter Verwendung von realen Betriebsaufträgen und E-Learning-Modulen eine arbeitsprozessorientierte Aus- und Weiterbildung akzentuiert und die für eine individuelle Lernprozessgestaltung nötigen Kompetenzen angestrebt.

Ganz aktuell werden von staatlicher Seite Dienste zur Förderung des betrieblichen Berufsbildungspersonals angeboten (vgl. Härtel & Zinke 2007):

- Mit der so genannten Ausbilderförderung soll die Personalqualifizierung in der Aus- und Weiterbildung vorangetrieben werden. Es werden neben Informations- und Selbstlernmaterialien und Handreichungen zum E-Learning-Einsatz auch Seminarkonzepte und Trainingsunterlagen zur Verfügung gestellt.

- Es wurde unter www.foraus.de (Forum für Ausbilder/innen) eine Internetplattform für das Ausbildungspersonal eingerichtet. Es handelt sich dabei um eine Lern- und Kommunikationsplattform, die neben Informationen rund um das Tätigkeitsfeld Qualifizierungsmodule sowie Austauschmöglichkeiten mit Expert(inn)en bereithält.

- Eine weitere Unterstützungsleistung in Fragen der Personalentwicklung stellt das *Training of Trainers Network* (TTnet) dar, das 1998 vom CEDEFOP (Europäisches Zentrum zur Förderung der Berufsbildung) gegründet wurde (→ B, Berufsbildungsforschung). Damit sollen der Dialog und der Austausch über Fragen der Ausbildung und der Kompetenzentwicklung des Berufsbildungspersonals befördert werden. Außerdem soll die berufliche Entwicklung des Lehr- und Ausbildungspersonals in einem europäischen Bezugsrahmen vorangetrieben werden. Dabei stand zunächst die Lehrer/innen-Bildung im Vordergrund, die Qualifizierung von Aus- und Weiterbildungspersonal in Betrieben hingegen wurde vernachlässigt, was sicherlich eine Folge der Dominanz schulisch basierter Berufsbildungssysteme in Europa ist. Mittlerweile haben sich die Akteure und Akteurinnen der Aus- und Weiterbildung diesem Defizit angenommen: So gehören dem TTnet (www.bibb.de/ttnet) mittlerweile mehr als 20 nationale Netzwerke an, in denen sich neben Ausbilder(inne)n auch Trainer/innen aktiv einbringen.

5 Professionalisierung des Aus- und Weiterbildungspersonals

Das Berufsbildungspersonal steht zunehmend vor der Herausforderung auf steigende fachliche Anforderungen, einer verstärkten Bedeutung außerfachlicher Kenntnisse und Kompetenzen sowie heterogener werdende Gruppen von Lernenden vor allem hinsichtlich des Leistungsniveaus, des Alters und des Migrationshintergrunds didaktisch-methodisch und auch pädagogisch angemessen zu reagieren. Darüber hinaus erfährt das Anforderungsspektrum eine deutliche Erweiterung durch neue Aufgaben, wie beispielsweise der Qualitätssicherung von beruflicher Bildung sowie einer intensiveren Verzahnung von Aus- und Weiterbildung im Kontext von Konzepten des lebenslangen Lernens.

Bezogen auf die Aus- und Weiterbildungsaktivitäten am Lernort Betrieb ergibt sich daher die Notwendigkeit, Professionalisierungsbestrebungen zu forcieren (vgl. Rebmann & Schlömer 2008). Dazu gehören neben den fachlichen Kompetenzen verstärkt pädagogische und didaktisch-methodische Kompetenzen, wie z. B. die Kompetenz arbeitsintegrierte individuelle Lernprozesse zu initiieren, zu begleiten und zu gestalten. Ebenso bedeutend ist die Kompetenz, Ausbildungskonflikte zu antizipieren, zu erkennen und zu ihrer Lösung beizutragen. Daneben wird auch Expertise benötigt in der Programmentwicklung und Programmbewertung sowie im Management von Bildungsabteilungen und ganzen Bildungseinrichtungen. Hierzu muss das Berufsbildungspersonal in der Lage sein, unter den jeweils betriebsspezifischen Bedingungen eine möglichst widerspruchsfreie Verbindung herzustellen zwischen den Unternehmenszielen, der Sicherung des Fachkräftenachwuchses und den Ansprüchen derjenigen, die aus- bzw. weitergebildet werden sollen (vgl. Schlottau 2005). Damit erfährt das Berufsbildungspersonal in seiner Rolle ein neues Selbstverständnis. Sie sind Coaches, Berater/innen, Begleiter/innen, fachliche Betreuer/innen genauso wie Netzwerker/innen.

Abhängig von den Lernorten der beruflichen Bildung haben sich sehr unterschiedliche Professionalisierungspraktiken für die dort Lehrenden entwickelt (vgl. Zinke 2006). So durchlaufen Lehrer/innen für berufsbildende Schulen ein Hochschulstudium und eine insgesamt dreiphasige Aus- und Weiterbildung, die große berufs- und wirtschaftspädagogische sowie didaktisch-methodische Anteile umfasst. Das außerschulische Berufsbildungspersonal hingegen ist deutlich heterogener, weniger standardisiert und weniger professionalisiert. Und dies obgleich bereits im Jahre 1752 Zincke eine Art Befähigungsnachweis für Meister, die Lehrlinge ausbilden wollen, forderte und damit die Pädagogisierung der Berufsausbildung wie auch die Professionalisierung der Ausbilder/innen einläutete (vgl. Pätzold 1997). Erst mit der Verabschiedung des Berufsbildungsgesetz 1969 und dem Erlass der Ausbilder-Eignungsverordnung (AEVO) 1972 wurde dieser erste Schritt der Professionalisierung der betrieblichen Ausbilder/innen umgesetzt.

Mit der Jahrtausendwende wurden auch weitergehende Schritte zur Professionalisierung erprobt (vgl. dazu z. B. Schlottau 2005). Im Jahre 2001 startete am Berufsförderungswerk in Hamburg eine zweijährige berufsbegleitende Fortbildungsmaßnahme zum Fachpädagogen für die betriebliche und überbetriebliche Bildung. Das handlungsorientierte Fortbildungskonzept richtet sich an Fachkräfte, die in der betrieblichen Weiterbildung oder auch in über- und außerbetrieblichen Bildungseinrichtungen tätig sind. Im Jahre 2007 wurden weiterhin die ersten Prüfungen für den ebenfalls berufsbegleitenden Fortbildungsberuf „Berufspädagoge für die Aus- und Weiterbildung (IHK)" abgelegt. Dieser modular angelegte Lehrgang (ca. 550 Präsenzstunden und Selbststudiumsanteile) verteilt sich zum einen auf die folgenden Bereiche: Organisation und Planung, Lernbegleitung, Bewertung und Prüfung sowie Management. Zum anderen ist eine Schwerpunktsetzung auf Weiterbildung, Beratung oder Rehabilitation möglich. Diese bislang auf regionaler Ebene erprobten Fortbildungsmaßnahmen sind mittlerweile eingemündet in bundeseinheitliche Fortbildungsordnungen mit den Abschlüssen „Geprüfter Aus- und Weiterbildungspädagoge/Geprüfte Aus- und Weiterbildungspädagogin" und „Geprüfter Berufspädagoge/Geprüfte Berufspädagogin" (vgl. Bundesministerium für Bildung und Forschung 2010, S. 55). Damit konnte – so der Berufsbildungsbericht aus dem Jahre 2010 – ein jahrelanger Diskussionsprozess zur Professionalisierung des Personals in der beruflichen Bildung abgeschlossen werden.

Für den Bereich der beruflichen Weiterbildung wird erst seit den 1970er Jahren eine Professionalisierung des dort tätigen Personals diskutiert. Auch wenn die historischen Wurzeln der Weiterbildung (→ R, Berufliche Weiterbildung) bis in die Aufklärung des 18. Jahrhunderts zurückverfolgt werden können und sich mit Beginn des 19. Jahrhunderts erste Handwerker- und Arbeiterbildungsvereine mit dem Ziel des wirtschaftlichen und sozialen Aufstiegs ihrer Mitglieder gründeten, bedeutete berufliche Bildung noch bis in die 1970er Jahre hinein in der Regel berufliche Erstausbildung von Jugendlichen. Erst mit dem Strukturplan des Deutschen Bildungsrates 1970 wurde die Bedeutung auch der beruflichen Weiterbildung als ein eigenständiger Bereich innerhalb der beruflichen Bildung herausgestellt. Damit kamen auch die in der beruflichen Weiterbildung Lehrenden in den Fokus.

Die tiefgreifenden Veränderungen, welche die heutige Arbeitswelt in Form fortschreitender internationaler Arbeitsteilung und demografischen Veränderungen kennzeichnen, wirken sich für alle Berufstätigen gleichsam einschneidend aus: So hat der einmal erlernte Beruf als Lebensberuf (→ BWP, Beruf) ausgedient, was lebenslanges Lernen und kontinuierliche Weiterbildung zum festen Bestandteil der berufsbiographischen Entwicklung werden lässt. Damit bedarf es auch für das originäre Weiterbildungspersonal eigener Professionalisierungsstrategien.

Die Zahl der gegenwärtig in der Weiterbildung Beschäftigten wird auf 600.000 bis 700.000 geschätzt (vgl. Bundesministerium für Bildung und Forschung 2004, S. 6). Verlässliche Daten liegen hierzu aber nicht vor. Professionalisierte Mitarbeiter/innen für Weiterbildung werden in der Regel erst in Betrieben mit mehr als 1.000 Mitarbeiter(inne)n beschäftigt. In kleineren Betrieben besteht das Personal in der Weiterbildung zumeist aus nebenberuflichen, zum Teil auch ehrenamtlichen, seltener aus hauptberuflichen Weiterbildner(inne)n. Damit liegen heterogene Beschäftigungsgruppen vor. Diese Heterogenität vergrößert sich noch, wenn der Bereich der betrieblichen Weiterbildung verlassen wird. Insgesamt liegen für den Bereich der beruflichen Weiterbildung sehr disparate Beschäftigungsverhältnisse, unterschiedlichste Funktionszuschreibungen und verschiedene Positionen vor (vgl. Kraft 2006, S. 25). Die schier unerschöpflichen Berufsbezeichnungen wie Weiterbildner/in, Erwachsenenpädagoge und -pädagogin, Coach, Teamer/in, Trainer/in etc. belegen dies. Heterogen zeigen sich auch die pädagogischen Qualifikationen, die formalen Bildungsabschlüsse und Zertifikate sowie die Aus- und Weiterbildungswege (vgl. Kraft 2006, S. 26). Vergleichbares gilt für die Aufgaben- und Tätigkeitsfelder von den in der Weiterbildung beschäftigten Personen. Hinzukommt, dass es noch an Kompetenzprofilen von Weiterbildner(inne)n mangelt. Diese wären aber notwendig, um einerseits die Anforderungen an diese Beschäftigtengruppe deutlich zu machen und andererseits die Qualifizierung dieser Beschäftigtengruppe von ihrer Beliebigkeit zu befreien (vgl. Kraft 2006, S. 29).

Gleichwohl lassen sich Ansätze zur Professionalisierung der Ausbilder/innen- und Weiterbildner/innen-Tätigkeiten feststellen (vgl. dazu z. B. Schlottau 2005, S. 34): So engagiert sich der Bundesverband Deutscher Berufsausbilder (BDBA), der 1974 gegründet wurde, für die Fort- und Weiterbildung der in der beruflichen Bildung Beschäftigten. Er erstellte schließlich 1983 ein Berufsbild, das die wesentlichen Merkmale und Inhalte dieses angestrebten Berufes markiert. Zuvor im Jahre 1964 gründete sich bereits der Bundesverband für Verkaufsförderer und Trainer (BDVT). Dieser entwickelte und aktualisierte fortlaufend ein Berufsbild für die nach wie vor ungeschützte Bezeichnung „Trainer und Berater", das u. a. deren Tätigkeitsfelder, -methoden, -formen und auch Grundwerte festlegt.

Festgehalten werden kann: Die Vielfalt an Qualifizierungswegen und Berufsbezeichnungen für Weiterbildner/innen sowie die fehlenden Kompetenzprofile im Sinne von Standards für die Qualifizierung zeigen die Probleme und Defizite der Professionalisierung des Weiterbildungspersonals an. Der daraus resultierende Handlungsbedarf wird bereits an vielen Stellen wahrgenommen und in konkrete Aktivitäten überführt.

Literatur

Adolph, F. (1990). Probleme und Perspektiven junger Lehrer an berufsbildenden Schulen. *Die berufsbildende Schule*, 42(3), S. 158–177.

Arnold, R. (1990). *Berufspädagogik. Lehren und Lernen in der beruflichen Bildung.* Aarau: Sauerländer.

Bader, R. (1991). In Zukunft „Euro-Lehrer"? *Die berufsbildende Schule*, 43(6), S. 353–355.

Bader, R. (1995). Lehrer an beruflichen Schulen. In R. Arnold & A. Lipsmeier (Hrsg.), *Handbuch der Berufsbildung* (S. 319–333). Opladen: Leske + Budrich.

Beck, K. (2002). Plädoyer für ein Kern-Curriculum zur Ausbildung von Lehrerinnen und Lehrern an berufsbildenden Schulen. In M. Eckert et al. (Hrsg.), *Bilanzierungen* (S. 187–198). Frankfurt am Main: G.A.F.B.

Becker, M. & Spöttl, G. (2008). *Berufswissenschaftliche Forschung*. Frankfurt am Main: Lang.

Bloy, W. (1991). Die Ausbildung von Berufsschullehrern an der Technischen Universität Dresden – Stand und Ausblick. *Die berufsbildende Schule*, 43(3), S. 158–162.

Bundesministerium für Bildung und Forschung (2002). *Berufsbildungsbericht 2002*. Bonn.

Bundesministerium für Bildung und Forschung (2004). *Die berufliche und soziale Lage der Lehrenden in der Weiterbildung*. Berlin.

Bundesministerium für Bildung und Forschung (2008). *Berufsbildungsbericht 2008*. Berlin.

Bundesministerium für Bildung und Forschung (2010). *Berufsbildungsbericht 2010*. Berlin.

Czycholl, R. (2000). Lehrerbildung für berufliche Schulen auf dem Wege in das 21. Jahrhundert – Quo vadis? In R. Czycholl (Hrsg.), *Berufsbildung, Berufsbildungspolitik und Berufsbildungsforschung auf dem Wege in das dritte Jahrtausend* (S. 235–258). Oldenburg: BIS.

Deutsche Gesellschaft für Erziehungswissenschaft/Kommission für Berufs- und Wirtschaftspädagogik (1990). Stellungnahme zum Studium für Lehrer/Lehrerinnen an beruflichen Schulen. *Die berufsbildende Schule*, 42(11), S. 672–673.

Deutscher Bildungsrat (1970). *Empfehlungen der Bildungskommission* (2. Aufl.). Stuttgart: Klett.

Grüner, G. (1975). Die Studienseminare für das Lehramt an beruflichen Schulen. *Die Deutsche Berufs- und Fachschule*, 71(10), S. 764–768.

Härtel, M. & Zinke, G. (2007). Ausbilderförderung und Foraus.de: zwei Dienste des BIBB unterstützen das Ausbildungspersonal. *Berufsbildung in Wissenschaft und Praxis*, 2, S. 30–32.

Kehl, V. (2005). Ausbildungslehrer – Beratender und Ratsuchender. In J. Klusmeyer, U. Meyerholt & P. Wengelowski (Hrsg.), *Beratung, Evaluation, Transfer* (S. 187–202). Oldenburg: BIS.

Klusmeyer, J. & Kehl, V. (2009). Zur Professionalität der Ausbildungslehrer an berufsbildenden Schulen. *bwp@*, Profil 2, S. 1–11.

Kraft, S. (2006). Aufgaben und Tätigkeiten von Weiterbildner/inne/n – Herausforderungen und Perspektiven einer weiteren Professionalisierung in der Weiterbildung. *DIE-Reports zur Weiterbildung*. URL: http://www.die-bonn.de/esprid/dokumente/doc-2006/kraft06_02.pdf [07.04.2008].

Neumann, K. (1990). Immer auch als Subjekte. *Die berufsbildende Schule*, 42(3), S. 177–191.
Oelkers, J. (1998). Lehrerbildung – ein ungelöstes Problem. *Zeitschrift für Pädagogik*, 1, S. 3–6.
Pätzold, G. (1988). Lehrerfortbildung in der Kritik ihrer Adressaten. *Wirtschaft und Erziehung*, 40(6), S. 188–191.
Pätzold, G. (1997). *Professionalisierung des betrieblichen Bildungspersonals 1752–1996*. Köln: Böhlau.
Pleiß, U. (1987). Zum 75jährigen Jubiläum des Handelslehrerdiploms. *Wirtschaft und Erziehung*, 39(12), S. 399–404.
Rebmann, K. & Schlömer, T. (2008). Qualifizierung und Professionalisierung des Aus- und Weiterbildungspersonals. *berufsbildung*, 111, S. 3–6.
Rothgängel, E. (1988). Schulpraktikum und Berufsentscheidung – Ziele des Praktikums in der Handelslehrerausbildung. *Wirtschaft und Erziehung*, 40(2), S. 53–56.
Schirra, E. (1985). Besondere Bestimmungsfaktoren der Lehrerfortbildung für Wirtschaftspädagogen. *Wirtschaft und Erziehung*, 37(11), S. 359–362.
Schlottau, W. (2005). Ausbildungspersonal – von der Eignung zur Professionalisierung. *Berufsbildung in Wissenschaft und Praxis*, 6, S. 32–35.
Schötz, W. (1984). Die Handels-Hochschule Leipzig – die erste deutsche Hochschule dieser Art. *Wirtschaft und Erziehung*, 36(4), S. 117–125.
Schötz, W. (1987). Seit wann gibt es Diplom-Handelslehrer? *Wirtschaft und Erziehung*, 39(1), S. 4–7.
Sekretariat der Ständigen Konferenz der Kultusminister der Länder (2003). *10 Thesen zur Bachelor- und Masterstruktur in Deutschland*. URL: http://www.kmk.org/fileadmin/veroeffentlichungen_beschluesse/2003/2003_06_12-10-Thesen-Bachelor-Master-in-D.pdf [10.07.2010].
Sekretariat der Ständigen Konferenz der Kultusminister der Länder (2008). *Ländergemeinsame inhaltliche Anforderungen für die Fachwissenschaften und Fachdidaktiken in der Lehrerbildung*. URL: http://www.kmk.org/fileadmin/veroeffentlichungen_beschluesse/2008/2008_10_16-Fachprofile.pdf [10.07.2010].
Siehlmann, G. (2004). Es war einmal ... die „Einphasige" oder Aufstieg und Fall der einphasigen Lehrerbildung. In K. Rebmann (Hrsg.), *30 Jahre Handelslehrerausbildung an der Universität Oldenburg* (S. 13–18). Oldenburg: Fachgebiet Berufs- und Wirtschaftspädagogik.
Stratmann, K. (1994). Die historische Entwicklung der GewerbelehrerInnenbildung. In J. Rützel (Hrsg.), *Gesellschaftlicher Wandel und Gewerbelehrerausbildung* (S. 1–18). Alsbach: Leuchtturm.
Tramm, T. (2001). Polyvalenz oder Professionalisierung – Quadratur des Kreises? bwp@, 1, S. 1–17.
Ulmer, P. (2008). Die Aussetzung der Ausbilder-Eignungsverordnung: Der Versuch einer Bilanz. *berufsbildung*, 111, S. 7–9.
Ulmer, P. & Gutschow, K. (2009). Die Ausbilder-Eignungsverordnung 2009: Was ist neu? *Berufsbildung in Wissenschaft und Praxis*, 3, S. 48–51.
Ulmer, P. & Jablonka, P. (2007). Mehr Ausbildungsbetriebe – mehr Ausbildungsplätze – weniger Qualität? *BIBB REPORT*, 3, S. 1–8.

Vogel, P. (2002). Zur Rolle des Kerncurriculums Erziehungswissenschaft in der Lehrerbildung. In R. Hinz, H. Kiper & W. Mischke (Hrsg.), *Welche Zukunft hat die Lehrerbildung in Niedersachsen?* (S. 194–204). Baltmannsweiler: Schneider.

Weber, G. (1993). Lehrerversorgung der beruflichen Schulen. *Die berufsbildende Schule*, 42(3), S. 154–157.

Zinke, G. (2006). Professionalisierung des betrieblichen Bildungspersonals. *Bildungspraxis*, 3, S. 14–16.

Mehr wissen – weiter kommen

Kompakt und leicht verständlich

Dieses Lehrbuch gibt eine kompetente und sehr gut verständliche Einführung in die Betriebswirtschaftslehre. Es macht in didaktisch einprägsamer Form mit den Grundbegriffen sowie den wichtigsten Problemen der Betriebswirtschaftslehre und ihrem Denken vertraut. Die 7. Auflage wurde überarbeitet und für die Bachelor-Ausbildung neu gestaltet.

Wolfgang Weber / Rüdiger Kabst
Einführung in die Betriebswirtschaftslehre
7., überarb. Aufl. 2009.
XIX, 447 S. Mit 132 Abb. u. 13 Tab.
Br. EUR 26,90
ISBN 978-3-8349-0792-9

Praxisorientierte Einführung in die BWL

Dieses Buch bietet eine anschauliche Darstellung der betriebswirtschaftlichen Grundlagen für die Anforderungen in Bachelor-Studiengängen. Es bezieht das individuelle Verhalten der Organisationsmitglieder sowie ethische Aspekte ein und ist vor allem durch einen starken Praxisbezug gekennzeichnet. Anhand von zwei durchgängigen Fallstudien und zahlreichen Beispielen werden die wichtigsten Theorien, Begriffe und Zusammenhänge erläutert.

Joachim Paul
Einführung in die Allgemeine Betriebswirtschaftslehre
Mit Beispielen und Fallstudien
2006. XII, 632 S. Mit 164 Abb.
Br. EUR 38,90
ISBN 978-3-8349-0336-5

Der Klassiker

„Den Gegenstand der Betriebswirtschaftslehre bilden die wirtschaftlichen Tatbestände des wirtschaftlichen Geschehens in solchen Betrieben, die dem gewerblichen Bereiche der privaten und öffentlichen Wirtschaft angehören. [...] Nach heutiger Auffassung ist die Betriebswirtschaftslehre eine selbstständige Disziplin im Rahmen der Wirtschaftswissenschaften. Sie trägt also grundsätzlich wirtschaftswissenschaftlichen Charakter, betrachtet jedoch die Probleme ihres Gegenstandes bevorzugt unter einzelwirtschaftlichen Gesichtspunkten." (*Erich Gutenberg*)

Erich Gutenberg
Einführung in die Betriebswirtschaftslehre
1958. 218 S. Nachdruck der Ausgabe von 1958, mit Nachwort von Prof. Dr. Dr. h.c.mult. Horst Albach
1990
Geb. EUR 39,95
ISBN 978-3-409-88011-4

Änderungen vorbehalten. Stand: Februar 2010.
Erhältlich im Buchhandel oder beim Verlag
Gabler Verlag . Abraham-Lincoln-Str. 46 . 65189 Wiesbaden . www.gabler.de

Mehr wissen – weiter kommen

Wissenschaftsgeschichte
zum Nachschlagen

Im deutschen Sprachraum ist die Betriebswirtschaftslehre im Vergleich zu anderen Feldern geistiger Erkenntnissuche als Wissenschaft erst sehr spät wahrgenommen worden. Der Praxisbezug des Faches verlangt kurze Studiengänge, in denen Forschung und Erkenntnisgewinnung nicht (mehr) unterzubringen sind. Wissenschaftliche BWL stellt allerdings große Potenziale bereit. Die zeitliche Einordnung von Methoden, Konzepten und Namen hilft, die Zusammenhänge von 8000 v. Chr. bis heute zu erschließen und Parallelen zu ziehen.

Klaus Brockhoff
Betriebswirtschaftslehre in Wissenschaft und Geschichte
Eine Skizze
2., akt. Aufl. 2010. XII, 265 S.
Br. EUR 44,95
ISBN 978-3-8349-2576-3

Allgemeine BWL
aus managementorientierter Sicht

Für die 6. Auflage wurde die „Allgemeine Betriebswirtschaftslehre" von Thommen/Achleitner erneut umfassend bearbeitet. Sämtliche Teile des Buches wurden aktualisiert und ergänzt. Teil 5: Rechnungswesen wurde grundlegend überarbeitet. Insbesondere wurde der wachsenden Bedeutung der International Financial Reporting Standards (IFRS) Rechnung getragen. Diese werden neu in einem eigenen Kapitel behandelt. Die klare Strukturierung des Inhalts, die vielen anschaulichen Grafiken sowie das umfangreiche Stichwortverzeichnis ermöglichen auch eine Nutzung des Lehrbuches als Nachschlagewerk.

J.-P. Thommen / A.-K. Achleitner
Allgemeine Betriebswirtschaftslehre
Umfassende Einführung aus managementorientierter Sicht
6., überarb. u. erw. Aufl.
2009. 1183 S.
Geb. EUR 52,90
ISBN 978-3-8349-1325-8

Übungen – Aufgaben – Lösungen

Als Ergänzung zum Lehrbuch „Allgemeine Betriebswirtschaftslehre" von Thommen/Achleitner wurde dieses umfassende Arbeitsbuch entwickelt. Es dient der Wiederholung und Umsetzung von Instrumenten zur Gestaltung unternehmerischer Funktionen. Betriebswirtschaftliche Strukturen und Prozesse werden auf Basis moderner, praxisorientierter Fragestellungen und Lösungen erarbeitet. Das Arbeitsbuch folgt dabei der bewährten Struktur des Lehrbuches. Für die sechste Auflage wurde das Arbeitsbuch erneut umfassend überarbeitet. Lösungen werden zu allen Aufgaben angegeben.

J.-P. Thommen / A.-K. Achleitner
Allgemeine Betriebswirtschaftslehre Arbeitsbuch
Repetitionsfragen – Aufgaben – Lösungen
6., vollst.überarb. Aufl. 2009.
578 S. Br.
EUR 39,90
ISBN 978-3-8349-1358-6

Änderungen vorbehalten. Stand: August 2010.
Erhältlich im Buchhandel oder beim Verlag
Gabler Verlag . Abraham-Lincoln-Str. 46 . 65189 Wiesbaden . www.gabler.de

Mehr wissen – weiter kommen

Ein wahrer Schatz an Informationen, die das Studium spürbar erleichtern

Effizientes Lesen
Arbeiten in Gruppen
Erstellung und Präsentation wissenschaftlicher Arbeiten
Mündliche Präsentation
Zielführende Prüfungsvorbereitung
Studienplanung und -organisation

Publikationen zum wissenschaftlichen Arbeiten konzentrieren sich häufig auf rein technische und formale Aspekte der Erstellung von Manuskripten. Ein erfolgreiches Studium vom Bachelor bis zur Promotion erfordert jedoch in erster Linie ein zielgerichtetes und systematisches Vorgehen sowie die Fähigkeit, sich selbst zu „managen".
In diesem Buch finden Sie ausführliche Tipps zum rationellen, verhaltens- und behaltensorientierten Lesen, zum aktiven Zuhören und Mitschreiben, zum zielführenden Arbeiten in der Gruppe, zur Erstellung und Präsentation wissenschaftlicher Arbeiten, zur effizienten Vorbereitung auf Prüfungen und Klausuren sowie zur erfolgsgerichteten Studienplanung und -organisation.

Die 5. Auflage wurde überarbeitet und aktualisiert und enthält nun u. a. neue Instrumente zur Literatursuche, das Themenfeld „Kumulative Dissertationen" sowie mehr Beispiele aus dem nicht-betriebswirtschaftlichen Bereich.

Christine Stickel-Wolf /
Joachim Wolf
Wissenschaftliches Arbeiten und Lerntechniken
Erfolgreich studieren – gewusst wie!
5., überarb. Aufl. 2009.
XVI, 384 S.
Mit 30 Abb. u. 19 Tab.
Br. EUR 29,90
ISBN 978-3-8349-0387-7

Änderungen vorbehalten. Stand: Februar 2010.
Erhältlich im Buchhandel oder beim Verlag
Gabler Verlag . Abraham-Lincoln-Str. 46 . 65189 Wiesbaden . www.gabler.de